Child Welfare
Legislation
of Modern China

中国儿童福利立法研究

吴鹏飞 著

知识产权出版社
全国百佳图书出版单位
—北京—

图书在版编目（CIP）数据

中国儿童福利立法研究/吴鹏飞著．—北京：知识产权出版社，2020.11
ISBN 978-7-5130-7234-2

Ⅰ．①中…　Ⅱ．①吴…　Ⅲ．①儿童福利—立法—研究—中国　Ⅳ．①D922.74

中国版本图书馆 CIP 数据核字（2020）第 193706 号

责任编辑：庞从容　　　　　　　　　责任校对：谷　洋

执行编辑：赵利肖　　　　　　　　　责任印制：刘译文

中国儿童福利立法研究

吴鹏飞　著

出版发行：**知识产权出版社**有限责任公司	网　　址：http://www.ipph.cn
社　　址：北京市海淀区气象路 50 号院	邮　　编：100081
责编电话：010-82000860 转 8726	责编邮箱：pangcongrong@163.com
发行电话：010-82000860 转 8101/8102	发行传真：010-82000893/82005070/82000270
印　　刷：三河市国英印务有限公司	经　　销：各大网上书店、新华书店及相关专业书店
开　　本：710mm×1000mm 1/16	印　　张：14
版　　次：2020 年 11 月第 1 版	印　　次：2020 年 11 月第 1 次印刷
字　　数：215 千字	定　　价：68.00 元
ISBN 978-7-5130-7234-2	

本书系 2015 年度司法部法治建设与法学理论研究部级科研项目
"中国儿童福利立法问题研究"（项目编号：15SFB2037）最终成果

目　录

绪　论

孩子是国家未来的主人翁，是我们民族的希望，照顾与保护儿童是国家与个人责无旁贷的使命，只有重视儿童福利，协助儿童健全发展，才能确保国家永续发展。但是，由于儿童不享有投票权，儿童的议题经常得不到足够的重视，儿童福利所得到的经费也非常有限。随着中国经济的不断发展以及儿童福利理念的转变，中国政府愈加关注儿童福祉，不仅出台了诸多政策来倡导儿童福利，而且近年来愈加重视通过立法手段保障儿童福利的实现，以营造一个儿童健全成长的法治环境。

一、研究的背景与意义

（一）研究背景

儿童福利是社会福利的重要一环，因此，儿童福利立法也是社会福利立法的重要组成部分。对中国儿童福利立法问题的观察与思考，可以让我们更进一步理解和掌握儿童的生存和发展状况，从而为国家相关立法和政策的出台提供智力支援。近年来，中国侵害儿童福利权益的事件频频见诸报端，民众对儿童福利立法的要求日趋强烈。在中国，关于儿童福利方面的立法规划和具体要求早在《中国儿童发展纲要（2011—2020年）》和《国家人权行动计划（2012—2015年）》中就已提出。然而直至今日仍未能完成"法律"层面上的立杆设矩。民政部虽然曾经组织人员起草儿童福利条例草案，但该草案却因种种原因一直未能出台[1]。正是立法的缺失与现实儿童福利事故的频发给社会管理带来了巨大的争议与难题，而时常出现在"两会"的相关提案则充分表明，儿童福利的立法已迫在眉睫[2]。

（二）研究意义

本书围绕儿童福利立法国内外研究综述、中国儿童福利立法的必要性与可行性、国（境）外儿童福利立法的历史演进与经验启示、中国儿童福利立法价值的取向、中国儿童福利立法模式的选择以及中国儿童福利立法难点的克服等儿童福利立法之核心问题展开研讨，具有重大的理论价值与实践意义。

就理论价值来看，本研究对完善中国儿童福利立法理念、深化儿童福利立法认识及促进儿童福利权益保护具有重要意义。首先，目前中国关于儿童福利立法理论的研究仍停留在正当性的阐述上，而鲜有论及儿童福利立法的具体细节，如立法价值、立法体例、立法定位、立法原则等，因而从价值、模式等细微问题管窥儿童福利立法更具有理论意义。其次，本研究摒弃过度论述儿童福利立法的必要性与可行性，从制度建构的理论指导入手探讨相关问题，避免了重复性研究，拓展了儿童福利立法的研究深度。

就实践意义来看，本研究能够为推动中国儿童福利法治建设向纵深方向发展发挥重要作用。其一，儿童福利立法问题是中国当前及今后一段时期的热点、重点与难点问题，该问题的解决能为落实国家人权行动计划、解决中国儿童福利立法的碎片化、建构系统的儿童权益保障体系和推动具体儿童福利实践提供制度借鉴和技术支持。其二，儿童福利立

---

〔1〕 参见陈丽平：《儿童福利条例草案正在起草》，《法制日报》2013 年 12 月 18 日第 3 版。

〔2〕 参见金勇：《全国人大代表周洪宇等 30 人提出制定〈儿童福利法〉议案》，《中国妇女报》2013 年 3 月 14 日第 A02 版；毛磊、彭波：《全国人大常委会执法检查组建议适时研究制定儿童福利法》，《人民日报》2014 年 8 月 26 日第 19 版；王伟健、侯云晨：《南京外国语学校英语特级教师朱善萍代表：制定儿童福利法》，《人民日报》2017 年 3 月 7 日第 14 版。

法问题研究能解决执法机构和司法部门在实践中所遇到的难题，进而为儿童依法享有国家提供的各类福利服务提供规范依据，有助于维护此类群体的生存与发展的权利，呵护他们茁壮成长。

二、研究思路与研究方法

（一）研究思路

推进儿童福利立法是世界各国所共同面临的难题，因而，在探讨中国儿童福利立法问题时，必须要参酌其他国家相关立法的经验与做法。因此，本研究遵循的基本研究思路是：首先，对儿童福利立法的国内外研究现状予以全面梳理，分析已有研究所取得的学术成就，并指出其中存在的不足，为推进当下中国儿童福利立法寻求学术资源上的支持；其次，对中国儿童福利立法的必要性与可行性予以深入探讨，为推进当下中国儿童福利立法提供正当性论证；再次，对德国、日本、英国、美国儿童福利立法的历史演进予以爬梳，总结出西方发达国家在相关领域的立法经验，并提炼出对中国儿童福利立法的若干启示，进而达到古为今用、洋为中用的研究旨趣；复次，聚焦于儿童福利立法价值与立法模式的研究，为中国儿童福利立法提供理论支撑；最后，重点探讨中国儿童福利立法所要破解的若干难点问题，为顺利推进中国儿童福利立法理清思路，指明方向。

（二）研究方法

1. 文献研究法

通过检索国家图书馆、中国知网、民政部网站、北京师范大学中国公益研究院网、时事新闻网等获取大量相关文献资料，包括图书、论文、新闻报道、评论以及外文资料，了解和熟知国内外政府、学者以及社会大众对儿童福利立法方面的观点、做法和理论研究成果。

2. 规范分析法

以中国现有儿童福利相关的法律规范为对象，通过分析其立法体系及内容，在肯定中国儿童福利立法成效的同时，找出中国儿童福利立法在文本规范上存在的问题。

3. 比较分析法

比较分析国（境）外尤其是德国、日本、美国、英国、瑞典等发达国家以及中国台湾地区现行儿童福利立法状况，总结其共性，对照反思中国儿童福利立法的不足与差距，为中国儿童福利立法提供有益的经验借鉴。

4. 历史分析法

从经济、社会和文化的历史背景中深入、系统地考察西方国家儿童福利立法的发展历程及其理论与实践，分析西方国家儿童福利法的历史变迁过程、动因及其发展规律，为中国儿童福利立法提供有益的历史资源。

三、相关概念之界定

（一）儿童年龄之界定

儿童在我国日常用语中，通常是指未满 14 周岁之人。而对于满 14 周岁以上不满 18 周岁之人，则属于少年之范畴。然而在中国的法律中，并未对儿童年龄作出明确的界定。我国台湾地区的《儿童与少年福利法》第 2 条规定："本法所称儿童，指未满 12 岁之人，所称少年，指 12 岁以上未满 18 岁之人。"可见，在我国台湾地区，将儿童定义为 12 岁以下之个体。在日本，法律对于儿童年龄的界定非常细致。日本《儿童福利法》第 4 条规定："本法所称儿童者，系指未满 18 岁之人。细分如下：（1）婴儿；未满 1 岁者；（2）幼儿：满 1 岁至学龄者；（3）少年：满学龄，至满 18 岁者。"可见，日本将儿童界定为 18 岁以下之个体。

在探讨儿童年龄之界定时，有必要明晰未成年人的年龄界定。在我国，未成年人有专门的法律对其年龄界定作出明确的规定。如我国《未成年人保护法》第 2 条规定："本法所称未成年人是指未满 18 周岁的公民。"在我国台湾地区，未成年人是指年龄未满 20 岁之人。其实，不同国家对未成年人的年龄界定并不一致。在日本，《禁止未成年人饮酒法》和《禁止未成年人抽烟法》均规定"年龄未满 21 岁之人为未成年人"。在韩国，法律规定未成年人是指年龄未满 19 岁之人。在美国，即使各州对未成年人的年龄界定也不一致，从 18 岁到 21 岁不等，如科罗拉多州的未成年人为不满 21 岁之人。在德国，依据《德国民法典》之规定，自 1975 年 1 月 1 日起划分未成年和成年的年龄界限为 18 周岁，而之前德国一直将 21 岁作为成年的界限。在朝鲜，其宪法规定，未成年人是指未满 17 岁之人。可见，不同国家和地区法律对于未成年人的年龄界定，既有高于 18 岁的，也有低于 18 岁的。

因此，基于儿童年龄在我国法律中并未作出明文规定的现实，吸收借鉴域外的立法经验，我们将中国的"儿童"界定为 18 岁以下之任何人，具体包括了婴儿、幼儿、儿童、少年、少年儿童、未成年人以及未成年子女等不同的称谓。

（二）儿童福利之含义

1. 广义的儿童福利

儿童福利犹如其他社会福利，是通过组织制度化的方法，来处理各种社会问题，尤其聚焦于家庭问题中的亲子关系问题。从广义上来说，儿童福利是针对全体儿童的普遍需求，透过各种方式，如政策规划和福利服务设计，以促进儿童的生理、心理最佳发展，保障其基本权利，以符合社会发展的需要[1]。1959 年联合国《儿童权利宣言》指出，"凡是以促进儿童身心健全发展与正常生活为目的各种努力，事业及制度等均称之为儿童福利"[2]。美国儿童福利联盟认为："儿童福利是社会福利中特别以儿童为对象，提供在家庭中或其他社会机构所无法满足需求的一种服务。"

我国台湾学者廖荣利教授认为："儿童福利可从广义地认为是中央及各级地方政府，对促进儿童健全发展之所有措施。积极性的儿童福利，旨在强化儿童的发展，并充分运用一切能促进儿童发展的各项个人和环境的资源。"[3] 这种广义的儿童福利，是积极性的儿童福利，又被称之为"以发展为取向"的儿童福利。

---

[1] 参见郭静晃：《儿童福利》，扬智文化股份有限公司 2009 年版，第 5 页。

[2] 转引自郭静晃：《儿童福利》，扬智文化股份有限公司 2009 年版，第 7 页。

[3] 周震欧主编：《儿童福利（修订版）》，巨流图书股份有限公司 2009 年版，第 8 页。

可见，广义的儿童福利，是以全体儿童为服务对象的。依据广义说，儿童福利的范围非常广泛，我们可以将所有直接或者间接促进儿童福利的一切活动，均视为儿童福利。比如，保健人员为了儿童身心成长提供健康的环境，交通专业人员研究减少儿童交通意外事故，或者科学家研究人类先天异常与儿童的关系等，都是增进儿童福祉，这些活动应该属于广义的儿童福利范围。

2. 狭义的儿童福利

将儿童福利视为社会工作实务领域的一环，其关注的对象为特定的儿童及家庭，特别是在家庭或者其他社会机构中未能满足其需求的儿童。因此，形成了福利是一种特定形态的机构对特定人群所提供的特定服务，这就是狭义的儿童福利。[1] 换句话说，狭义的儿童福利服务对象，并不包括在家庭系统中那些已经获得充分需求满足的儿童，因而无须儿童福利服务的介入；相反，亲子关系功能发生问题时，会影响到儿童的生理、心理、社会行为的发展，因此，儿童福利专业机构或者专业人员应适时地介入其中。这种狭义的儿童福利，是消极性的儿童福利，也被称之为"以问题为取向"的儿童福利。

狭义的儿童福利服务对象，多为遭遇各种不幸情境的儿童。这些特殊需求的儿童，主要包括以下三种情况：一类是由于各种原因失去家庭保护的儿童。如遭受父母遗弃、父母离异或者父母死亡等原因导致儿童处于一种事实上无人照管的状态。另一类是因生理、心理和发展需求在家庭中得不到充分满足的儿童。如父母有吸毒等不良行为，或者有家庭暴力等导致儿童遭受虐待，以及家庭因贫困导致儿童生活困难等。再一类是儿童因自身的情感或者行为问题，如精神疾病、残疾、行为偏差等，导致家庭环境难以满足其需求或不适宜继续在家庭中生活。[2]

可见，狭义性的儿童福利，主要责任就是针对正常社会系统中未能满足需求的儿童提供服务，就是一种"残补性取向"的儿童福利。

---

〔1〕 参见周震欧主编:《儿童福利（修订版）》，巨流图书股份有限公司 2009 年版，第 8 页。

〔2〕 参见姚建平:《国与家的博弈——中国儿童福利制度发展史》，上海人民出版社 2015 年版，第 3 页。

四、研究框架与内容概述

本书围绕儿童福利立法国内外研究综述、中国儿童福利立法的必要性与可行性、国（境）外儿童福利立法的历史演进与经验启示、中国儿童福利立法价值的取向、中国儿童福利立法模式的选择以及中国儿童福利立法难点的克服等问题予以了全面而深入的探讨。具体而言，有八个板块的内容，除绪论和结语外，正文有六大部分，主要观点与内容如下：

第一章儿童福利立法国内外研究综述。国内学者对儿童福利立法问题的探讨，主要围绕儿童福利立法的时机、立法的必要性、立法的原则、立法的价值与理念、立法的视角、立法的调整对象、儿童福利立法与其他法律的关系以及国外儿童福利立法的译介、中国儿童福利立法的构想等问题展开。而国外学者对儿童福利立法问题的探讨则聚焦于儿童福利立法的宗旨与原则、立法的理念、立法的历史、立法的内容、立法中存在的不足以及立法的实施效果等问题。比较而言，西方学者对儿童福利立法问题的关注较早，研究成果更丰硕，研究方法更多样。反观中国，学者对儿童福利立法问题的关注起步较晚，研究成果主要局限于立法时机的把握、立法可行性与必要性的论证、国外儿童福利立法的译介等问题，而对于中国儿童福利立法的核心问题，如立法价值、立法理念、立法原则、立法视角、立法模式等关注不够，有分量的研究成果并不多见。

第二章中国儿童福利立法的必要性与可行性。国际上儿童权利的兴起与发展以及中国儿童福利已经进入国家宏观政策视野，这是中国推进儿童福利立法的时代背景。中国儿童福利立法的必要性在于：儿童福利立法既是满足儿童生存与发展的迫切需求，也是回应社会民间的诉求与呼声，更是国家应肩负的义不容辞的责任。与此同时，中国儿童福利立法已经具备了现实可行性：现有法律体系为中国儿童福利立法奠定了制度基础；学界相关研究为中国儿童福利立法提供了学术支撑与理论指导；国外儿童福利立法实践可供中国参考与借鉴；中国经济持续发展为儿童福利立法奠定了坚实的物质基础。

第三章国外儿童福利立法的历史演进与经验启示。德、日、英、美四国儿童福利立法史为管窥西方国家儿童福利立法开启了一个窗口。德国儿童福利法的精神，在于保障儿童成长的权利，协助父母、家庭教养儿童，使儿童在生理、心理、精神等各方面获得健全发展，尤为重视对少年司法和儿童信息的保护。日本儿童福利法强调儿童和少年与家庭的紧密联系，提供满足儿童与家庭不同需求的服务措施，在内容上趋于积极，不仅对儿童权利加以维护，且明确规定社会应负有培育健全身心的儿童之共同职责。英国儿童福利立法关注处于弱势家庭及困境的儿童。除政府提供法定服务外，志愿组织对儿童福利也积极参与，公私部门及第三部门相互结合拓展儿童福利服务。尤其是1989年通过儿童法案后，各部门均能依规定逐一落实，突显民主法治精神。美国儿童福利立法强调家庭自主功能，以家庭为政策取向，注重中央与地方分权，权责分明，各司其职，且历任总统均重视儿童法案，每隔十年召开白宫儿童会议，全力支持福利相关法案的实施。

第四章中国儿童福利立法价值的取向。儿童福利立法的价值是儿童福利法对于儿童所具有的积极意义，是儿童福利法对儿童发展和福利需求的满足程度。确定儿童福利的立法价值，既是儿童福利立法的基石，也是实现儿童作为个体人尊严之需求，也是促进儿童发展的需要，更是体现对儿童权利的关爱与呵护。以全体儿童为价值取向，符合中国现阶段社会福利的发展要求，有助于提高立法的科学性与前瞻性，既顺应国际潮流，也与儿童权利保护的基本原则一致。中国儿童福利立法价值的内容具体表现为：保障儿童的人性尊严是儿童福利立法的首要价值；满足儿童的基本生存需求是儿童福利立法的必要价值；保证儿童的平等自由是儿童福利立法的基本价值；政府、家庭责任均衡是儿童福利立法的必然价值；促进儿童发展是儿童福利立法的终极价值。

第五章中国儿童福利立法模式的选择。儿童福利立法模式是儿童福利及儿童福利法律制度的表现形式和结构安排。立法模式具有历史性、发展性、国情性、工具性和价值性等诸多特点。儿童福利立法模式主要有目标模式和体例模式两种类型。不同国家和地区经济发展、福利政策条件、福利文化因素等的差异性，决定了儿童福利立法存在不同的模式。立法的目标模式可区分为残缺型和普惠型，而立法的体例模式可细分为综合统一立法模式、单行法律法规模式和分散式立法模式。中国普惠型儿童福利制度构建的条件已经具备，在立法目标模式上，应当选择与经济社会发展水平相一致、与改革开放和市场经济体制相一致的普惠型福利模式；在立法体例模式上，应当选择综合统一立法模式。

第六章中国儿童福利立法难点的克服。要明确中国儿童福利法的定位，必须充分认识儿童法律体系。儿童法律体系是以规定儿童的重大、核心、基本问题为统帅，以教育型、福利型和司法型儿童法律为核心，以童工禁止、性侵防范等多领域协调发展的法律体系。儿童福利立法必须要注重协调有关儿童法之间的纵向和横向关系，既要避免与外部法律的矛盾，又要保证内部结构一致。在纵向关系上，儿童福利立法面临着与民法、刑法、刑事诉讼法等非专门性儿童立法中有关儿童权利保护规范的调试与衔接，以确保儿童福利立法空间。在横向关系上，儿童福利立法须厘定与未成年人保护法、预防未成年人犯罪法等儿童综合性立法的异同，明确其在儿童法律体系中的地位。儿童福利立法的内容是以广义内容为取值、以权利确认为追求、以国家义务为核心。此外，儿童福利立法更重要的是权责的合理配置，关键是国家、家庭和社会在儿童福利领域的义务配比的确定。

五、研究创新与研究不足

（一）研究创新

本书的创新主要体现在三方面：第一，研究视角的创新。本书摒弃直接界定儿童福利内容以确立儿童福利立法内容的做法，尝试从儿童福利法律关系入手，对儿童福利立法内容展开探讨，从而突破传统研究的局限；将儿童福利立法问题置于全球视野研究，有助于实现中国儿童福利立法的法律移植与本土化的统一。第二，研究内容的创新。本书尝试通过厘清儿童福利法与儿童权利保护法、社会保障法之间的关系以明确儿童福利法的定位，可弥补学界在此方面的研究不足；通过系统探讨儿童福利立法理念与立法体例，可丰富儿童福利立法基本理论研究。此外，本书在浩如烟海的外文资料中，分析整理出近百篇学术论著，对西方各国学者在儿童福利立法领域的研究予以了全面的梳理，弥补了学界在此研究领域中的欠缺。第三，研究方法的创新。本书运用历史研究法，对国（境）外国家德国、日本、英国和美国儿童福利立法的历史演进，予以了全面深入的探讨，查阅了大量的文献资料，系国内首次对这些国家和地区的儿童福利立法史予以全面的梳理，为我们客观地了解这些国家儿童福利立法的全貌，提供了较为翔实的史料。

（二）研究不足

本书尚存以下不足，有待日后改进：第一，对于如何推进中国儿童福利立法的进程，目前受制于哪些具体的因素，本书未能进行深入细致的分析。因此，我们今后要加强问卷调查，力求掌握第一手资料，为破解中国儿童福利立法的障碍，寻求突破口。第二，有关中国儿童福利立法的基本原则，本书未能予以专门的研究。众所周知，法律原则是一部法律的灵魂，是儿童福利立法研究中必须面对的问题。因此，今后需要专门就儿童福利立法的基本原则，展开专题研究，以深化中国儿童福利立法的理论探讨。第三，对于中国儿童福利立法的重点、难点等核心问题的探讨，有待进一步深入。对此，今后要加强本部分的研究，尤其是要重点结合当下未成年人保护法的修订，处理好现有儿童福利单行法与未来儿童福利综合法之间的衔接，保持儿童福利法律体系内部的和谐与统一。

第一章　儿童福利立法国内外研究综述

第一节　儿童福利立法国内研究现状

近年来，越来越多的学者对中国儿童福利立法进行了颇有意义的探讨。现有研究成果主要围绕儿童福利立法的时机、立法的必要性、立法的原则、立法的价值与理念、立法的视角、立法的调整对象、儿童福利立法与其他法律的关系以及国外儿童福利立法的译介等问题展开探讨。同时，也有学者对构建中国儿童福利立法进行了探索性研究。

一、儿童福利立法的时机

马亚静认为，国务院于 2011 年颁发的《中国儿童发展纲要（2011—2020 年）》提出了"扩大儿童福利范围，推动儿童福利由补缺型向适度普惠型的转变"，意味着国家福利开始指向所有儿童，这是一系列社会综合建设的系统工程，需要进行目标清晰的儿童福利制度顶层设计。[1] 这也从另一角度说明儿童福利立法的时机已经相对成熟。笔者认为，中国儿童福利的立法时机就在于儿童福利事故的频发使得儿童福利立法必须直面当前的社会立法诉求，儿童福利政策的转向为儿童福利立法提供了前置性动力，儿童福利法制建设滞后是推动儿童福利立法的直接原因。因此，中国儿童福利立法时机已然成熟，立法者应当加以把握。[2]

---

〔1〕　参见马亚静：《由"南京女童饿死案"透视我国困境家庭儿童的保护》，《中国青年政治学院学报》2014 年第 3 期，第 41 页。

〔2〕　参见吴鹏飞：《中国儿童福利立法：时机、模式与难点》，《政治与法律》2018 年第 12 期，第 151 页。

二、儿童福利立法的必要性

刘建国提出，要构建完善的儿童福利体系，就有必要做到立法先行，以法律来规范和引导儿童福利保障的落地。[1] 由此可见，儿童福利立法是非常迫切和必要的。张文娟认为，让全体人民以福利形式享受改革开放的成功是经济社会发展的必然目标，如果暂时无法做到全民，至少应从孩子开始。从成本收益分析的角度看，是划算可行的。[2]

吴海航认为，《儿童福利法》已是当代法制化国家的立法项目之一，也是法制化国家在立法进程中需给予关注的基本法之一，与世界各国儿童福利制度相比，我国儿童福利保障尚未形成系统制度，这与我国法制化进程非常不相称，制定我国的《儿童福利法》已到了刻不容缓的地步。[3] 谭向华认为，在我国现有法律体系中，《宪法》《未成年人保护法》《义务教育法》《婚姻法》等都对儿童权利作了特别规定，但缺乏系统的立法，只有制定儿童福利法，才能形成较全面的儿童保护立法体系。[4]

此外，张琦也针对儿童福利专门立法的必要性予以探讨，认为就我国目前的状况，儿童权益一般依靠国家和地方政府政策来实现，但因政策缺乏强制性且我国大陆并无一部对儿童福利进行系统性专门保障的法律，因此儿童权益难以得到全面的保障。另外，儿童福利管理工作分散化，难以协调统一，在工作过程中容易出现扯皮、推诿的状况，影响儿童权益的实现，且我国缺乏儿童福利方面的程序法，导致在儿童福利保障过程中主观随意性较大。因此，为了执法者和司法者有法可依、贯彻《宪法》的要求以及更好地履行《儿童权利公约》中规定的义务，非常有必要制定《儿童福利法》。[5]

---

〔1〕 参见刘建国：《完善儿童福利体系应当立法先行》，《人民法院报》2016 年 6 月 3 日第 2 版。
〔2〕 参见张文娟：《中国儿童福利制度的构建》，《青少年犯罪问题》2013 年第 4 期，第 13—14 页。
〔3〕 参见吴海航：《儿童权利保障与儿童福利立法研究》，《中国青年研究》2014 年第 1 期，第 39—40 页。
〔4〕 参见广东省律师协会编：《律师视角：未成年人权益保护前沿与实践》，法律出版社 2015 年版，第 285 页。
〔5〕 参见张琦：《儿童福利立法问题探析》，《黑龙江生态工程职业学院学报》2018 年第 4 期，第 72 页。

三、儿童福利立法的原则

《未成年人保护法》以法律的形式规定了未成年人保护的原则[1]，对我国未成年人保护工作提供了指引。而《儿童权利公约》中保护儿童的原则为：儿童生存与发展原则、儿童最佳利益原则、无歧视原则、儿童参与原则。王雪梅认为，儿童权利保护原则应为最大利益原则、平等（非歧视）原则、尊重儿童原则和多重责任原则。[2]

笔者则认为，儿童权利的基本原则为儿童最大利益原则、非歧视原则和儿童参与原则。[3]

肖姗姗认为，"国家在关于未成年人的立法过程中，应当确定儿童最佳利益为未成年人立法的基本原则，将社会利益让位于儿童利益。将儿童最佳利益明文纳入宪法规定中，确保儿童最佳利益的宪法性地位。宪法作为上位法，对其他部门法具有指导作用。儿童最佳利益在宪法中的确认，将能够有效解决刑法、民法、刑事诉讼法、民事诉讼法等部门法对于儿童最佳利益的诉求"[4]。

赵川芳建议，我国应尽快制定《儿童福利法》，在相关立法中确立"国家亲权"的法律原则。[5] 牛凯在儿童福利法制定的设想中提出，我国儿童福利立法所应遵循的原则有儿童优先、全面保障、量力而行、政府主导、社会参与、统筹兼顾、适度普惠。[6]

诚然，儿童福利立法原则的研究离不开对儿童权利、儿童保护原则的研究。目前我国学者在儿童福利立法原则上主要聚焦于最大利益原则，缺乏对其他原则，如尊重儿童的尊严、尊重儿童的意见、无歧视原则以及各原则间关系的关注。

---

〔1〕《未成年人保护法》第 5 条规定，保护未成年人的工作，应当遵循下列原则：（一）尊重未成年人的人格尊严；（二）适应未成年人身心发展的规律和特点；（三）教育与保护相结合。

〔2〕 参见王雪梅：《儿童权利保护的基本原则评析》，《中国妇运》2007 年第 6 期，第 15 页。

〔3〕 参见吴鹏飞：《儿童权利一般理论研究》，中国政法大学出版社 2013 年版，第 128—129 页。

〔4〕 肖姗姗：《儿童最佳利益原则——兼论对我国少年法的启示》，《学习与实践》2019 年第 9 期，第 77 页。

〔5〕 参见赵川芳：《儿童保护现实困境与路径选择》，《社会福利（理论版）》2014 年第 5 期，第 50—53 页。

〔6〕 参见牛凯：《儿童福利立法相关问题探讨》，《人民法院报》2017 年 3 月 1 日第 5 版。

四、儿童福利立法的价值与理念

易谨认为，安全是儿童福利立法中的首要价值；平等是儿童福利立法的基本价值；发展是儿童福利立法的终极价值[1] 笔者与刘金晶认为，保障儿童的人性尊严是儿童福利立法的首要价值，满足儿童的基本生存需求是儿童福利立法的必要价值，保证儿童的平等自由是儿童福利立法的基本价值，政府、家庭责任均衡是儿童福利立法的必然价值，促进儿童发展是儿童福利立法的终极价值[2]

邵宗林认为，我国儿童法律的立法理念有待更新，长久以来，儿童是父母财产理应听命于父母的观念使得儿童福利的发展始终停留于"受保护""被养育""被给予生活照顾"的消极被动阶段。然而儿童不同于成人，不应将其视为成人社会的附属品。我国应树立儿童福利是儿童权利的现代儿童观，所有儿童立法必须建立在对儿童的身心健康予以充分考虑的基础上[3] 易谨则认为，儿童福利立法的基本理念应着眼于儿童需要的满足与儿童权利的保护。儿童福利法是儿童福利的基本法，其设计应满足儿童的需求，为其创造良好的生活环境；儿童生理、心理不够成熟、认知能力有限，其权利易受侵害的独特性决定法律需要对儿童权利进行特别保护。我国应在立法中彰显儿童权利的观念[4] 邓元媛、易谨认为，《儿童福利法》的立法理念应具时代意义，体现为生存权、平等权和适度发展权[5]

五、儿童福利立法的视角

周洁认为，我国涉及儿童福利的法规相对分散，不成体系，不仅缺

---

[1] 参见易谨：《儿童福利立法的理论基础》，《中国青年政治学院学报》2012 年第 6 期，第 25—29 页。

[2] 参见吴鹏飞、刘金晶：《儿童福利立法价值论》，《江西青年职业学院学报》2016 年第 4 期，第 68—70 页。

[3] 邵宗林：《我国应尽快制订〈儿童福利法〉》，《青年学报》2014 年第 1 期，第 39 页。

[4] 参见易谨：《儿童福利立法的理论基础》，《中国青年政治学院学报》2012 年第 6 期，第 25—29 页。

[5] 参见邓元媛、易谨：《日本〈儿童福利法〉对我国的立法启示》，《长沙民政职业技术学院学报》2018 年第 1 期，第 29 页。

乏全面性、针对性和可操作性，且还呈现出成人化、松散性的特点，更多是从政府和成人的角度出发，并未从儿童视角出发，脱离儿童实际，远离儿童的生活和世界。[1] 赵川芳认为，现有立法存在缺乏针对性、可操作性差、缺乏罚则的具体问题，且忽略了儿童的特殊性。儿童有别于成人，其无论是在生理还是心理方面，都不够成熟，以成人视角立法，难免存在不全面、不具针对性的情况，因此在立法时要充分考虑儿童的特殊性，将儿童视角引入立法，充分考虑儿童的需求和主体地位。[2]

邵宗林认为，现行儿童法律，除了"《未成年人保护法》《预防未成年人犯罪法》《义务教育法》这三部专门的儿童立法外，其余大部分法律法规都混杂在成人立法中，与成人立法一视同仁。但无论从生理上，还是心理上，儿童与成人之间都是存在着较大的差异的，他们需要加倍呵护"[3]。这一论断从侧面说明了我国儿童福利立法应更多地从儿童的角度出发，以儿童视角为主。

马亚静认为，相关法律缺乏儿童视角，儿童缺乏独立的法律地位，我国在立法上并没有将儿童当作一个独立的权利主体。《民事诉讼法》《刑法》等基本法都是在未成年人保护法学研究极不发达的背景下制定的，缺乏对儿童法律人格的关注，《婚姻法》和《未成年人保护法》也均未明确规定儿童在家庭中是否拥有独立的法律地位，这使得家庭内儿童的权益无法得到充分的尊重与实现。[4] 田帆、孙熙认为，应加速《儿童福利法》的出台，《儿童福利法》作为顶层设计，在设计时，应将儿童视为发展的主体，将其视为拥有独立人格的个人。[5]

---

〔1〕 参见周洁：《从"6·21"南京幼童饿死案谈我国儿童福利制度》，《青年学报》2014年第1期，第36页。

〔2〕 参见赵川芳：《儿童保护现实困境与路径选择》，《社会福利（理论版）》2014年第5期，第51页。

〔3〕 参见邵宗林：《我国应尽快制订〈儿童福利法〉》，《青年学报》2014年第1期，第39页。

〔4〕 参见马亚静：《由"南京女童饿死案"透视我国困境家庭儿童的保护》，《中国青年政治学院学报》2014年第3期，第39页。

〔5〕 参见田帆、孙熙：《借鉴国际经验构建完善的儿童福利制度》，《全球化》2017年第2期，第72页。

六、儿童福利立法的调整对象

目前，学界普遍认为儿童福利立法的调整对象是未满 18 周岁的儿童，但对于不同类型的儿童，定义也有所不同。

（一）流浪儿童

对于流浪儿童，《儿童权利公约》并未给出相应的定义，只是在本公约第一条规定："儿童系指 18 岁以下的任何人，除非对其适用之法律规定成年年龄低于 18 岁。"安怀世认为，流浪儿童这一概念富有争议性，因而很难提供一个令各方满意的定义。根据联合国儿童基金会 1998 年发表的一份文件，我国政府将流浪儿童界定为"18 岁以下的离开家人或监护人在外游荡超过 24 小时且无可靠生存保障并最终陷入困境的人"[1]。

（二）留守儿童

段成荣、周福林认为，留守儿童是指"因父母一方或双方流动到其他地方，不能长期与父母或父母中的一方生活在一起的儿童"[2]。对于留守儿童，民政部、教育部、公安部于 2016 年印发了《关于开展农村留守儿童摸底排查工作的通知》，其中对农村留守儿童专门作出了规定：父母双方外出务工或者一方外出务工而另一方没有监护能力，不能与父母共同生活的未满 16 周岁的农村户口的未成年人。

（三）残疾儿童

残疾儿童是指"肢体、精神、智力或感官有长期损害，这些损伤与各种障碍相互作用，可能阻碍其在与他人平等的基础上充分和切实参与社会的 18 周岁以下的我国公民"[3]。我国目前传统的残疾儿童服务范围主要是局限于儿童福利机构中的残疾儿童，对于生活在部分功能家庭

---

〔1〕 参见安怀世：《流浪儿童问题的国际背景和干预途径》，《社会福利》2002 年第 10 期，第 29 页。

〔2〕 段成荣、周福林：《我国留守儿童状况研究》，《人口研究》2005 年第 1 期，第 29—36 页。

〔3〕 刘雪斌：《新发展理念与我国残疾儿童发展权利的保障》，《人权》2016 年第 3 期，第 30 页。

（如贫困家庭、单亲家庭、监护人本身残疾的家庭等）和正常家庭的残疾儿童福利服务供给是严重不足的，也就是所谓的"补缺型取向"福利。[1] 因此，残疾儿童的范围应从传统的"补缺型"向"普惠型"转变。

（四）受虐儿童

儿童虐待有广义和狭义之分。广义的儿童虐待是指所有对儿童的有意伤害，包括对儿童的苛刻、过分严厉、拒绝、忽视、剥夺、暴力和虐待。狭义的儿童虐待则是人们平时所说的虐待，包括身体虐待、性虐待以及心理/情感上的虐待和忽视。对于儿童虐待的行为，我们采用广义说，因为广义的虐待行为比起狭义的虐待行为更具危害性和严重性，且虐待行为通常会发生在发展困难的儿童身上，如残疾儿童、弱智儿童等。[2] 因此，凡是遭受过分苛刻、过分严厉、拒绝、忽视、剥夺、暴力和虐待行为的儿童，都是受虐儿童。

（五）孤儿

儿童福利立法的调整对象之一——"孤儿"，主要是指未满18岁的在院孤儿（如儿童福利机构内养育和家庭寄养）以及社会散居孤儿。依据1989年民政部发布的《关于贯彻执行〈军人抚恤优待条例〉若干具体问题的解释》，其中将"孤儿"界定为：革命烈士、因公牺牲军人、病故军人的未满18周岁的子女且丧失父母（抚养人）者。根据我国《收养法》相关条款的规定，孤儿是指其父母死亡或人民法院宣告其父母死亡的不满14周岁的未成年人。而我国民政部在《全国孤残儿童信息系统用户使用说明》的第二章"术语解释"中将"孤儿"界定为："（1）父母双亡或法院宣告父母死亡的0—18岁儿童；（2）父母一方死亡，另一方未履行监护照料义务1年以上的0—18岁儿童；（3）查找不到生父母的

---

[1] 参见姚建平、梁智:《从救助到福利——中国残疾儿童福利发展的路径分析》，《山东社会科学》2010年第1期，第50页。

[2] 参见马韵:《儿童虐待：一个不容忽视的全球问题》，《青年研究》2003年第4期，第21页。

0—18 岁儿童；（4）父母双方未履行监护照料义务 1 年以上的 0—18 岁儿童。"[1]

（六）未成年犯罪人

根据我国《刑法》规定，已满 14 周岁不满 18 周岁的未成年人才有可能成为未成年犯罪人，且成立犯罪的标准与成年人犯罪的标准是一致的，严格地以刑法规范来判断未成年人是否犯罪，有利于防止司法权力的滥用和保护未成年人权利，因此毫无疑问，已满 14 周岁不满 18 周岁的未成年犯罪人是儿童福利的主体。[2] 并且只要未成年犯罪人曾经有犯罪行为或被判处刑罚的事实，未成年犯罪人就是儿童福利的主体。[3]

可见，虽然我国将儿童福利立法的调整对象界定为 18 岁以下的儿童，但在具体福利主体类型上，我国有一部分进行了明确定义，也有部分福利主体并未明确定义，或者不同类型的福利主体间相互矛盾产生定义空隙，这将会导致相关儿童福利义务主体、责任主体相互推诿，导致部分儿童无法享有应有的福利权，这也是我国目前儿童福利主体的状况。

七、儿童福利立法与其他法律的关系

（一）儿童福利立法与民法

李燕从《民法总则》中监护的角度对儿童福利进行了研究，认为虽然《民法总则》增加了民政部门的监护责任，但是不论民法还是其他法律都没有对民政部门作为监护人该如何履行监护职责作出明确的规定。这具体表现在：一是民政部门如何履行监护职责尚无民法和其他法律的规定；二是儿童抚养机构的法律地位以及儿童福利机构对园内收养的儿

---

[1] 参见郅玉玲：《基于社会保障理论的孤残儿童福利研究》，《人口与发展》2011 年第 1 期，第 87 页。

[2] 参见康树华：《青少年犯罪、未成年人犯罪概念的界定与涵义》，《公安学刊》2000 年第 3 期，第 16 页。

[3] 参见赵秉志、廖万里：《论未成年人犯罪前科应予消灭——一个社会学角度的分析》，《法学论坛》2008 年第 1 期，第 6 页。

童拥有的决定权范围都没有法律明确规定；三是民政部门和儿童福利机构的关系和地位缺乏明确的规定，儿童福利机构因缺乏独立性而常常被民政部门视为自己的下属执行机构。[1]

（二）儿童福利立法与刑法

于改之认为，在现有其他法律对儿童虐待情况限制不足的情况下，应适用刑法加以规制，"但是，如果国民连'儿童虐待'的含义都模糊不清，发现有儿童被虐待的嫌疑后却救助无门，那么即使刑法扩大虐待罪的适用主体，其对儿童虐待的规制效力也会大打折扣"[2]，主张我国刑法明确"儿童虐待"之含义；在对儿童实施猥亵行为的情况下会出现处罚的漏洞以及刑罚的不均衡，比如"在儿童为幼女时，如果男性具有奸淫故意与奸淫行为的，成立强奸罪；如果儿童为幼男，妇女对之实施性交行为或者其他猥亵行为的，仍成立猥亵儿童罪"[3]。可见，男童和女童的权利保护存在明显的差异。在侵犯儿童权利的刑事犯罪上，李本灿认为面对侵害儿童权利的案件，民事和行政责任显然难以担起保护儿童的大任，"而刑事法没有相关规定，责任缺乏层次性，刑责难以相称"[4]。

（三）儿童福利立法与行政法

与儿童健康有密切联系的疫苗和食品，需要政府对其进行严格的监管，也需要法律对此予以完善，儿童福利立法与行政法之间存在着相当紧密的联系。近年来频发的儿童疫苗安全、儿童食品安全等问题在很大程度上与行政法对儿童权利保护的缺失有关。在儿童疫苗安全问题上，接种疫苗的对象主要是儿童，疫苗监管法律的不完善将直接损害儿童的

〔1〕 参见李燕：《论〈民法总则〉对未成年人国家监护制度规定的不足及立法完善》，《河北法学》2018年第8期，第112—114页。

〔2〕 于改之：《儿童虐待的法律规制——以日本法为视角的分析》，《法律科学》2013年第3期，第179页。

〔3〕 于改之：《儿童虐待的法律规制——以日本法为视角的分析》，《法律科学》2013年第3期，第180页。

〔4〕 李本灿：《虐童的刑法规制及儿童福利体系的构建》，《中南大学学报（社会科学版）》2013年第6期，第115页。

福祉。黄胜开、刘霞认为之所以出现疫苗安全事件，主要原因在于政府没有很好地对疫苗市场进行规制：一是疫苗市场行政许可的准入条件太低，导致疫苗企业恶性竞争；二是疫苗安全监管的行政检查存在局限性，易受利益驱使而滥用或不作为；三是现有的监管措施过分依赖事后惩戒且行政处罚力度不够。[1]

在儿童食品安全问题上，我国法律缺乏对儿童食品的明确定义。李新怡认为，《食品安全法》为婴幼儿食品安全提供了强有力的法律支持，其缺陷在于只是对婴幼儿的食品安全进行了原则性、概括性的规定，而对3周岁以上儿童的食品安全，并没有相关立法规定予以保护。就目前来看，我国并没有专门针对儿童食品安全而制定的法律法规，相关规定只有《儿童食品生产企业食品安全信用管理规范》这个部门规章，在我国法律体系中，有关"儿童食品"的法律法规在整个法律体系中难觅其踪，相关立法中也未对"儿童食品"的概念进行定义并分类。[2]

（四）儿童福利立法与少年司法

儿童是人类的未来，较之于成人在心智和体力上均处于弱势，被卷入司法中的儿童，更需得到特殊的处遇，因此促使人们在实体和程序上对儿童作出特殊的对待，即少年司法。儿童福利与少年司法是两个密切相关的领域，儿童福利立法必然涉及少年司法立法的问题。蒋熙辉认为，相较于国外少年司法制度而言，目前我国少年刑事审判的实际需求，已经远不能被现有的少年刑事法律制度所满足。[3] 侯东亮认为，少年司法是司法改革的重要领域，我国少年司法制度改革必须要避免教育、关爱未成年人的目的被淹没在打击犯罪之中。[4]

---

〔1〕 参见黄胜开、刘霞：《疫苗市场法律规制工具的优化与创新》，《东华理工大学学报（社会科学版）》2017 年第 2 期，第 165—166 页。
〔2〕 参见李新怡：《论我国儿童食品安全及其监管法律制度的完善》，湘潭大学 2017 年硕士学位论文，第 27 页。
〔3〕 参见蒋熙辉：《以儿童福利为视角的中国少年刑事司法改革论》，《人权》2009 年第 2 期，第 38 页。
〔4〕 参见侯东亮：《芬兰少年司法福利模式及其启示》，《预防青少年犯罪研究》2012 年第 1 期，第 64 页。

康均心认为，目前我国少年司法制度主要存在以下问题：一是在概念系统上，未成年人刑罚观并不是建立在未成年人特殊保护的价值观上，而是对未成年弱势群体的同情和怜悯。二是我国法律法规对未成年人保护的规定缺乏可操作性和对法律责任的规定。三是我国针对未成年人违法犯罪的专门立法很少，没有充分考虑未成年人特殊的生理心理状况。四是未成年人民事、行政和治安方面缺乏司法救济程序，法院受案范围太窄。五是未成年人司法专门机构的不健全。六是司法机关正常的办案经费难以为未成年人案件提供物质条件。[1] 康树华认为，应当完善立法和建立有关少年司法的法律法规体系，例如，在实体法上，制定单独的"少年刑法"；在程序法上，制定未成年案件处理法以及少年法庭法等。[2]

（五）儿童福利立法与财税法

儿童福利产品和服务的提供，极大地依赖于政府财政支出，完善财税法不仅可开源节流，且可精准高效地为儿童提供福利产品和服务，因此，儿童福利立法必然离不开财税法的支持。陈云凡通过对经济合作与发展组织（OECD）中的 10 个成员国儿童福利财政支出进行了分析，认为中国政府的儿童财政支出水平相较于 OECD 国家比较低，即便是在中国较重视的教育领域，中国学前、小学和中等教育的总支出水平与 OECD 国家相比依然有差距，只相当于挪威的 39%。"在服务提供形式上，中国儿童方面的现金支付主要有两项：生育保险支付和配合计划生育的独生子女奖励。在实物支付上，中国政府目前提供的儿童福利实物主要有三项，针对全体国民提供的教育服务、针对家庭结构破裂或弃婴、流动儿童等提供的寄养和收养服务与通过'五保'制度对农村未成年人提供的保护服务。"[3]

---

〔1〕　参见康均心：《我国少年司法制度的现实困境与改革出路》，《中国青年研究》2008 年第 3 期，第 27—29 页。

〔2〕　参见康树华：《论中国少年司法制度的完善》，《中国刑事法杂志》2000 年第 3 期，第 84—86 页。

〔3〕　陈云凡：《OECD 十国儿童福利财政支出制度安排比较分析》，《欧洲研究》2008 年第 5 期，第 107 页。

武庆华从留守儿童权利保护的视角，分析了我国目前儿童福利财政存在的问题：一是《预算法》明确将教育支出作为财政支出的一部分，但具体的财政支出数额与比例并未加以规定，农村留守儿童的教育财政支出也并未显示。二是在教育经费上城乡地区存在较大差距。在基本生活保障方面，有关留守儿童的社会保障制度尚未建立，在留守儿童福利财政上并未实现实质上的财政公平。三是专门的资金执行与监管部门的缺乏，导致财政资金拨付后，存在交付速度较慢、资金监管不力等问题。[1]

王玺、姜朋认为，我国当前儿童福利财政支出存在较大的缺口，主要原因是：第一，我国尚未形成完善的儿童福利津贴制度，经费支持渠道不健全，不成体系，单一零散的支持项目补贴效率低；第二，对儿童福利理解的变化、福利覆盖范围增大、服务质量提高以及儿童福利机构的功能转型，均要求政府面向全体孤儿承担起养育的经济责任，建设针对困境儿童的全面福利保障制度，引导社会力量参与儿童福利服务供给。这些都需要政府财政的大力支持。[2]

八、国外儿童福利立法的译介

西方发达国家的儿童福利立法已相对成熟，形成了较完善的儿童福利法律体系，学者通过对这些国家儿童福利立法方面的研究，可以更为深入地了解他国儿童福利立法的理念、体例、内容等，为完善我国相关立法提供借镜。

（一）日本儿童福利立法

吴海航通过研究发现，日本儿童福利立法进程始终延续不断，早在19 世纪后半期就开始关注儿童的保护与救助问题，颁布《感化法》、《少年教护法》、《儿童虐待防止法》与《儿童福利法》。《儿童福利法》经多

---

[1] 参见武庆华：《财税法视角下留守儿童权益保障》，《人口与社会》2015 年第 1 期，第 109—110 页。

[2] 参见王玺、姜朋：《基于 PDE 模型的儿童福利供给财政缺口及保障机制研究》，《中国软科学》2017 年第 6 期，第 157—158 页。

次修订，不断完善，内容涉及儿童福利保障的实际问题。[1]

张琦认为，日本儿童福利立法经过漫长时期并日益完善，其儿童福利立法体系呈现以下特点：一是制定专门"儿童福利法"，对儿童分类、设立儿童福利组织进行规定，形成覆盖全国的儿童福利工作体系。二是"儿童福利法"中开创独特儿童福利模式，即以家庭为中心，政府、企业、社区、学校相互配合的模式。三是日本儿童福利正由补缺型向普惠型过渡。[2] 曾燕波指出，日本在《儿童福利法》中明确规定依据该法进行儿童自立生活援助事业，包括进行日常生活上的援助、生活指导以及就业指导支援等。[3]

（二）韩国儿童福利立法

王雪梅认为，在韩国，1961 年制定的福利法主要为贫困妇女儿童、残疾人等提供制度保障，相关立法有《孤儿收养特例法》、《儿童福利法》、《生活保护法》和《母亲和无父亲儿童保健法》等。20 世纪 80 年代儿童福利立法成为建构普惠型儿童福利制度的基础。1981 年修改的《儿童福利法》，规定以国家为主导向儿童提供福利服务，同时，逐渐扩大儿童服务对象。到了 20 世纪 90 年代，《社会保障基本法》和《国民基本生活保障法》的制定标志着全面的普惠型福利制度的建立。而直到 2000 年对《儿童福利法》的修改，才在儿童福利领域确立普惠制，强调全体儿童的福利状态的重要性。总体来看，韩国形成了以《宪法》和《国民基本生活保障法》为基础，以《儿童福利法》、《青少年福利援助法》和《单亲家庭福利法》为核心，以及其他相关立法，如《母婴保健法》、《托儿法》、《中小学教育法》、《杰出儿童特别教育保护法》、《流浪儿童保护救助法》和《多文化家庭援助法》等为依托的儿童福利法律体

---

[1] 参见吴海航：《儿童权利保障与儿童福利立法研究》，《中国青年研究》2014 年第 1 期，第 39 页。

[2] 参见张琦：《儿童福利立法问题探析》，《黑龙江生态工程职业学院学报》2018 年第 4 期，第 73 页。

[3] 参见曾燕波：《儿童福利政策的国际比较与借鉴》，《当代青年研究》2011 年第 7 期，第 22 页。

系。[1] 易谨在研究中提到，韩国儿童福利政策与家庭政策紧密结合，将儿童福利纳入家庭福利体系中，先后颁布了《单身母亲儿童福利法》（后更名为《单亲家庭福利法》）、《健康家庭基本法》等法律。[2]

（三）瑞典儿童福利立法

吴海航指出，瑞典较早开始关注与儿童福利相关的女性员工怀孕或结婚应享有的政策照顾，其于 1944 年创制"公立托育政策"；1947 年开始实施儿童福利津贴；1960 年制定《儿童及少年福利法》；1961 年颁布《儿童照顾法》；1975 年实行《学前教育法》；1982 年实行《社会服务法》，并将《儿童及少年福利法》与《儿童照顾法》纳入此项立法成为社会服务的必要内容。[3]

（四）挪威儿童福利立法

田帆、孙熙指出，挪威新《儿童福利法》于 1992 年实施，其涉及范围较广，有支持父母在家庭内抚养的措施，在儿童有特殊需要时了解改善情况所需的时间，并采取措施为家庭和儿童提供安全的法律保护，避免受到职权部门的非法干预。挪威儿童福利立法不同于其他国家，并不过分强调对父母的干预，而是帮助与干预并重。挪威《儿童福利法》的基础立法规范是基于一定的生物标准的，该生物标准即一般而言，孩子都是在亲生父母身边长大的。孩子的归属和父母本身构成了挪威《儿童福利法》的来源。[4]

贺颖清在有关挪威儿童福利制度保障的法律依据研究中提到，法律是保障儿童福利和权利的最重要手段，挪威的《公立学校法》《儿童保护法》都为儿童福利保障提供了重要依据。挪威制定的《儿童法》《儿童监

---

〔1〕 参见王雪梅：《儿童福利论》，社会科学文献出版社 2014 年版，第 33—35 页。

〔2〕 参见易谨：《我国儿童福利立法的几个基本问题》，《中国青年政治学院学报》2014 年第 1 期，第 53 页。

〔3〕 参见吴海航：《儿童权利保障与儿童福利立法研究》，《中国青年研究》2014 年第 1 期，第 39 页。

〔4〕 参见田帆、孙熙：《借鉴国际经验构建完善的儿童福利制度》，《全球化》2017 年第 2 期，第 69 页。

察使法》，标志着儿童真正得到了应有的重视。[1] 此后，挪威儿童福利立法也在不断完善。目前挪威儿童福利权利保障是建立在以宪法为核心的一整套法律体系的框架之下，资金依靠的是挪威立法和议会的预算决议。挪威还对儿童福利的专门领域进行立法保障，通过了《收养法》《日托机构法》《现金补贴法》《教育法》等法律。在挪威儿童福利立法中，特别体现了法律保护儿童的参与权、免于被体罚的权利和接触权等权利。[2]

（五）美国儿童福利立法

吴海航指出，美国是最早提出"儿童福利"概念的国家，早在20世纪初就开始关注儿童福利政策，于1935年的《社会保障法》中规定了特殊儿童福利制度；1974年通过《儿童虐待预防与处理法案》；在1990年的国会报告中，与儿童福利相关的法案极多，福利范围涉及收入补助、营养、社会服务、教育和训练、保健、住宅六大项目，将儿童福利项目严格纳入立法。[3]

田帆、孙熙认为，美国直接与儿童福利相关的法律法规超过120项，其中《社会安全法》规定的安全计划中，有近一半都与儿童福利直接相关。美国在《社会保障法》中创建了"对儿童的临时援助项目"，后经历几次修正案的完善，对儿童的家庭权利进行更全面的保护。《儿童虐待预防与处理法案》主要解决了寄养儿童数量不断增加与改善各州儿童案件处理程序的问题，规定了强制报告义务，后来又修改法案，扩大了强制报告义务的范围。《收养协助和儿童福利法案》旨在达到两个目的：通过加强前期预防措施避免儿童被带离家庭；通过鼓励儿童回到亲生父母身边或通过收养，为被寄养的儿童找到永久家庭。美国当代儿童福利制度

---

[1] 参见贺颖清：《福利与权利——挪威儿童福利的法律保障》，中国人民公安大学出版社2005年版，第60—61页。

[2] 参见贺颖清：《福利与权利——挪威儿童福利的法律保障》，中国人民公安大学出版社2005年版，第175—182页。

[3] 参见吴海航：《儿童权利保障与儿童福利立法研究》，《中国青年研究》2014年第1期，第39页。

是根据儿童福利立法建立起来的。[1]

九、儿童福利立法的具体构想

在立法体例方面，张琦认为，我国"儿童福利法"应分为五部分，即总则、儿童福利管理机构、儿童福利措施及保障、处理程序及救济途径、法律责任。在总则部分，要明确儿童福利保护的原则、对象、内容和承担责任的主体。[2] 张鸿巍则主张我国"儿童福利法"分为十部分，即总则、机构与职责、家庭福利、学校福利、社会福利、行政福利、司法福利、特殊福利、法律责任和附则。[3]

陆士桢认为，我国距离完整的法律政策体系仍有较大距离，要建立以"儿童福利法"和"儿童发展纲要"为主体，包括"儿童社会服务法"在内的、全面的、系统的儿童福利法律体系。[4] 易谨就儿童福利立法的具体内容进行构想，认为儿童法律制度规定的儿童福利服务应包括教育性服务、保健性工作、福利性措施和保护性处置，且"儿童福利法"应详细规定儿童福利设施的类型、设立条件、财政支持等。[5]

赵川芳从专项立法的角度提出儿童福利立法的设想，建议加大儿童安全、教育、环境等专项立法步伐，儿童专项立法主要涉及安全管理、家庭教育教养、社会环境三个方面。[6] 刘建国认为，就立法设计而言，儿童福利的实现主要包括一般主体和特殊主体。一般主体即全国的普通儿童，特殊主体则是具有特殊情形的儿童。目前立法内容应侧重儿童生存权的保障，在此基础上，重视卫生福利、医疗教育、特别保护等权利

---

[1] 参见田帆、孙熙:《借鉴国际经验构建完善的儿童福利制度》,《全球化》2017 年第 2 期,第 67—68 页。

[2] 参见张琦:《儿童福利立法问题探析》,《黑龙江生态工程职业学院学报》2018 年第 4 期,第 73 页。

[3] 参见张鸿巍:《儿童福利法论》,中国民主法制出版社 2012 年版,第 150 页。

[4] 参见陆士桢:《从福利服务视角看我国未成年人保护》,《中国青年政治学院学报》2014 年第 1 期,第 3—4 页。

[5] 参见易谨:《我国儿童福利立法的几个基本问题》,《中国青年政治学院学报》2014 年第 1 期,第 54—56 页。

[6] 参见赵川芳:《儿童保护现实困境与路径选择》,《社会福利（理论版）》2014 年第 5 期,第 53 页。

落地，通过专门的儿童福利法作出清晰的规定。同时在福利投入和法律后果方面，明确福利保障的责任主体，还要强化公开透明的程序设计，确保福利体系更加周全和完善。[1]

张琦认为应在"儿童福利法"中明确建立专门的儿童福利管理机构，从中央到地方形成由中央统一领导，各部门相互配合的儿童福利管理体系。对儿童福利措施及保障，应规定在政府财政预算中，将儿童福利项目单列出来，保证有充足经费开展儿童福利保障工作。在儿童生活、儿童教育、儿童医疗、儿童监护、儿童救助和安置等方面采取措施进行完善。同时，在"儿童福利法"中就儿童福利案件的处理程序和权益救济程序进行规定，明确责任主体。[2]

第二节　儿童福利立法国外研究现状

国外儿童福利立法的研究起步较早，其相关专门研究成果颇为深入，且内容丰富。特别是近三十年来国外学者对儿童福利立法予以了富有深度的探讨，主要围绕儿童福利立法的宗旨与原则、立法的理念、立法的历史、立法的内容、立法中存在的不足以及立法的实施效果等问题展开研究。

一、儿童福利立法的宗旨和原则

Lorelei B. Mitchell、Richard P. Barth、Rebecca Green、Ariana Wall、Paul Biemer、Jill DuerrBerrick、MaryBruce Webb 与全国儿童青少年福利调查研究小组（The National Survey of Child 、Adolescent Well-Being Research Group）在研究中指出，美国《收养与家庭安全法》、《多民族安置法》和《族裔间收养规定》重新将儿童保护制度的重点放在儿童获得安全、永久家园的基本权利上。1980 年《收养援助与儿童福利法》旨在通过强调父母的正当程

---

[1] 参见刘建国：《完善儿童福利体系应当立法先行》，《人民法院报》2016 年 6 月 3 日第 2 版。
[2] 参见张琦：《儿童福利立法问题探析》，《黑龙江生态工程职业学院学报》2018 年第 4 期，第 73—74 页。

序权利、预防安置、及时实现儿童的永久性并为特殊需要者提供收养补贴来解决对公众对儿童福利制度的批判。[1]

Brenda G. Mcgowan 和 Elaine M. Walsh 提到，1980 年的《收养援助与儿童福利法》与 1993 年的《综合预算协调法》中的家庭保护和支持服务条款，体现了儿童福利政策原则的转变，由关注儿童救助与收养的最佳方式转变到现今的三大原则：合理努力减少出现需要安置的情形、在家庭外照料的儿童的永久性规划以及最小侵害的安置原则，这使得儿童福利工作者有机会与真正需要帮助的低收入家庭合作，并为高危父母提供了一个机会，使他们能获得所需的帮助，在自己家庭中妥善照顾好子女。[2]

Anne. Maceachron 提到，美国 1978 年《印第安儿童福利法》力求"保护印第安儿童的最大利益，促进印第安部落和家庭的稳定与安全"[3]。Suzanne L. Cross 认为，1978 年《印第安儿童福利法》旨在制止美洲印第安人家庭破裂。[4] Jones 同样认为，《印第安儿童福利法》是为了保护美洲印第安儿童而设立的。[5]

Patricia Clark、Jackie Buchanan 和 Lyman Legters 指出，华盛顿众议院第 1472 号法案于 2007 年正式成为法律，旨在解决儿童福利制度中的种族不成比例问题。[6] Annie Woodley Brown 和 Barbara Baileyetta 在研究中提到，1980 年通过的《收养援助与儿童福利法》为联邦政府提供了支持，将永久性规划作为儿童福利的指导原则。[7]

---

[1] Mitchell L. B. , Barth R. P. & Green R. , *Child Welfare Reform in the United States: Findings from a Local Agency Survey*, Child Welfare, Vol. 84: 1, p. 6-7 (2005).

[2] Mcgowan B. G. & Walsh E. M. , *Policy Challenges for Child Welfare in the New Century*, Child Welfare, Vol. 79: 1, p. 13-14 (2000).

[3] Maceachron A. E. , *Supervision in Tribal and State Child Welfare Agencies: Professionalization, Responsibilities, Training Needs, and Satisfaction*, Child Welfare, Vol. 73: 2, p. 117 (1994).

[4] Cross S. L. , *Indian Family Exception Doctrine: Still Losing Children Despite the Indian Child Welfare Act*, Child Welfare, Vol. 85: 4, p. 672 (2006).

[5] Jones B. J. , *GeneralPractice Solo and Small Firm Section Indian Child Welfare Act: The Need for a Separate Law*, Accessed June 2002, https: //www. abanet. org/ genpractice /compleat/f95child. html.

[6] Clark P. , Buchanan J. & Legters L. , *Taking Action on Racial Disproportionality in the Child Welfare System*, Child Welfare, Vol. 87: 2, p. 329-330 (2008).

[7] Brown A. W. & Baileyetta B. , *An Out-of-Home Care System in Crisis: Implications for African American Children in Child Welfare System*, Child Welfare, Vol. 76: 1, p. 67 (1997).

此外，Aldgate 和 Hill 认为，英国 1989 年《儿童法》的主要原则是：家庭主要负责抚养子女，国家在帮助家庭方面发挥作用，国家权力应只在对保护儿童至关重要的情况下方可介入。1989 年《儿童法》的主要原则为政策提供基础，为儿童保护服务提供方向。[1]

二、儿童福利立法的理念

Bill Atkin 认为，儿童权利的观念和福利及其最大利益应当成为家庭立法中最核心的部分。但是新西兰未能通过立法充分承认和加强儿童权利和福利，究其原因是儿童福利在政治中话语权小，代表性不足，政治家不太可能会依靠儿童福利而争取到选票。[2]

Thomas Waldock 认为，儿童权利往往是与自由文化和儿童保护模式相联系的，而在民主社会文化和家庭服务模式维度下的儿童权利仍未得到明确的承认。在承认儿童为权利享有者时，仍需消除将儿童视为"财产"或"非财产"的观念。现有儿童保护模式也应进行改革，但不应通过将儿童纳入更大的集体来剥夺儿童的个性，或采取偏离以儿童为中心原则的方法来推行儿童保护模式改革。[3]

Elizabeth Bartholet 认为，儿童福利决策者提倡家庭保护的方式已经远远超出了法律规定。儿童福利立法要适应现实的需要和引入新的理论，儿童福利决策者和研究人员有责任向法院和立法机构宣传儿童有福利和保护的需求，以协助制定未来的儿童福利法。并且认为对于儿童权利和利益应当有所作为，即便为了极为重要的利益而牺牲儿童权益，从长远来看，这种收益最终也不大。[4]

---

[1] Aldgate J. & Hill M., *Child Welfare in the United Kingdom*, Children and Youth Services Review, Vol. 17：5, p. 575-597（1995）.

[2] Mark Henaghan & Ruth Ballantyne, *Bill Atkin：A Fierce Defender of Children's Rights and Proponent of Child-Focused Legislation*, Victoria University of Wellington Law Review, Vol. 46：3, p. 609（2015）.

[3] Thomas Waldock, *Theorising Children's Rights and Child Welfare Programs*, International Journal of Children's Rights, Vol. 24：2, p. 304-329（2016）.

[4] Elizabeth Bartholet, *Creating a Child-Friendly Child Welfare System：Effective Early Intervention to Prevent Maltreatment and Protect Victimized Children*, Buffalo Law Review, Vol. 60：5, p. 1370-1371（2012）.

三、儿童福利立法的历史

学者主要聚焦于《印第安儿童福利法》来对儿童福利立法的历史展开探讨。Marc Mannes 从推动该法出台的事件予以探讨。1968 年许多儿童常被从他们的家庭中带走，送到寄养家庭，并被非印第安夫妇收养。部落成员对当地负责儿童福利工作的官员十分担忧。许多部落也有同样的经历，魔鬼湖苏族社区（Devils Lake Sioux Community）决定请求纽约的印第安人事务协会提供援助，参与的决定引发了一系列事件，最终导致 10 年后《印第安儿童福利法》的通过。该法于 1978 年 11 月 8 日成为公法 95-608 的组成部分。[1]

Lou Matheson 在研究印第安儿童福利法的历史时提到，《印第安儿童福利法》经历了 15 年的政治斗争才最终通过成为联邦法律。国会希望通过出台《印第安儿童福利法》防止国家机关权力的滥用；法院和教会团体通过制定转移和安置寄养儿童的程序、明确机关的责任和在儿童福利中扮演的角色来保护家庭和儿童。印第安人希望《印第安儿童福利法》的通过可保护印第安人的家庭、社区和部落，使他们的传统制度不会遭到进一步的瓦解。此外，Marc Mannes 还提到，文化相关性和说服力问题并未在该法中得到明确，许多人认为在立法中无需考虑文化层面的因素，但这项立法的精神要求专业人士对人际关系、交流模式、生活水平和育儿实践等不同文化习俗有一定程度的了解，应适当地从文化和历史背景角度看待这部法律。他认为，如果该法能得到很好的遵守，可以避免低效和情绪上的不满。[2]

四、儿童福利立法的内容

（一）儿童收养、寄养的立法

Gail Chang Bohr 提出，美国明尼苏达州的家庭寄养制度对儿童的健

---

[1] Mannes M., *Factors and Events Leading to the Passage of the Indian Child Welfare Act*, Child Welfare, Vol. 74：1，p. 264-282（1995）.

[2] MathesonL., *The Politics of the Indian Child Welfare Act*, Social Work, Vol. 41：2，p. 232-234（1996）.

康、幸福，包括儿童教育和后续的独立生活等问题，都需要优先加以考虑，因此儿童立法规定的儿童福利系统的干涉应当作为一个兜底的"网"，以维持儿童的健康与幸福，至少不应该变得更差。[1] Lorelei B. Mitchell、Richard P. Barth、Rebecca Green 等人认为，加利福尼亚州在儿童福利制度改革方面，中央集权的优势可能会明显一些。在少数民族参与儿童福利制度方面，特别是有色儿童收养上，非城市地区对收养更加重视。[2]

Elizabeth Bartholet 认为，国际收养是保证儿童福利代际公平的一种有效手段。国际收养可极大地转变被收养儿童的生活环境，能为被收养儿童提供成长所需的条件。[3] Murray、Gesiriech 指出，1961 年，一份允许各州可因普遍符合依赖儿童援助（Aid to Dependent Children）标准的寄养儿童获得相应资金修正案得以通过，并纳入了《社会保障法》。[4]

（二）儿童家庭方面的立法

Madden 指出，《家庭法》允许法院剥夺怀孕期间作出危及腹中胎儿行为的母亲的监护权，赋予法院将其出生后的婴儿带离家庭的权利。利用《家庭法》，确保儿童的最大利益得到保障。儿童有权获得《家庭法院法》的保护。[5] Aldgate 和 Hill 认为，英国 1989 年《儿童法》为有需要的儿童提供广泛的服务，以防止家庭破裂的风险；与父母合作优先于强制性干预；确定国家权力以平衡父母和子女的权利；国家作为父母按照与其他父母相同的标准照顾无家可归的儿童；以及在发展框架内评估儿

---

〔1〕 Gail Chang Bohr, *For the Well-Being of Minnesota's Foster Children：What Federal Legislation Requires*, William Mitchell Law Review, Vol. 31：3, p. 926（2005）.

〔2〕 Mitchell L. B., Barth R. P. & Green R., *Child Welfare Reform in the United States：Findings from a Local Agency Survey*, Child Welfare, Vol. 84：1, p. 21（2005）.

〔3〕 Elizabeth Bartholet, *Intergenerational Justice for Children：Restructuring Adoption, Reproduction and Child Welfare Policy*, Law & Ethics of Human Rights, Vol. 8：1, p. 103-130（2014）.

〔4〕 Murray K. & Gesiriech S., *A Brief Legislative History of the Child Welfare System*, March 19, 2009, from http：//pewfostercare. org/reserch/docs/Legislative. pdf.

〔5〕 Madden R. G., *State Actions to Control Fetal Abuse：Rramifications for Child Welfare Practice*, Child Welfare, Vol. 72：2, p. 130-132（1993）.

童的需要，而不是仅限于虐待。[1] Romero D、Chavkin W、Wise P H 在研究中提到，1996 年美国福利改革法《个人责任和工作机会协调法》结束了长期以来联邦政府为穷人提供现金援助的做法，以向贫困家庭提供临时援助方案取代对受抚养儿童家庭的援助方案。[2]

Suzanne L. Cross 指出，《印第安儿童福利法》中规定的与父母有关的权利，包括审查所有案件记录，至少提前 10 日通知任何法院的诉讼程序、收到最多 20 日的延期通知，以及在贫困时由法院指定律师。部落也有权利。这些权利包括对居住在某一部落保留地的任何印第安儿童拥有专属权，至少提前 10 日通知任何法院的诉讼程序，要求将儿童福利案件移交给部落法院，在州法院诉讼的任何阶段进行干预，以及改变安置偏好的能力。《印第安儿童福利法》规定的其他最低要求包括：向家庭提供具有补救和恢复性质的服务，以及侧重于防止家庭破裂；向社会工作者提供积极援助，帮助家庭实现服务计划目标；提供专家证人证词，证明继续监护可能造成严重伤害或对儿童的危险。《印第安儿童福利法》要求提供社会服务，把印第安人的孩子安置在大家庭中。该法将印第安儿童界定为：18 岁以下的任何未婚者且是印第安部落成员或有资格成为印第安部落成员，同时是印第安部落成员的亲生子女的人。《印第安儿童福利法》的规定必须适用于任何印第安儿童在州法院的儿童监护程序。儿童监护程序包括寄养家庭、父母权利的终止、收养前安置和收养安置。[3]

Annie Woodley Brown 和 Barbara Baileyetta 在研究中提到，1980 年通过的《收养援助与儿童福利法》制定了一项政策，其对在家外照料的儿童和有可能成为在家外照料的儿童产生影响。该法强调家庭保护和儿童与其原生家庭团聚。当儿童无法与亲生父母生活在一起时，该法提供的资金可帮助收养儿童，同时提供法律监护和长期的家庭外照顾。该法规定，各州必须有效地监测案例，包括每六个月一次的审查，并采取额外

---

〔1〕 Aldgate J. & Hill M., *Child Welfare in the United Kingdom*, Children and Youth Services Review, Vol. 17：6，p. 575-597（1995）.

〔2〕 Romero D., Chavkin W. & Wise P. H., *State Welfare Reform Policies and Maternal and Child Health Services: A National Study*, Maternal and Child Health Journal, Vol. 5：3，p. 199（2001）.

〔3〕 Cross S. L., *Indian Family Exception Doctrine: Still Losing Children Despite the Indian Child Welfare Act*, Child Welfare, Vol. 85：4，p. 672-677（2006）.

措施确保每个儿童都拥有一个永久、长期的家。[1]

　　Brenda G. Mcgowan 和 Elaine M. Walsh 认为,《收养与家庭安全法》将儿童安全作为所有儿童福利决策的优先事项,该法强调了维持家庭统一的重要性,将致力于支援高危和危机家庭的家庭保护与支持服务项目延长至 3 年。该法还规定,如果一个孩子在 22 个月中有 15 个月是在家庭外的地方接受照顾的,则要求州提交请愿书终止父母的权利,但以下情形除外:(1)儿童由近亲属照顾;(2)有足够令人信服的理由认定终止父母权利不符合儿童最佳利益原则;(3)国家并未对儿童安全回归家庭做出合理努力。该法也重新强调了儿童安全和永久性的重要性,赋予养父母在有关儿童的任何听证会上得到通知和听讯的权利,并表示愿意通过收集结果数据和监测州绩效来扩大联邦在儿童福利服务提供中的作用。[2]

(三)儿童监护方面的立法

　　Anne. Maceachron 指出,1978 年的《印第安儿童福利法》规定了部落对印第安儿童监护决定的管辖权,限制了州对这些决定的管辖权,并为部落提供了建立或者扩大部落儿童福利和家庭服务的机会和项目,以服务于部落中的儿童和家庭。[3] Marc Mannes 提到,该法第一章肯定了部落政府对涉及保留地儿童监护安置程序的管辖权,并要求州法院将对居住在非保留区的印第安儿童的管辖权移交给部落法院。政府拨款给印第安事务局,用于资助部落政府和印第安非保留区儿童福利项目,以保护儿童、服务家庭和保护部落文化。另外,该法还规定了保存记录和信息的程序,并要求进行一项研究,以确定当地全日制学校的缺乏是否可能导致印第安家庭的破裂。[4]

---

〔1〕　Brown A. W. & Baileyetta B. , *An Out-of-Home care System in Crisis: Implications for African American Children in Child Welfare System*, Child Welfare, Vol. 76: 1, p. 67 (1997).

〔2〕　Mcgowan B. G. & Walsh E. M. , *Policy Challenges for Child Welfare in the New Century*, Child-Welfare, Vol. 79: 1, p. 18-20 (2000).

〔3〕　Maceachron A. E. , *Supervision in Tribal and State Child Welfare Agencies: Professionalization, Responsibilities, Training needs, and Satisfaction*, Child Welfare, Vol. 73: 2, p. 117 (1994).

〔4〕　Mannes M. , *Factors and Events Leading to the Passage of the Indian Child Welfare Act*, Child Welfare, Vol. 74: 1, p. 278 (1995).

Lou Matheson 提出，《印第安儿童福利法》为那些有理由将印第安儿童带离亲生父母身边的专业工作人员提供了指导，专业工作人员的首要职责是核实家庭的种族和部落身份，其次是让部落接管这个案子。如果部落拒绝接管，个案工作者必须首先尝试将孩子安置在合适的家庭中。如果无人接管，工作人员必须将儿童先安置在同一部落的其他家庭中。如果无人愿意收养，工作人员将寻找符合收养条件的印第安家庭。作为最后手段，工作人员可能会将孩子安置在一个非印第安家庭。虽然《印第安儿童福利法》强调家庭的完整性，但该法案并没有特指兄弟姐妹，尽管在一些条件下，兄弟姐妹也可以相互支持。印第安事务局是为管理各部落而建立的，负责为《印第安儿童福利法》提供资金。同时，该法有几个地方涉及了文化问题，最高法院在一项裁决中评论道："对部落实质的关系并未构成巨大威胁……也并未过多干涉部落对儿童的监护。"但也有人认为，剥夺儿童文化是一种虐待儿童的形式，甚至是一种种族灭绝的行为。[1]

（四）儿童安置方面的立法

Joseph Semidei、Laura Feig Radel 和 Catherine Nolan 提到，1997 年通过的《收养与家庭安全法》规定，应根据儿童的发展需求迅速对儿童的长期生活安排作出决定。现行的法律规定，在大多数情况下，孩子在看护中心待满 12 个月时，法官必须对其永久护理计划进行审查。此外，如果孩子在过去的 22 个月里有 15 个月是由政府照顾的，那么政府必须申请终止父母的权利，除非有令人信服的理由认为终止父母的权利不符合儿童的最佳利益。《收养与家庭安全法》要求各州更密切地监控药物滥用情况，提供药物滥用治疗和其他服务，以保障儿童福利。儿童的主要立法和儿童福利规划的变化更加明确了儿童福利机构需要与酒精和药物治疗提供者保持密切的联系。[2]

Catherine Mcalpine、Cynthia Courts Marshall 和 Nancy Harper Doran 指

---

[1] Matheson L., *The Politics of the Indian Child Welfare Act*, Social Work, Vol. 41：2，p. 233-234（1996）.

[2] Semidei J., Radel L. F. & Nolan C., *Substance Abuse and Child Welfare：Clear Linkages and Promising Responses*, Child Welfare, Vol. 80：2，p. 115（2001）.

出,《收养与家庭安全法》重新强调了对未来的规划,为需要福利服务的儿童寻找更有效的方法,以维持家庭的稳定。同时规定对在 12 个月内遭受虐待和忽视的儿童做出安置决定,并规定如果一个孩子在 22 个月中有 15 个月是在家庭以外的地方接受照顾的,则要求州提交请愿书终止父母的权利,除存在不启动终止的强制性理由外。[1]

James P. Gleeson 提出,在安置资源需求增加和数起诉讼的推动下,法律和行政法规的变化明确确立了亲属作为儿童被国家监护时的首选安置对象。1988 年伊利诺伊州的《儿童和家庭服务法》修订,要求在儿童福利体系考虑将儿童安置在家庭外的情形下,亲属被选为"首选的照顾者"。法令规定,在立即进行初步批准程序后,应将儿童安置在近亲之中。伊利诺伊州的"亲属之家改革方案"(Home-of-Relative Reform Plan)是通过修改法律和行政法规而启动的,1995 年 5 月 26 日伊利诺伊州议会通过,州长于 1995 年 6 月 6 日签署,包括授权、指导和实施改革计划和与家庭改革计划相关的法定修正案。该法废除了相关优惠法律,取消了相关家庭审批标准。[2]

(五) 儿童虐待方面的立法

Tara Urs 从受虐儿童的角度出发,认为儿童福利制度是一个很大的"网"。如果被虐待的儿童能被识别出来,那么这个大范围保护的制度就是有效的,但问题在于,前提是要根据儿童的陈述对虐待行为作出准确的判断。而根据调查显示,儿童可能会为了逃避惩罚或获得自主而说谎,法院在儿童福利制度下缺少指引,难以判断出儿童陈述的可靠程度。因此,应通过立法规定具体的程序促进受虐儿童对法院作出更准确的陈述,进而更好地保护儿童的权利。[3] C. R. Matthias 和 F. N. Zaal 对美国 2005 年第 38 号儿童法案和 2007 年第 41 号儿童修正法案中防止家庭暴力的部

---

〔1〕 Mcalpine C. , Marshall C. C. & Doran N. H. , *Combining Child Welfare and Substance Abuse Services: A Blended Model of Intervention*, Child Welfare, Vol. 80: 2, p. 135 (2001) .

〔2〕 Gleeson J. P. , *Kinship Care as a Child Welfare Service: The Policy Debate in an Era of Welfare Reform*, Child Welfare, Vol. 75: 5, p. 428-433 (1996) .

〔3〕 Tara Urs, *Can the Child Welfare System Protect Children without Believing What They Say*, New York University Review of Law & Social Change, Vol. 38 : 2, p. 357 (2014) .

分条款作了分析，认为虽可通过儿童法院的确认而将儿童脱离施暴者的监护，但这种措施只是儿童保护程序的最后环节，并不能在发生儿童虐待之时提供紧急措施，因此在紧急情况下，法条没有规定有效的措施来保护儿童。[1]

Neil Jordan、Svetlana Yampolskaya、Mara Gustafson、Mary Armstrong、RoxannMcNeish、Amy Vargo 等人在研究中提出，佛罗里达州的法规（第39.810 节）中阐明了父母为儿童提供安全家园的能力。除了各州的具体法规，虐待案件也由联邦法律所载的指导方针指引。目前，儿童福利实践受《收养与家庭安全法》的约束。该法案规定，对所有受虐儿童来说，主要目标是保障安全、持久和福祉，而安全是最为重要的。[2]

Marie Connolly 指出，不同于澳大利亚与美国的法律，新西兰法律允许公众和专业人员报告被虐待和被忽视儿童的情况，它更倾向于告知、鼓励和说服人们认识到虐待的迹象和症状，并报告他们的关切，确保对所有善意的人提供法律保护。重要的是，新西兰的《儿童福利法》强有力地指导家庭参与照顾和保护儿童的事务。1989 年新西兰出台了一项激进的立法，将家庭在儿童保护性服务决策中的中心地位规范化。新西兰以立法方式建立家庭会议制度，确定了儿童家庭成员有权参加的以解决问题为重点的会议。法律框架的确定为新西兰儿童保护性服务提供了包括儿童保护、家庭支持与家庭决策方面的依据。[3]

Patricia Clark、Jackie Buchanan 和 Lyman Legters 指出，华盛顿众议院第 1472 号法案于 2007 年正式成为法律，此项立法要求华盛顿州公共政策研究所对不成比例问题进行全州范围的分析，成立一个全州范围的多学科咨询委员会进行审查分析，并向社会和卫生服务部提出补救和执行计划。此项立法同时阐明和扩大了被忽视儿童的定义，使得更多的儿童被

---

[1] C. R. Matthias & F. N. Zaal, *Domestic Violence Perpetrator Removals: Unpacking the New Children's Legislation*, Stellenbosch Law Review, Vol. 21: 3, p. 528-541 (2010).

[2] Jordan N., Yampolskaya S. & Gustafson M., *Comparing Child Protective Investigation Performance between Law Enforcement Agencies and Child Welfare Agencies*, Child Welfare, Vol. 90: 2, p. 89 (2011).

[3] Connolly M., *Reforming Child Welfare: An Integrated Approach*, Child Welfare, Vol. 89: 3, p. 11-12 (2010).

纳入儿童福利制度的保障范围。同时，根据此项立法，政府还将成立一个新的委员会，更好地服务于儿童福利的保障。[1]

Kathleen Kufeldt、Marie Simard、Paul Thomas 和 Jacques Vachon 提到，根据儿童最佳利益原则，立法在保护儿童方面的重点在于对虐待和忽视的界定。经过审理之后确定存在虐待和忽视行为，即为儿童提供保护服务。立法为法院的处置提供了各种选择。立法还规定了在逮捕后必须举行保护性听讯和处置性听讯的具体时限。英国 1989 年《儿童法》规定地方当局负有向所有需要帮助的儿童及其家庭提供服务的一般性义务。此外，地方当局还需确定有需要的儿童，并公布有关服务的信息，并提请可能从服务中受益的人注意这些服务的信息。1989 年《儿童法》还规定了家长的责任，在儿童保护过程中，儿童是父母、机构和任何其他有关方面之间的纽带。[2]

（六）少年司法方面的立法

Rudy Estrada 和 Jody Marksamer 指出，安全权基于美国宪法第十四修正案中的正当程序条款："任何一州，未经正当法律程序，不得剥夺任何人的生命、自由或财产；在州管辖范围内，也不得拒绝给予任何人以平等法律保护。"它对国家规定了相应的积极义务，以保护任何人不受伤害。在儿童福利与青少年司法中，这项权利被称为"安全中的实质正当程序自由利益"，或简称为"安全权"。根据一些已公布的法院裁决，儿童在寄养期间绝对享有法律上可强制执行的安全权。这项权利包括：防止对儿童的身体、精神和情感健康的威胁，获得预防伤害的服务的权利，以及获得监测和监督的权利。虽然在儿童福利或少年司法方面不存在大量平等保护的判例法，但平等保护权已在公立学校范围内明确确立。除了美国宪法为 LGBT（非异性恋者）儿童群体提供的保护外，额外的保护可能来自该州的宪法或法规。在俄勒冈州，州法院解释了州宪法的平等

〔1〕　Clark P. , Buchanan J. & Legters L. , *Taking Action on Racial Disproportionality in the Child Welfare System*, Child Welfare, Vol. 87：2，p. 330-333（2008）.

〔2〕　Kufeldt K. , Simard M. & Thomas P. , *A Grass Roots Approach to Influencing Child Welfare Policy*, Child & Family Social Work, Vol. 10：4，p. 308（2005）.

保护条款，以提供更广泛的保护，使其免受性取向歧视。一些州有非歧视性法律，明确保护同性恋、双性恋和跨性别者的青少年享有公正的司法和儿童福利制度。例如，在加州，《寄养非歧视法》规定，县儿童福利部门、集体家庭设施和寄养家庭机构在许多方面存在歧视是非法的，包括实际或感知的性别、性取向、性别身份或艾滋病毒状况。根据该法，所有寄养儿童和在加利福尼亚州为寄养儿童提供照料和服务的人，都有权公平和平等地获得所有现有的儿童福利服务、安置、护理、治疗和福利，以及不受基于这些理由的歧视或骚扰。一些州有法律保护个人不受政府机构的歧视，其中包括儿童福利项目、青少年拘留和惩教设施。其他州有保护儿童的非歧视法律。最后，根据禁止住房歧视的州法律，儿童福利和青少年司法设施可能被禁止在住宿照顾中歧视 LGBT 青年，因为这些设施提供公共住处。总之，无论是政府机构还是公共场所，儿童福利和少年司法设施都可能属于各种安全法律的管辖范围，这些法律规定：禁止性取向或性别识别歧视，并要求非歧视性照顾，这保护了 LGBT 儿童的权利。[1]

Lukas Muntingh 和 Clare Ballard 认为，虽然南非《儿童司法法》和《惩教服务法》的实行显著地减少了监狱中儿童的数量，但是监狱中儿童待遇方面存在显著的问题：一是监狱提供服务不符合需求；二是监狱中的膳食住宿条件不符合法律要求。因此，应该尽快地通过相关的立法修补漏洞，以保护这些儿童的权利和利益，对《儿童司法法》和《惩教服务法》的执行进行重新审视。[2] John Boersig 以澳大利亚新南威尔士的儿童权利立法中的《儿童犯罪诉讼法案》为例，认为虽然法律是立法机关制定的，但是在具体案例中，最终审判权仍掌握在法院手中，这就要求法院在判决时一定要把握好惩罚与儿童权利保护之间的平衡，因此立法者在制定儿童权利保护法时要兼顾司法实践。[3]

---

〔1〕 Estrada R. & Marksamer J., *The Legal Rights of LGBT Youth in State Custody: What Child Welfare and Juvenile Justice Professionals Need to Know*, Child Welfare, Vol. 85：2, p. 173-191 (2006).

〔2〕 Lukas Muntingh & Clare Ballard, *Are the Rights of Children Paramount in Prison Legislation*, South African Journal of Criminal Justice, Vol. 26：3, p. 352-353 (2013).

〔3〕 John Boersig, *Delinquency, Neglect and the Emergence of Children's Rights Legislation in NSW*, Newcastle Law Review, Vol. 5：2, p. 156 (2003).

五、儿童福利立法的不足

Suzanne L. Cross 认为，《印第安儿童福利法》中存在的家庭例外理论并未能真正保障印第安儿童的福利，部落民族和印第安人家庭就有权寻求立法修改，以消除对该理论及其变体的使用。同时，该学者认为，该法需要得到充分的执行和遵从，才能实现其立法本意。通过赋予部落民族在他们的文化中保护和抚养他们的孩子的权利，进一步践行和实现《印第安儿童福利法》的宗旨和目标。[1]

Catherine Mcalpine、Cynthia Courts Marshall 和 Nancy Harper Doran 认为，大多数强制性的儿童虐待报告法没有明确提到父母滥用药物，而是提到身体虐待、性虐待和忽视。此外，针对父母滥用药物的法律往往侧重于非法药物的消费（不包括酒精），尽管酒精是家庭暴力事件中的一个重要因素。这些法律的部分内容可能会阻碍滥用药物和酒精的孕妇或产后妇女寻求卫生保健或药物滥用治疗，因为担心承认滥用药物问题会导致失去对孩子的监护权。一般来说，这些法律关注的是父母对孩子的行为，而不是可能导致这些行为的条件或环境。[2] Robert G. Madden 认为，美国加利福尼亚州的立法机构将酗酒、药物上瘾的女性造成婴儿死亡的行为认定为胎儿虐待而构成刑事犯罪的做法是错误的。因为实际上怀孕期间滥用毒品或酗酒的女性本身往往就是儿童，她们无法获得各种资讯来防止怀孕或治疗毒瘾或酗酒。那些认为法律如此规定会进一步孤立那些不信任社会健康服务的人，反而应该对那些限制儿童实现最佳利益的因素实施积极的做法。[3]

Brenda G. Mcgowan 和 Elaine M. Walsh 认为，《个人责任和工作机会协调法》与《收养与家庭安全法》的通过挑战了儿童福利政策的现有基础。

---

〔1〕 Cross S. L. , *Indian Family Exception Doctrine: Still Losing Children Despite the Indian Child Welfare Act*, Child Welfare, Vol. 85: 4, p. 689 （2006）.

〔2〕 Mcalpine C. , Marshall C. C. & Doran N. H. , *Combining Child Welfare and Substance Abuse Services: A Blended Model of Intervention*, Child Welfare, Vol. 80: 2, p. 131 （2001）.

〔3〕 Madden R. G. , *State Actions to Control Fetal Abuse: Ramifications for Child Welfare Practice*, Child Welfare, Vol. 72: 2, p. 138 （1993）.

《个人责任和工作机会协调法》通过时没有仔细分析其对儿童福利的潜在影响，也忽略了其将父母转移到劳动力市场政策目标可能与儿童福利制度中儿童保护与家庭保护的目标相冲突。现在要确定这项立法对全国各地弱势家庭和儿童的实际影响还为时尚早，部分原因是该法的许多条款仍在执行之中。[1]

Besharov 认为，《报告法》揭示了缺乏专门的儿童保护机构的状况，并提及区分儿童福利方面的优先责任和公共责任的必要性。[2] Nelson 提出，美国人道协会于 1967 年发现，在 17 个州，《报告法》并未在公共儿童福利制度方面规定这些州对自己参与的儿童虐待报告事件的后续行动负有法律责任。[3]

Kathleen Kufeldt、Marie Simard、Paul Thomas 和 Jacques Vachon 指出，在加拿大，与儿童福利有关的事项属于每个省和地区的立法管辖范围。在这一领域内行使权力只受《权利与自由宪章》的约束。从法律角度看，立法的基本方案自 1978 年以来没什么变化。不足之处还包括对享受照顾和保护的年龄的区域性定义和权利基本内容的定义。一个关键问题在于，儿童的公民权在多大程度上可以被其父母的公民权所支配。[4]

Olive Stevenson 提出，英国 1948 年《儿童法》没有规定地方当局有义务与社区中的家庭合作，没有规定帮助需要帮助的儿童的一般性义务。儿童保育专业人员对预防工作的兴趣和经验，对 1963 年的立法做出贡献。1963 年的立法正式授权地方当局提供家庭支持和援助。区别被剥夺权利的儿童和堕落的儿童被视为是不合逻辑、不可持续的，因此在 1970 年的立法中被删除。[5]

---

[1] Mcgowan B. G. & Walsh E. M. , *Policy Challenges for Child Welfare in the New Century*, Child Welfare, Vol. 79: 1, p. 15 (2000).

[2] BesharovD. , *Child Protection: Past Progress, Present Problems, and Future Directions*, Family Law Quarterly, Vol. 17: 2, p. 171–172 (1983).

[3] Nelson B. , *Making a Case of Child Abuse: Political Agenda Setting for Social Problems*, Chicago: The University of Chicago Press, 1984, p. 124.

[4] Kufeldt K. , Simard M. & Thomas P. , *A Grass Roots Approach to Influencing Child Welfare Policy*, Child & Family Social Work, Vol. 10: 4, p. 306 (2005).

[5] Stevenson O. , *It Was More Difficult Than We Thought: A Reflection on 50 Years of Child Welfare Practice*, Child & Family Social Work, Vol. 3: 3, p. 158 (1998).

Irene-Marie Esser 认为，南非立法并未能完全地解决流浪儿童的问题，《儿童照顾法案》在很大程度上忽略了街上流浪儿童的生活和工作问题；《社会协助法案》最大的问题是流浪儿童的权益被排除在外；《学校法案》及其修正案并没有在解决贫困家庭儿童教育上发挥作用。立法自身的缺陷也导致了流浪儿童缺乏社区和非政府组织上的帮助。[1]

六、儿童福利立法的实施效果

Connolly 在 2009 年的一项研究中指出，法律可以影响儿童福利决策过程中的意见和实践。[2] Gertrud Lenzer 和 Brian Gran 认为，国际条约为思考与家庭参与相关的家庭、父母与儿童的权利在儿童福利决策中的作用提供有效的框架。国际条约可以形成关于家庭参与儿童福利决策的政策和法律，如确定属于家庭、父母和年轻人的权利。[3]

Katherine Howard 和 Barillas 认为，美国 1935 年《社会保障法》的通过，为政府获得联邦资金提供了保障，这使得儿童福利职能转移到了国家。1980 年《收养法》和《儿童福利法》的通过，强化了联邦政府的职责，同时增加了联邦资金，这使得儿童福利服务合同的数量急剧增加。[4] Gerald P. Mallon 认为，美国于 1980 年通过的《收养救助与儿童福利法》，为遭受虐待或有遭受虐待风险的儿童和青少年提供更具安全、稳定和保障的可能。《收养与家庭安全法》（1997 年）和《促进成功与增进收养法》（2008 年）的通过，进一步强化和明确了美国《收养援助与儿童福利法》的意图，标志美国在儿童福利领域改革的高潮。且美国许多与儿童福利有关的政策和实践建立在早期法律的基础上，回应了儿童、青少

---

〔1〕 Irene-Marie Esser, *The Position of Street Children in South African Legislation*, Child Welfare, Vol. 39：2, p. 385-404（2006）.

〔2〕 Connolly M., *Family Group Conferences in Child Welfare：The Fit with Restorative Justice*, Contemporary Justice Review, Vol. 12：3, p. 309 – 319（2009）.

〔3〕 Lenzer G. & Gran B., *Rights and the Role of Family Engagement in Child Welfare：An International Treaties Perspective on Families' Rights, Parents' Rights, and Children's Rights*, Child Welfare, Vol. 90：4, p. 159-160（2011）.

〔4〕 Barillas & Katherine Howard, *State Capacity：The Missing Piece in Child Welfare Privatization*, Child Welfare, Vol. 90：3, p. 114-116（2011）.

年和家庭的需求。[1]

Olive Stevenson 指出，英国 1948 年《儿童法》以三种极其重要的方式为随后的实践和后来的立法奠定了基础。第一，它在地方政府内部建立了一个新的儿童部门机构，这确保了对贫困儿童的照顾在组织上能得到协调。第二，该法规定了一项原则，即被照料的儿童应得到同等的待遇。第三，在可能的情况下，应避免接收儿童进行照顾。这些措施对家庭支持、援助和预防工作产生了深远影响。[2] Aldgate 和 Hill 认为，英国于 1989 年通过了《儿童法》，尽管有这一立法和政策议程，但许多研究发现，1989 年《儿童法》的家庭支持目标尚未完全实现。[3]

许多学者还专门对美国《印第安儿童福利法》的实施效果予以了深入探讨。Anne Maceachron 指出，自 1978 年《印第安儿童福利法》颁布以来，部落儿童福利和家庭服务已大幅度扩充。[4] Fischler 认为，《印第安儿童福利法》的通过，危害了印第安儿童，因为安置的优先次序强调了父母和部落的权利，而牺牲了儿童保护，同时，还需要有高标准的证据来证明对儿童的伤害。[5] Kessel 和 Robbins 则认为，《印第安儿童福利法》在社会服务界引起争议和误解，损害了其预期影响。[6] Lou Matheson 却发现，人们偶尔会利用对纠纷的观察将儿童安置在不适当的场所，而不是选择去遵守《印第安儿童福利法》的立法意图和规定。[7]

Marc Mannes 指出，有研究报告表明，许多司法管辖区的公共机构和州法院正在遵守《印第安儿童福利法》的各项要求。有几个州通过了补

[1] Mallon G. P. , *Managing the Changing Landscape of Child Welfare in the 21st Century*, Child Welfare, Vol. 91：1, p. 5 (2012).

[2] Stevenson O. , *It Was More Difficult Than We Thought：A Reflection on 50 Years of Child Welfare Practice*, Child & Family Social Work, Vol. 3：3, p. 154 (1998).

[3] Aldgate J. & Hill M. , *Child Welfare in the United Kingdom*, Children and Youth Services Review, Vol. 17：6, p. 583 (1995).

[4] Maceachron A. E. , *Supervision in Tribal and State Child Welfare Agencies：Professionalization, Responsibilities, Training Needs, and Satisfaction*, Child Welfare, Vol. 73：2, p. 117 (1994).

[5] Fischler R. S. , *Protecting American Indian Children*, Social Work, Vol. 25：5, p. 341-349 (1980).

[6] Kessel J. A. & RobbinsS. P. , *The Indian Child Welfare Act：Dilemmas and Needs*, Child Welfare, Vol. 63：3, p. 226 (1984).

[7] Matheson L. , *The Politics of the Indian Child Welfare Act*, Social Work, Vol. 41：2, p. 234 (1996).

充性的儿童福利立法，并与部落谈判管辖权和服务协议。[1] Tom Lidot、Rose-Margaret Orrantia 和 Miryam J. Choca 则认为，许多州和县并未将《印第安儿童福利法》的培训要求标准化，面对儿童福利案件，许多州、县往往没有做好应对准备；儿童福利工作者也缺乏对该法的了解，他们往往不知道该法是一项补救法案，它是对多年来将印第安儿童从他们的家庭、保留地、文化和部落价值观中驱逐出去的回应。[2] Jones 则认为，各州对《印第安儿童福利法》的遵守程度各不相同，原因往往是对该法缺乏了解，部落和各州缺乏执行该法的资金，或缺乏资金对儿童福利工作者进行培训，导致印第安儿童面临被逐出家庭、部落和社区以及被剥夺权利的风险。[3]

此外，有些学者对《个人责任和工作机会协调法》的实施效果予以探讨。Joseph Semidei、Laura FeigRadel 和 Catherine Nolan 指出，美国联邦《个人责任和工作机会协调法》于 1996 年实施，以向贫困家庭提供临时援助方案取代对受抚养儿童家庭的援助方案。该法使得各州在制定援助家庭计划时更具灵活性。[4] Courtney 认为，《个人责任和工作机会协调法》的通过，标志着联邦法律在美国历史上首次规定保护儿童免遭虐待，但却并未保证家庭获得基本的经济支持。[5] Romero D、Chavkin W 和 Wise P H 在研究中提出，《个人责任和工作机会协调法》的部分条款和州福利政策对儿童健康均产生了深刻影响，因此需要对此立法加以调整。[6]

―――――――――

[1] Mannes M. , *Factors and Events Leading to the Passage of the Indian Child Welfare Act*, Child Welfare, Vol. 74: 1, p. 279 (1995).

[2] Lidot T. , Orrantia R. M. & Choca M. J. , *Continuum of Readiness for Collaboration, ICWA Compliance, and Reducing Disproportionality*, Child Welfare, Vol. 91: 3, p. 77 (2012).

[3] Jones B. J. , *Gultural Identity vs. Bonding: Why IGWA is Ignored in Certain States*, Pathways National Indian Child Welfare Association, 2002, p. 4.

[4] Semidei J. , Radel L. F. & Nolan C. , *Substance Abuse and Child Welfare: Clear Linkages and Promising Responses*, Child Welfare, Vol. 80: 2, p. 116-117 (2001).

[5] Courtney M. E. , *Welfare Reform and Child Welfare Services. In S, B, Kamerman & A, J, Kahn (Eds,), Child Welfare in the Context of "Welfare Reform"*, New York: Cross-National Studies Research Program, Columbia University School of Social Work, 1997, p. 1-35.

[6] Romero D. , Chavkin W. & Wise P. H. , *State Welfare Reform Policies and Maternal and Child Health Services: A National Study*, Maternal and Child Health Journal, Vol. 5: 3, p. 204 (2001).

第三节　国内外研究现状的简要评价

无论是国内的学者，还是国外的学者，均对儿童福利立法问题予以了较为全面的探讨，为本课题的进一步研究奠定了基础。同时，我们也应当看到，无论是国内的研究，还是国外的研究，在儿童福利立法问题上均存在某些有待完善之处，需要在今后的研究中加以改进。

一、国内研究现状的简要评价

（一）已有国内研究取得的成就

通过前文对儿童福利立法国内研究现状的梳理，可以看到已有大量学者开始关注儿童福利的立法问题，并对其展开研究。从整体来看，这些研究已达到相对全面和成熟的地步，涉及的立法层次较为丰富，对立法过程中可能存在和出现的问题进行较为透彻的分析和研究，勾勒出儿童福利相关立法的大致轮廓，形成关于儿童福利立法的基本框架和体系。

国内研究相对全面，因其从宏观和微观两个角度进行了展开和深化。宏观角度的立法研究主要围绕立法时机、必要性、原则、价值、理念、视角以及儿童福利立法与其他法律部门的关系展开。通过对立法时机、必要性等宏观视角方面的研究，为儿童福利立法进程的启动打下了坚实的基础，也为儿童福利立法奠定了主基调。儿童福利立法研究同时涉及立法视角的探讨。立法视角对儿童福利立法而言，起到至关重要的作用。不同的立法视角直接影响相关立法内容的规定以及立法目标的实现程度。国内对立法视角的研究，更多地将立法视角定位为儿童视角，主张将儿童视为独立的主体。这一主张体现出我国儿童理念已经发生了深刻的转变，展现了对儿童主体的尊重，是文明进步的表现。深化对儿童福利立法与其他法律部门的关系研究，有助于厘清儿童福利立法的调整范围和调整对象，明确儿童福利相关立法的作用与职能，尽量避免出现儿童福利保障的法律空白，为儿童福利提供全方位的保障。

从微观角度看，学者们还对儿童福利立法调整对象和立法的具体构想进行了相对完善的研究。研究涉及的调整对象类别多样，分为流浪儿童、留守儿童、残疾儿童、受虐儿童、孤儿和未成年犯罪人等。根据现实情况对儿童进行不同的分类，有助于立法对不同类别儿童的福利进行有针对性的保障，以实现保障全体儿童福利的立法目标。针对儿童福利立法具体构想的深入研究，增强了儿童福利立法的可行性，助力推进儿童福利立法进程。

此外，学者们还对儿童福利体系相对完善的域外国家的立法进行研究。学者们通过对日本、韩国、瑞典、挪威等国儿童福利立法的探索和研究，深化了对儿童福利立法的认识。对它国儿童福利立法进行研究，也为我国儿童福利立法提供了大量可资借鉴的经验。

（二）已有国内研究存在的不足

如前所述，虽然已有诸多学者对我国儿童福利立法进行研究，研究涉及面也相对较广，但其关注点更多地聚焦于儿童福利立法的必要性、原则、具体构想以及国外儿童福利立法的译介等方面，对儿童福利的立法理念、立法模式及立法物质基础的探索相对较少。在儿童福利立法具体构想的部分，学者更多地着眼于提高立法层次、可操作性以及儿童福利中关于儿童健康、儿童教育、儿童医疗、家庭抚养等方面的内容，而对儿童福利立法中涉及财政支持、物质保障等内容缺乏相应的关注。同时，对儿童福利立法中相应程序法的研究也着墨较少。

立法的基础是社会的物质生活条件。随着文明的不断进步，社会物质生活水平的不断提高，人们越来越关注和尊重儿童，重视儿童各方面的福利保障。经济基础决定上层建筑，儿童福利立法作为当代社会的典型上层建筑之一，其在儿童福利保障事业中发挥着不可替代的作用。推进儿童福利立法，除了对儿童福利立法的具体构想等方面予以关注外，尚需关注立法所依赖的物质基础。因此在日后的研究中，可就儿童福利立法的物质基础进行相应的探讨。此外，儿童福利立法的内容中也涉及相应的物质内容，如财政支持、福利资金来源等。事实上，我国儿童福利保障事业未能欣欣向荣的主要原因之一在于缺乏资金、物资等物质上的支持。因此，立法的物质基础与立法内容中涉及物质方面的保障，对儿童福利立法及其实效的影响是绝对不容忽视的。

国内关于儿童福利立法的研究明显呈现出重实体法、轻程序法的特点。然而，实体法和程序法是辩证统一的关系，二者相辅相成。程序法虽服务于实体法，但绝不可否认和轻视其自身存在的内在价值。程序法为儿童福利实体法的实现提供了程序保障和支持，其在儿童福利立法中的地位并不亚于实体法，因此，忽视对程序法的研究是不足取的。在今后关于儿童福利立法的研究中，应给予程序法以更多的关注。

目前，我国许多学者对西方发达国家的儿童福利立法作了全面的译介。通过研究可以看出，儿童福利制度较为完善与健全的国家，其在儿童福利方面的立法也是相对完善的。但我国现有的对国外儿童福利立法的专门性研究并不多见，更多的是对国外儿童福利制度涉及的些许立法方面的研究。我国儿童福利制度与儿童福利立法并不成熟，因此对儿童福利制度完善、儿童福利立法健全的国家进行相关的专门研究是非常必要的。国内学者已有的针对国外儿童福利立法的研究成果并不多，且其研究主要集中于对日本和美国的研究，对其他国家的儿童福利立法关注较少，在研究内容上更多聚焦儿童福利法律体系、内容与历史沿革等方面，在研究立法的性质上也呈现出更加关注实体法，鲜有关注程序法的特点。

二、国外研究现状的简要评价

（一）已有国外研究取得的成就

西方国家的儿童福利制度起步较早，儿童福利制度和体系相对完善，往往通过立法的方式来落实对儿童福利的保障，贯彻儿童福利制度。由此，西方国家形成了较为全面和完善的儿童福利法律体系。西方学者关于儿童福利立法的专门研究成果较多，内容也相对丰富。

通过前文对国外儿童福利立法研究现状的梳理，可以看到，近年来国外学者对儿童福利立法的研究主要集中在立法宗旨、立法原则、立法理念、立法历史、立法内容、立法不足和实施效果等方面。研究所涵盖的范围较广，对儿童福利立法的研究较为深入和透彻。

在国外儿童福利立法研究中，涉及学者对立法历史的探讨。学者对某项儿童福利立法的历史沿革给予相应的关注，关注其从无到有的过程，关注推动立法进程的关键性事件以及该项立法的目的与功能。对立法的历史进行跟踪研究，无疑可深化对立法的认识与了解，从而更好地明确立法的目的与作用。立法目的和立法作用的明确，能够在法律层面为儿童福利制度提供更完善和全面的法制保障，从而达到保障儿童福利的目标。

在国外研究中，关于儿童福利立法内容部分的探究十分详尽，涉及面广。儿童福利立法内容研究涉及儿童收养、儿童家庭、儿童监护、儿童安置、儿童虐待和少年司法等诸多方面。这些研究共同形成了相对完善和成熟的针对儿童福利立法内容的成果，为其他国家儿童福利立法内容提供了丰富的可资借鉴的经验。

同时，国外研究还关注到了立法存在的不足与立法的实施效果问题。通过对立法存在的不足进行分析，找出立法存在的问题，以及立法中那些因时代的变迁和发展所存在不相适应的地方，这对立法将来的修改和完善产生极为重要的影响。落后的上层建筑会对经济基础的发展起到制约和阻碍作用，因此，针对立法中所存在的不足予以专门分析，对儿童福利的切实保障和社会的发展起到至关重要的作用。法律的生命在于实施。立法实施效果对儿童福利保障的影响也不容忽视。因此，对立法实施效果进行研究是非常必要的。保障儿童福利的立法在实施过程中得到真正意义上的实现，意味着儿童福利得到了良好的法制保障。学者关注到了儿童福利立法的实施效果，对立法在实践中的作用发挥具有重要意义。

此外，我们还可看到，在儿童福利立法的国外研究中，学者们更多的是以某项儿童福利立法为出发点，对该项立法进行专门研究。从一定角度看，这深化了立法研究的专门化、专业化程度，使得对该项立法的探究更为全面、细致和深入。

（二）已有国外研究存在的不足

如前所述，国外已有诸多学者对儿童福利立法进行了富有深度的探讨。现有研究更多聚焦于儿童福利立法的内容、立法的实施效果、立法的原则等方面，同时涉及立法的理念、立法历史等内容。儿童福利立法国外研究所涵盖的范围较广，但仍存在不足之处。

从国外儿童福利立法的研究现状来看，现有国外文献对儿童福利立法的理念、价值、立法视角、立法模式等方面的研究着墨较少。对儿童福利立法理念、价值和视角等方面的研究，有助于明确立法的目标、功能与作用，深化立法对儿童福利保障的积极影响。立法模式研究的深入，有助于在立法进程中不断调整、改进和提高立法技术，使得立法更趋完善。

国外研究更多的是针对某一项儿童福利立法进行研究，对儿童福利立法整体进行的研究相对较少，这导致了研究成果呈现出相对松散的状态。未能对儿童福利立法进行相对深入的整体性研究，实乃国外儿童福利立法研究的缺憾之一。究其原因，可能在于国外儿童福利立法种类繁多，体系庞大，难以进行整体性研究。但对儿童福利立法进行相对概括的整体性研究，我们认为是非常有必要的。

此外，国外研究对它国儿童福利立法经验借鉴的关注较少，鲜少看到借鉴它国儿童福利立法经验的研究成果。研究方法也较为单一，比较研究的方法相对少见。在有关儿童福利立法的研究中，运用比较研究的方法对各个国家之间儿童福利立法进行研究，对深化不同国家之间儿童福利立法的认识起到积极的推动作用。同时在比较研究的过程中，可以看到不同国家在儿童福利立法中存在的异同之处，探索总结其他国家在儿童福利立法方面的先进经验，在今后儿童福利立法进程中结合本国现实情况予以适当地参考和借鉴。换言之，参考、借鉴他国儿童福利立法经验，对改进、完善本国儿童福利立法的意义是不言而喻的。

第二章　中国儿童福利立法的
必要性与可行性

　　近年来，中国社会福利事业快速发展，但相对于发达国家和地区，由于经济、社会以及历史的因素，中国社会福利水平仍然偏低，尤其是儿童福利状况令人担忧，法律政策体系不完备，儿童福利未能得到应有的法律保障。中国儿童数量庞大，儿童人口主要分布于经济欠发达的中西部地区和农村地区，孤儿、残疾儿童、重症儿童、贫困儿童、流浪儿童、留守儿童、单亲家庭儿童等有特殊需求的儿童群体数量居高不下，问题儿童持续增多，儿童问题层出不穷。当前中国经济发展模式和社会结构正处于转型的关键期，儿童福利问题愈发突出。"儿童福利权是儿童享有的一项基本人权，属于儿童人权体系中的基础性权利，体现了保护儿童生存与发展的价值，理应得到立法上的确认。"[1] 因此，中国亟须制定一部儿童福利法以及配套的相关法律，以保障儿童的健康成长。鉴于此，本章拟从中国儿童福利制度建设的背景分析入手，结合国际儿童福利立法环境与中国面临的实际问题，以国内外儿童福利制度的实践为参照，系统分析中国儿童福利立法的必要性与可行性，以期为中国儿童福利立法提供理论依据。

第一节　中国儿童福利制度建设的背景分析

一、国际上儿童权利的兴起与发展

　　儿童权利是指儿童基于其特殊的身心需求而依法享有的区别于成年

---

〔1〕　吴鹏飞、余鹏峰：《中国儿童福利权实现的路径》，《青年探索》2015 年第 4 期，第 102 页。

人的权利。可以说，儿童权利保护是儿童福利发展的前提与基础。"其二者的关系是从观念、意识到具体的制度化演进相伴随的过程，即有了儿童权利保障意识，就会有完善的福利保障制度；反之，有了《儿童福利法》，才有可能保护好儿童权利。"[1] 翻开人类社会发展的历史，儿童权利几乎一直处于被忽视的境地，直到19世纪初儿童权利观念才开始萌芽，第一次世界大战后儿童权利引起了国际社会的初步关注，"二战"后儿童权利保护成为国际社会的重要议题。联合国等国际组织召开了以儿童保护为主题的国际会议，通过并颁布专门保护儿童权利的各种国际性宣言、行动计划及公约，保障儿童权利。无论在国际层面还是在区域层面、国内层面，儿童权利先后得到确认、尊重与保护，儿童福利观念逐渐普及。

第一次世界大战使广大儿童流离失所，痛苦不堪，儿童权利受到了严重的侵害。战后在国际社会的呼吁下，1924年国际联盟通过了《日内瓦儿童权利宣言》，宣言确立了五项原则，提出儿童应当被给予特殊的照顾，对儿童物质需求和精神需求的满足、儿童的优先获得救助等问题作了宣示性规定。《日内瓦儿童权利宣言》意味着，国际社会首次通过制定国际性文件对儿童权利予以关注和保护，因此该宣言被称为"第一个儿童权利宣言"。

第二次世界大战后，世界各国政府和人民深刻认识到维护基本人权、保护儿童权利的重要性。1948年12月10日联合国大会通过《世界人权宣言》，对基本人权作了普遍性规定。该宣言同时对儿童权利作了特别规定：宣言第25条第2款规定了儿童享有的特别照顾权、平等权；第26条第1款规定了儿童受教育的权利；第26条第3款规定了父母对子女所受教育种类的优先选择权。

1959年联合国大会通过《儿童权利宣言》，该宣言确定了儿童福利的概念，明确提出各国政府应确认和保障儿童的各项权利，包括生存与发展的权利、受教育的权利、游戏和娱乐的权利、优先获得救助的权利等。宣言第2条规定了儿童的最大利益原则。宣言的宗旨在于，倡导世界各国遵循《儿童权利宣言》的基本精神，坚持儿童最佳利益原则和特殊保

---

[1] 吴海航：《儿童权利保障与儿童福利立法研究》，《中国青年研究》2014年第1期，第36页。

护原则，加快儿童权利保障的立法进程，这些原则为后来许多相关的国际立法及国内立法所继承和吸收。"它勾勒出了儿童福利的基本框架，为儿童之幸福童年提供了有力的支持。"[1] 但是，对于儿童权利的保护，《儿童权利宣言》仅仅停留于道德规范的层面，不具有国际法的强制拘束力。因此，通过国际公约形式的国际法律文件保障儿童权利成为必然选择。

1966 年联合国大会通过《经济、社会与文化权利国际公约》和《公民权利与政治权利国际公约》，对儿童权利都作了明确的规定，两公约均于 1976 年生效。目前世界上绝大多数国家已批准或加入上述两公约。《经济、社会与文化权利国际公约》明确规定，人人享有经济、社会和文化权利。有些条款专门规定了儿童的权利。其中第 10 条对儿童获得特别照顾的权利、经济权利作了规定，第 12 条对儿童的健康权作了规定，第 13 条和第 14 条对儿童的受教育权作了规定。《公民权利与政治权利国际公约》第 6 条第 4 款规定了对儿童权利的司法保护，"对 18 岁以下的人犯的罪不得判处死刑"。第 24 条明确规定了儿童享有的姓名权和国籍权。儿童与成年人一样都享有人权，两公约使人权保障深入到政治、经济、社会、文化等各领域，在法律层面极大地推动了儿童人权的保障。

1985 年联合国通过的《联合国少年司法最低限度标准规则（北京规则）》和 1990 年通过的《联合国预防少年犯罪准则（利雅得准则）》，这两个条约的根本目的在于促进少年及其家庭的福利，强调"以少年为中心"的司法理念，注重保障儿童的参与权，在司法程序中表现为保障罪错少年的隐私权、辩护权等权利，要求各国政府对罪错少年提供必要的援助并努力帮助其重返社会。

1989 年联合国大会通过了《儿童权利公约》（以下简称《公约》），至今已有 194 个国家批准或加入了该公约。《公约》是第一部专门保障儿童权利且具有法律约束力的国际性文件，对于保护儿童权益和促进儿童福利发挥了巨大作用，在世界儿童权利保护发展历程中具有里程碑式的意义。《公约》对儿童权利作了全面而具体的规定，包括生命权、出生登记权、言论自由、隐私权、受教育权、健康权、游戏权、休息权、残疾

---

〔1〕　吴鹏飞:《中国儿童福利权研究》，中国政法大学出版社 2015 年版，第 101 页。

儿童的特别照顾权等，总体可以概括为生存权、发展权、受保护权和参与权。《公约》第 2 条、第 3 条、第 13 条分别阐述了非歧视原则、儿童最佳利益原则、尊重儿童意见原则。《公约》为世界各国儿童福利立法提供了标准与参考，"《儿童权利公约》促使许多国家实施机制以激发和回应关于儿童的法案，尤其是关于弱势儿童的法案。挪威在 1994 年任命了一位儿童权利监察专员，以核实该国的法律法规是否符合其国际承诺，而英国政府作出了一项新规定，独立官员的代表必须照顾离家的孩子，这增加了 1998 年人权法案中关于公正审判的权利和家庭生活的挑战"[1]。

儿童权利保护在区域合作方面也取得重大进展，"各国政府还与同地区的其他国家政府达成条约，如《非洲儿童权利和福利宪章》、《欧洲儿童权利宪章》以及《南亚区域合作联盟促进南亚区域儿童福利公约》。这些国际条约不仅代表了该国政府作出的承诺；它们也是法律规范的象征，或者可以说是道德规范的象征"[2]。

在国内法层面，有些国家在宪法中明确规定了儿童福利保障，如南非宪法第 28 条规定："每个儿童都享有适当的营养、住房、基本医疗服务和社会服务的权利。"斯里兰卡宪法第 27 条规定："国家特别关心促进儿童和青年的利益，以保证他们的身体、智力、道德、宗教和社会的全面发展，并保护他们免受剥削和歧视。"有些国家制定了专门的儿童福利法，如英国早在 1918 年就颁布了《产妇及儿童福利法案》，日本也早在 1947 年就制定了《儿童福利法》，挪威于 1992 年颁布了《儿童福利法》。

二、中国儿童福利水平日益提升，儿童福利进入国家宏观政策视野

中华人民共和国成立以来到改革开放前，中国政府为保护儿童权利、发展儿童福利事业做出了不懈努力。中国儿童福利在探索中前进，有关儿童福利的政策涉及法律保护、医疗健康、基础教育、食品安全和孤残

---

[1] Nick Axford, *Exploring the Influence of International Governmental Organizations on Domestic Child Welfare Policy and Practice*, Adoption & Fostering, Vol. 37: 1, p. 64 (2013).

[2] Gertrud Lenzer & Brian Gran, *Rights and the Role of Family Engagement in Child Welfare: An International Treaties Perspective on Families' Rights, Parents' Rights, and Children's Rights*, Child Welfare, Vol. 90: 4, p. 162 (2011).

儿童救助等诸多领域。1951 年中央人民政府政务院发布《关于改善各学校学生健康状况的决定》，明确了各级人民政府及各级学校教职员对学生健康的责任。1954 年宪法第 93 条规定："国家举办社会保险，社会救济和群众卫生事业，并且逐步扩大这些措施，以保证劳动者享有这些权利。"1956 年中国共产党中央委员会《1956 年到 1967 年全国农业发展纲要》提出了保障儿童的受教育权。1957 年教育部《办好盲童学校、聋哑学校的几点指示》突出了促进特殊儿童教育。1961 年卫生部发布《关于预防学生肺结核、肝炎传染病的通知》，对保护儿童健康作了规定。这一时期我国儿童福利政策的实施取得了一定的成效，但受困于社会经济基础的薄弱、儿童福利观念的落后，儿童福利政策仍然具有较大的局限性。

改革开放后，伴随着国际合作的展开、经济水平的提升以及政府职能的转变，中国儿童福利事业迅速发展，儿童福利成为国家政策的核心议题，被纳入国民经济和社会发展总体规划，进入国家宏观政策视野。中国政府积极组织或参加有关儿童生存、发展的国际会议，如 1989 年保护和促进儿童权利国际讨论会、1990 年联合国世界儿童问题首脑会议、2001 年第五次东亚及太平洋地区儿童发展问题部长级磋商会议等。中国政府先后加入和签署了一系列关于儿童福利的国际条约和宣言，包括《儿童权利公约》、《儿童生存、保护和发展世界宣言》、《联合国少年司法最低限度标准规则》（即《北京规则》）、《在非常状态和武装冲突中保护妇女和儿童宣言》、《跨国收养方面保护儿童及合作公约》、《禁止和立即行动消除最恶劣形式的童工劳动公约》等。为履行国际承诺，中国儿童福利政策推陈出新，制定或修改了多部法律法规。1992 年、2001 年、2011 年颁布的三个《中国儿童发展纲要》的内容对比代表性地反映出我国儿童福利政策的发展趋势：国务院在 1992 年颁布了《九十年代中国儿童发展规划纲要》，提出了中国 20 世纪 90 年代的儿童福利事业的十项发展目标和策略措施，该纲要是中国政府关于儿童福利的第一个国家行动计划，拉开了中国现代儿童福利的序幕，对于中国儿童福利建设具有重大意义；2001 年国务院颁布了《中国儿童发展纲要（2001—2010 年）》，从儿童与健康、儿童与教育、儿童与法律保护、儿童与环境四大领域，提出了中国 2001—2010 年的目标和策略措施，并提出了坚持"儿童优先"原则，保障儿童生存、发展、受保护和参与的权利，提高儿童整体素质，促进儿童身心健康发展的总目标；2011 年国务院发布《中国儿童发展纲要（2011—2020年)》，该纲要提出了依法保护、儿童优先、儿童最大利益、儿童平等发展、儿童参与的基本原则，对儿童发展领域由四个调整为五个，即儿童与健康、儿童与教育、儿童与福利、儿童与社会环境、儿童与法律保护，儿童福利首次在国家政策中被明确地提出来。其中在儿童与福利领域，明确指出扩大儿童福利范围，推动儿童福利由补缺型向适度普惠型转变。

2010 年国务院出台《关于加强孤儿保障工作的意见》（以下简称《意见》），明确提出建立健全与我国经济社会发展水平相适应的孤儿保障制度。保障对象不再局限于儿童福利机构养育的孤儿，还包括亲属抚养、依法收养、家庭寄养的孤儿；对孤儿基本生活的保障由实物救助转向现金救助。《意见》是我国孤儿保障工作发展的重大突破。此外，新计划生育政策的实施也必将对中国儿童福利产生重大影响。2015 年 10 月 29 日中国共产党第十八届中央委员会第五次全体公报宣布："全面实施一对夫妇可生育两个孩子"的政策，实施了 35 年的"独生子女"政策终止。2015 年 12 月 27 日全国人大常委会通过了《人口与计划生育法》修正案，修改后的《人口与计划生育法》第 18 条第 1 款规定，国家提倡一对夫妻生育两个子女。全面两孩政策的实行，有利于丰富儿童的成长环境，维护儿童的生命权，对于增进儿童的福祉具有积极的意义。目前，中国儿童福利政策体系已初步形成，表现形式多样，包括法律、行政法规、部门规章、党或国家的政策等，基本涵盖儿童健康、医疗、教育、安全、孤儿及困境儿童救助等多个方面，极大地改善了中国儿童的生存、发展状况。然而，中国儿童福利事业发展仍然面临着严峻的挑战，诸如儿童福利发展不均衡，儿童福利对象过于狭窄，儿童权利被侵害等，亟待国家从立法层面予以全面的回应。

第二节　中国儿童福利立法的必要性

一、儿童福利立法是儿童生存发展的迫切需求

"作为人存在的一个固有的方面，不仅有生理的需要，而且有心理的

需要。环境必须使这些需要得到很好的满足，否则，就会出现身心疾患。"[1] 在生存方面，人们有获得衣物、食物、住房、出行条件的需要；在发展方面，人们有发展智力、情感和社会交往的需要。

作为人类社会的一员，每个儿童均有生存、发展的共同需要。需要具有层次性与多样性，对于不同类型的儿童，儿童的生存发展需求是不相同的。孤儿需要得到合理的收养爱护，重症儿童需要获得良好的医疗保健服务，残疾儿童需要得到特别的照顾与尊重，犯罪少年则需要接受适当的心理行为矫治。儿童处于快速成长与发育的阶段，不同年龄段的儿童的需求也是不一样的，婴幼儿需要得到家庭成员的精心呵护，学龄儿童需要获得良好的教育，青少年需要得到健康的心理引导。童年是人的生理、心理发展的关键时期，往往决定了他/她成年后的人格和能力。作为弱势群体，儿童的身心、智力尚未成熟，儿童需要并且应该得到国家、家庭与社会的特别关爱和照顾。孤儿、困境儿童作为弱势群体中的弱势群体，更是如此。"立法是作为一种手段或者工具去满足国家或者社会需要的。人类需要是理解福利制度的关键，是社会资源分配和福利制度运作的价值基础。"[2] 如果说，社会福利法的制定在于满足人类的需求，那么，儿童福利法的制定就在于回应儿童的迫切需求，解决儿童的福利问题。

二、儿童福利立法是社会民间的诉求与呼声

我国正处于社会转型期，儿童福利权益受到损害的事件频发。2012年10月，浙江温岭幼儿园老师颜艳红虐待幼儿事件曝光；2012年11月16日，贵州毕节5名男童闷死垃圾箱；2013年1月4日，河南省兰考县7名孤残儿童葬身火海；2013年6月21日，南京两名女童被饿死家中；2013年8月24日，山西汾西县六岁男童斌斌（化名）被其伯母挖去双眼；2014年3月10日，西安市枫韵幼儿园被发现在未告知家长的情况

〔1〕　[美] 威廉姆 H·怀特科、罗纳德 C·费德里科：《当今世界的社会福利》，解俊杰译，法律出版社 2003 年版，第 66 页。
〔2〕　易谨：《儿童福利立法的理论基础》，《中国青年政治学院学报》2012 年第 6 期，第 25—26 页。

下，长期购买处方药品违规给幼儿集体服用；2015 年 6 月 9 日，贵州毕节 4 名留守儿童喝农药自杀身亡；等等。这一系列悲剧事故的连续发生，揭示了中国儿童福利立法的空白与缺陷，引发了社会舆论对儿童福利立法的广泛关注。2011 年 3 月两会期间，全国政协委员郗杰英提出了制定未成年人福利法的建议。2013 年 3 月两会期间，周洪宇等全国人大代表提出了制定儿童福利法的议案。2014 年全国人大常委会检查组在提请全国人大常委会审议的关于检查《中华人民共和国未成年人保护法》实施情况的报告中建议，适时制定儿童福利法。北京师范大学中国公益研究院院长王振耀、副院长高华俊多次呼吁，应从法律层面落实儿童福利责任。关于儿童福利立法的建言绵延不绝，反映了广大社会民众对加强儿童福利立法的诉求与呼声。

从社会层面来看，家庭、学校是儿童最主要、最重要的生活场所。《儿童权利公约》第 18 条规定了父母对子女的养育和保护责任。我国宪法第 49 条也规定了父母的相关义务。抚养教育儿童，不仅是家庭的权利，也是家庭的义务。基于亲缘情感和父母责任，家庭为儿童提供物质和精神方面的支持，保证儿童的健康，发展儿童的个性。家庭生活与儿童生活息息相关，家庭环境对儿童福利有着深刻的影响。随着改革开放的深化，中国社会结构发生了翻天覆地的变化。第一，现代核心家庭逐渐流行，中国家庭规模普遍缩小，家庭功能显著弱化。儿童的日常照顾、经济成本几乎完全依赖于家庭当中的父母。"但是由于普遍缺乏现代家庭津贴和家庭收入维持制度，家庭保护和家庭服务作用有限。"[1] 同时，中国公共托育制度也尚未建立，导致很多家庭尤其是贫困家庭、双职工家庭缺乏经济条件或者时间条件照顾儿童。第二，单亲家庭增多，单亲家庭的儿童数量增加。由于妇女地位的提高、婚姻观念的转变，中国婚姻关系稳定性下降，近几年离婚率不断上升。"2014 年我国依法办理离婚363.7 万对，比上年增长 3.9%。"[2] 家庭破碎，使儿童的未来生活增添了诸多不确定因素，易引起儿童亲情和安全感缺失，不利于儿童的身心

---

〔1〕 刘继同：《当代中国的儿童福利政策框架与儿童福利服务体系（上）》，《青少年犯罪问题》2008 年第 5 期，第 20 页。
〔2〕 民政部：《2014 年社会服务发展统计公报》。

健康。第三，中国留守儿童、流动儿童、流浪儿童剧增。由于工业化和城市化进程的加快，越来越多的农民涌向经济发达的东部城市以谋求更好的经济收益，农村只剩下空巢老人和儿童，城市中增加的流动儿童、流浪儿童也缺乏家庭的关爱。推动儿童福利立法，对家庭提供福利和服务，从根本上补强家庭功能，将有助于促进儿童及其家庭的自立，有助于增进家庭的和谐幸福与儿童的未来发展。

学校是儿童学习、发展和社会交往的重要场所。学校教育是个人一生中所受教育的重要组成部分，包括学前教育、义务教育、特殊教育等内容。学校教育对于学生思想品德的培养，正确人生观、价值观、世界观的树立，有着非同寻常的作用。学校环境条件与儿童教育息息相关。目前中国校园暴力、校园性侵、校园安全事故时有发生；机会平等条件下中国儿童受教育权仍然存在实质的不平等；中国现有教育资源配置不合理，尤其是义务教育发展严重不均衡，校际、城乡、区际都存在明显差距。在中国乡村地区及西部偏远地区，相当一部分学校基础设施落后，教育经费短缺，师资力量薄弱，儿童受教育权难以实现。国家制定儿童福利法，将有助于学校教育资源的优化配置，保障儿童在学校的教育与安全。

三、儿童福利立法是国家义不容辞的责任

联合国《儿童权利公约》第 4 条规定，缔约国应采取一切适当的立法、行政和其他措施以实现本公约所确认的权利。因此，儿童福利立法是国家义不容辞的责任。"从静态层面而言，国家承担着确保至少使福利权的实现达到一个最基本的水平，也就是儿童福利权的'最低核心义务'；从动态层面而言，国家肩负着尊重、保护和实现儿童福利权的义务，即国际人权公约所达成的国家义务之共识。"[1]

国家是儿童的最高监护人。为履行国家监护职责，就积极方面而言，国家有责任制定儿童福利法，确认、尊重、保护儿童的生存权、发展权、受保护权、参与权。就消极方面而言，国家有责任通过行政、司法措施

---

[1]　吴鹏飞：《儿童福利权国家义务论》，《法学论坛》2015 年第 5 期，第 33 页。

保护儿童免受侵害，对受侵害的儿童予以救济。中国儿童福利立法碎片化，散落在《未成年人保护法》《预防未成年人犯罪法》《义务教育法》《母婴保健法》《收养法》《刑法》等法律中，缺少统一规范，这种状况严重影响了儿童福利法律体系的建设；现有法律对儿童福利的涵盖面不够，儿童福利难以得到法律的全面保障，法律漏洞需要填补。中国儿童福利行政管理虚化，没有专门的儿童福利行政管理部门[1]，造成了各部门相互推诿责任的结果。中国儿童福利司法救济程序不健全，缺少对儿童虐待忽视事件的及时发现和报告的信息渠道、缺少有效的国家干预机制[2]，导致被侵害的儿童权益很难通过司法程序得到救济。无论从立法还是行政、司法的角度来看，这都意味着中国国家责任的缺失。立法是行政、司法的前提，只有率先进行儿童福利立法，明确儿童的权利主体地位，明确行政机关、学校、监护人等相关机构、组织、个人的法律责任和义务，才能使行政、司法有客观的依据和明晰的方向。

"儿童福利制度建设的实质是国家福利责任的承担和国家政治智慧的体现。"[3] 国家积极承担福利责任，特别关注儿童视角，有针对性地建立相关制度和服务体系，为儿童提供必需的生存发展条件，有利于培养儿童的责任感和使命感，有利于构建社会主义和谐社会，有利于维护国家的长治久安。

第三节　中国儿童福利立法的可行性

一、现有法律体系为中国儿童福利立法奠定了制度基础

新中国成立后，在儿童福利方面制定、修改并实施了一系列法律、

---

[1] 可喜的是，2018 年 12 月 31 日由国务院批准民政部设立儿童福利司，负责拟订儿童福利、孤弃儿童保障、儿童收养、儿童救助保护政策、标准，健全农村留守儿童关爱服务体系和困境儿童保障制度，这是中国中央层面首次设立的专门机构，负责儿童福利的日常行政事务。

[2] 令人欣喜的是，2020 年 5 月 7 日由最高人民检察院等九部门联合颁布的《关于建立侵害未成年人案件强制报告制度的意见（试行）》，为儿童虐待的国家干预提供了法律依据。

[3] 刘继同：《中国儿童福利制度构建研究》，《青少年犯罪问题》2013 年第 4 期，第 5 页。

法规、规章，签署、批准了相关国际条约，这些规范对于保护儿童权利、改善中国儿童福利状况，发挥了巨大作用，"目前，业已形成了以宪法为基础，专门性与非专门性立法、全国性与地方性立法并举的儿童法律体系"[1]。它们大致可分为六大类：

第一类是具有最高法律效力的宪法。宪法规定了包括儿童在内的公民的基本权利，公民享有平等权、政治权利、社会经济权利、文化权利、人身自由和人格尊严。同时宪法对儿童的生存发展作了专门规定。中国宪法第 46 条规定了儿童享有受教育的权利和国家帮助实现儿童受教育权的义务。中国宪法第 49 条规定了儿童享有受保护权、受抚养权和国家的保护义务、父母的抚养义务。宪法为儿童享有基本权利提供了根本保障，是中国制定儿童福利法的重要依据。

第二类是全国人大及其常委会制定的法律。在专门性儿童立法上，中国先后制定并修改了《义务教育法》（1986 年制定，2015 年第二次修订）、《未成年人保护法》（1991 年制定，2012 年第二次修订）、《预防未成年人犯罪法》（1999 年制定，2012 年修订）。其中，《义务教育法》规定了适龄儿童、少年接受义务教育的权利和国家的保障义务；《未成年人保护法》分别从家庭保护、学校保护、社会保护、司法保护四个方面规定了对未成年人的权利保护；《预防未成年人犯罪法》规定了有效预防未成年人犯罪和对犯罪的未成年人进行矫正教育的问题。在非专门性儿童立法上，有关儿童福利的条款可见于《母婴保健法》（1994 年）、《残疾人保障法》（1999 年制定，2008 年修订）、《收养法》（1991 年制定，1998 年修订）、《刑法》（1997 年修订）、《治安管理处罚法》（2005 年）以及《民法典》（2020 年）等相关法律中，这些法律涉及婚姻家庭、母婴保健、残疾保障、儿童收养、司法保护等诸多领域。

第三类是国务院制定的行政法规。目前，中国关于儿童权益保护的行政法规主要有：《幼儿园管理条例》（1989 年）、《学校卫生工作条例》（1990 年）、《母婴保健法实施办法》（2001 年）、《禁止使用童工规定》

---

[1] 吴鹏飞：《我国儿童法律体系的现状、问题及其完善建议》，《政治与法律》2012 年第 7 期，第 135 页。

（2002 年）、《城市生活无着的流浪乞讨人员救助管理办法》（2003 年）、《法律援助条例》（2003 年）、《疫苗流通和预防接种管理条例》（2005 年）、《艾滋病防治条例》（2006 年）、《农村"五保"供养工作条例》（2006 年）、《校车安全管理条例》（2012 年）、《社会救助暂行办法》（2014 年）等。这些行政法规对儿童教育、儿童医疗保健、儿童基本生活保障、儿童安全等多个领域作了规定，是中国儿童福利制度的重要组成部分。

第四类是国务院职能部门制定的部门规章。这类规范数量多，内容具体，几乎涵盖儿童福利的所有方面。在儿童医疗保健方面，有《妇幼卫生工作条例》（卫生部，1986 年）、《托儿所、幼儿园卫生保健管理办法》（卫生部、教育部，2010 年）等。在儿童教育方面，主要有《幼儿园管理条例》（教育部，1989 年）、《幼儿园教育指导纲要》（教育部，2001 年）等。在儿童安全保护方面，有《中小学幼儿园安全管理办法》（教育部，2006 年）、《学校伤害事故处理办法》（教育部，2002 年）、《流浪未成年人救助保护机构基本规范》（民政部，2006 年）等。在儿童养育方面，有《中国公民收养子女登记办法》（民政部，1999 年）、《外国人在中华人民共和国收养子女登记办法》（民政部，1999 年）、《社会福利机构管理暂行办法》（民政部，1999 年）、《家庭寄养管理暂行办法》（民政部，2003 年）等。

第五类是地方人大及其常委会制定的地方性法规。全国许多省、自治区、直辖市制定了《未成年人保护条例》《预防未成年人犯罪条例》《残疾人保障条例》《人口与计划生育条例》等。部分地区制定了关于学前教育的地方性法规，如《北京市学前教育条例》（2001 年）、《青岛市学前教育条例》（2013 年）、《安徽省学前教育条例》（2014 年）等。

第六类是中国签署或批准的国际条约。此类条约主要有《儿童权利公约》（1990 年签署，1991 年批准）、《经济、社会与文化权利国际公约》（1997 年签署，2001 年批准）、《公民权利与政治权利国际公约》（1998 年签署）、《准予就业最低年龄公约》（1998 年批准）、《跨国收养方面保护儿童及合作公约》（2005 年批准）等。中国儿童福利制度建设逐步与国际接轨，反映了中国加强国际合作，与国际社会共同发展儿童福利事业的美好愿望。

二、学界相关研究为中国儿童福利立法提供学术支撑与理论指导

尽管儿童福利立法的理论研究在中国起步较晚，但目前已经引起学界的高度重视。中国儿童福利专门立法严重缺失，有必要制定统一的儿童福利法，这在学界已经成为一种共识。国内相关理论的研究主要集中在以下几方面：一是关于儿童福利立法必要性的阐述。有学者建议，中国应以制定《儿童福利法》为目标，进行儿童福利法律框架的制度性设计和建设[1] 另有学者主张，中国应加强儿童福利制度的顶层设计，由全国人大制定《儿童福利法》或国务院制定《儿童福利条例》等行政法规，建立统一协调的儿童福利机制[2] 二是梳理和介绍域外儿童福利立法以为中国相关立法提供借鉴或启示，此类研究颇丰。如邓元媛对日本儿童福利法律制度的介绍以及日本相关立法经验对中国的启示[3]；何玲对瑞典儿童福利法律制度的历史演变及其政策取向、运行机制的介绍及其对中国的启示[4]；曾燕波对欧美五国的儿童福利制度进行比较分析并为中国儿童福利立法提出了相关建议[5]。三是关于儿童福利立法具体问题的研讨。有学者对儿童福利立法的基本理念、理论支撑、价值等作了系统研究[6] 另有学者系统分析了儿童福利制度构建的国家责任问题，提出了若干国家行动计划与政策建议[7]。四是关于儿童福利立法具体条款的设计。张鸿巍和王雪梅分别在其论著中提出了儿童福利法的建议稿，

---

[1]　参见成海军、陈晓丽：《中国儿童福利法治建设及其不足》，《青少年犯罪问题》2011 年第 4 期，第47—50 页。

[2]　参见张文娟：《儿童福利制度亟须顶层设计》，《社会福利》2013 年第 2 期，第26—27 页。

[3]　参见邓元媛：《日本儿童福利法律制度及其对我国的启示》，《青年探索》2012 年第 3 期，第80—84 页。

[4]　参见何玲：《瑞典儿童福利模式及发展趋势研议》，《中国青年研究》2009 年第 2 期，第5—9 页。

[5]　参见曾燕波：《儿童福利制度的国际比较与借鉴》，《当代青年研究》2011 年第 7 期，第19—23 页。

[6]　参见易谨：《儿童福利立法的理论基础》，《中国青年政治学院学报》2012 年第 6 期，第25—29 页。

[7]　参见刘继同：《中国儿童福利制度构建研究》，《青少年犯罪问题》2013 年第 4 期，第4—12 页。

前者分为十章共123条内容，包括总则、机构与职责、家庭福利、学校福利、行政福利、司法福利、特殊福利与附则；[1] 后者分为五章共47条内容，包括总则、儿童福利保障机构、儿童福利保障措施、法律责任与附则。[2]

国外学者对儿童福利立法问题的关注较为深入，取得了较丰硕的研究成果。一是围绕儿童福利立法理论依据展开探讨。T. H. Marshall 提出了公民权利和儿童权利理论，"幸福是一个积极的概念，与福利关系紧密，但福利国家的公民不仅有追求幸福的权利，而且还有获得福利的权利，即使他们对福利的追求还不是特别的狂热"[3] 福利权是一种公民权利，儿童作为公民权利的主体，自然应该享有福利权。William Whitaker 提出了人类需要和儿童需要理论。"在人的一生中，我们都需要别人的帮助以最大限度地实现我们的潜能。社会福利制度通过以下三方面发挥作用：减少障碍以使人们有效地发挥作用使其需要得以满足，通过提高人们的素质以更好地实现自身需要，提供所缺乏的资源。"[4] 该理论从人类需要和儿童需要的角度指出了福利立法的依据。二是围绕儿童福利立法基本原则展开研究。Patrick Parkinson 重点分析了儿童最佳利益原则[5] Jennifer Kasper 则阐述了儿童贫困、儿童健康不佳与儿童发展结果之间的关系，认为歧视和收入不平等对儿童的负面发展具有重大的影响，探讨了儿童权利平等原则、非歧视原则[6] 三是围绕有关儿童福利立法的具体问题展开探讨。Theodore J. Stein 分析了美国现代儿童福利制度的联邦与州的立法与司法基础，探讨了司法裁判对儿童福利的影响问题[7] 桑原

---

[1] 参见张鸿巍：《儿童福利法论》，中国民主法制出版社2012年版，第150—166页。

[2] 参见王雪梅：《儿童福利论》，社会科学文献出版社2014年版，第289—299页。

[3] T. H. Marshall, Social selection in the welfare state, The Eugenics Review, 1953, 14（2）: 82.

[4] [美] 威廉姆 H·怀特科、罗纳德 C·费德里科：《当今世界的社会福利》，解俊杰译，法律出版社2003年版，第64—89页。

[5] See Patrick Parkinson, *Decision-Making About the Best Interests of the Child: The Impact of the Two Tires*, Australian Journal of Family Law, Vol. 20: 2, p. 179-192（2006）.

[6] See Jennifer Kasper, *The Relevance of U. S. Ratification of the Convention on the Rights of the Child for Child Health: a Matter of Equity and Social Justice*, Child Welfare, Vol. 89: 5, p. 21-36（2010）.

[7] See Theodore J. Stein, *Child Welfare and the Law*, New York: Longman, 1991, p. 12.

洋子详细注解了日本儿童福利法，系统阐释了儿童福利立法的基本理念、儿童福利的事业及设施、对象、措施及费用、禁止行为的管制等问题[1]。

可见，国内外学术界对儿童福利立法的理念、价值、技术、具体问题等方面的探讨，为中国儿童福利立法提供了有力的学术支撑与理论指导。

三、国外儿童福利立法实践可供中国参考与借鉴

"对于法律制度仍处于传统型和落后状态的国家来说，要加速法制现代化进程，必须适量移植发达国家的法律，尤其是对于发达国家制度中反映市场经济和社会发展共同的客观规律和时代精神的法律概念和法律原则，要大胆吸纳。"[2] 经济全球化背景下，中国法律的现代化发展需求客观上要求法律移植。欧美、日本等发达国家和地区早就制定了儿童福利法，并随着改革过程中的完善，建立了较为完备的儿童福利法律体系。在立足于中国国情的基础上，通过对发达国家或地区儿童福利立法的比较研究，中国可以有选择地借鉴或移植，取其精华，弃其糟粕。以下我们将重点对瑞典、美国、日本的儿童福利立法进行探讨，以期作出较为恰当的鉴别和评价，并提出适合中国国情的相关建议。

瑞典是北欧社会民主主义福利模式的典型代表，瑞典政府特别重视儿童福利，政府承担了儿童福利的主要责任，为儿童提供全方位的福利服务，建立了完备的儿童福利保障体系。瑞典高水平的儿童福利与其成熟的儿童福利立法是分不开的。1924 年瑞典制定《儿童福利法》，设立儿童福利委员会以处理违法儿童案件，并规定了对寄养儿童的保护。1947 年制定《儿童津贴法》和《带薪亲职假法》，两部法律分别通过设置现金补贴、带薪假期的方式，为父母照顾儿童减轻了负担。1960 年瑞典颁布了《儿童及少年福利法》，对儿童福利程序作了详细规定，对受虐儿童进行强制性保护。1961 年瑞典颁布了《儿童照顾法》，对学龄前

---

[1] 参见［日］桑原洋子：《日本社会福利法制概论》，韩君玲、邹文星译，商务印书馆 2010 年版，第 129—226 页。

[2] 张文显主编：《法理学》，高等教育出版社 2011 年版，第 167 页。

儿童和学龄儿童的日常照顾作了规定。1975 年瑞典颁布了《学前教育法》，规定为儿童提供免费的每天 3 个小时的学前教育。1982 年瑞典出台了《社会服务法》，对儿童的照顾与特别保护作了详细规定，并明确了瑞典各州政府承担儿童福利的主要责任，地方政府负责儿童福利的职能部门是各州政府社会福利委员会。瑞典儿童福利立法有以下四个基本特点：第一，坚持平等普及的原则，实行普惠的儿童福利制度，福利服务面向所有儿童，强调每个儿童都平等地享有各种福利和服务；第二，儿童福利先行，将儿童优先的理念融入法律当中，儿童福利发展优先于其他社会福利的发展；第三，充分考虑儿童的各方面需求，依照法律建立健全儿童福利服务体系，包括儿童照顾、儿童津贴、家庭津贴、医疗保险和义务教育等；第四，法律明确规定了儿童福利的行政管理机构及其职责。

不同于瑞典等北欧国家的普惠型儿童福利制度，美国儿童福利制度具有浓厚的补缺色彩，主要面向残疾儿童、流浪儿童、重症儿童、贫困家庭的儿童等有特殊需求的儿童。为保障儿童福利政策顺利实施，落实联邦政府与各州政府之间的儿童福利责任，美国国会通过了许多保护儿童权利、增进儿童福利的法律，使政策法律化。1935 年美国颁布《社会保障法》，将儿童福利真正纳入法制体系，该法规定了联邦政府对特殊儿童救助提供财政支持的责任。1946 年美国制定《全国学校午餐法》，规定了联邦政府对校园贫困儿童午餐的补助。1965 年美国颁布《中小学教育法》《高等教育法》，对儿童平等享有受教育权作了相关规定。1974 年美国颁布《儿童虐待预防与处遇法》（Child Abuse Prevention and Treatment Act），规定各州应当建立儿童虐待的调查、处理程序，以及医生、教师、行政执法人员等特定人员的强制报告义务。1980 年美国颁布《收养援助与儿童福利法》，对儿童的收养和寄养作了规定，要求各州政府加强前期预防措施以防止儿童被带离原生家庭。1997 年出台《收养与家庭安全法》，基于儿童的最大利益，规定了收养奖励项目和对儿童的永久安置措施，儿童收养应该优先考虑儿童的最大安全和利益。

日本有着健全的儿童福利法律体系。1947 年日本制定《儿童福利法》，揭开了日本现代儿童福利立法的序幕。"儿童福利法是以第二次世界大战前制定的防止虐待儿童法、少年教养法、母子保护法、救护法以及其他相关的法律为基础，根据《宪法》第 25 条生存权的理念制定的关于儿童福利的综合性基本法。"[1] 1947 年《儿童福利法》主要包括六部分：总则、福利事业、福利保障、费用、寄养设施、杂则和罚则。该法将儿童定义为不满 18 周岁的人；确立了保障儿童权利的基本理念，规定了儿童福利的对象——所有儿童；明确了国家与地方政府各自的儿童福利责任。同年，日本制定了《教育基本法》与《学校教育法》，规定了儿童受教育的权利。1961 年日本制定《儿童抚养津贴法》，规定了儿童抚养津贴的给付对象：因父母离婚、父亲失踪或死亡等原因而未与父亲一起生活的婴幼儿家庭。1964 年日本制定《母子福利法》，该法规定了国家及地方公共团体对于增进家庭中的母亲和儿童的福利责任，这部法律推动了日本地方儿童咨询机构、商谈机构等公共团体的设立。1971 年出台的《儿童津贴法》规定，国家对多子女家庭的不满 6 周岁的儿童支付儿童津贴。1981 年日本在《母子福利法》的基础上修改并制定了《母子及寡妇福利法》，将儿童福利的对象扩展至单亲家庭。从 20 世纪 40 年代到 80 年代这一时期，日本制定了一系列与儿童福利相关的法律，对于促进儿童福利发展发挥了重要作用。但是，日本建立普惠型儿童福利制度的理想在现实中并未得到实现，儿童福利的覆盖面实际上局限于有特殊需求的儿童；同时随着人口老龄化的加剧、家庭结构的转型，日本家庭育儿功能大大下降。

20 世纪 90 年代以来，日本对儿童福利制度进行了较大程度的改革。1991 年日本制定《育儿、照护休假法》，对育儿休假时限作了规定，给予父母假期以照顾看护儿童。1997 年日本对《儿童福利法》作了大幅修改，规定为有儿童的家庭建立儿童家庭支援中心，其主要职责是为家庭育儿提供指导和支援。2000 年，日本制定《儿童虐待防止法》，明确了儿童虐待的国家与地方政府的责任，规定了对儿童虐待的早期预防措施、对受

---

[1] [日]桑原洋子：《日本社会福利法制概论》，韩君玲、邹文星译，商务印书馆 2010 年版，第 129 页。

虐儿童的保护以及促进其自立的措施等。2003 年日本政府出台了《少子化社会对策基本法》，明确了应对少子化老龄化社会的基本理念以及中央、地方政府负有的相关责任。日本儿童福利制度主要具有以下三个基本特点：第一，考虑到欧美发达国家儿童福利过度依赖政府财政的弊端，日本在儿童福利立法上明确规定了由政府、企业、社区、学校、家庭共同分担儿童福利责任。第二，强调家庭的核心作用，政府重视对家庭的帮助扶持，儿童福利与家庭福利相结合。第三，以自立为导向，儿童福利的最终目的是培养儿童自立的品格，使儿童具有独立的生活能力，从根本上解决儿童福利问题。

因此，在进行法律移植时，一方面我们要深入了解发达国家的儿童福利立法，甄别其中优劣，另一方面我们要立足本国国情，注重外来法律的本土化。我们认为，主要有以下几方面值得我国借鉴。第一，儿童福利的对象范围应当是所有儿童，要以建立普惠的儿童福利制度为目标。第二，科学界定家庭、社会和国家之间的权利义务边界以及各主体内部之间的权利义务边界，家庭特别是父母应对儿童履行监护的职责，主要是养育与保护的义务。政府负有提供儿童福利服务的主要义务，一方面要充分尊重父母的亲权，同时对家庭提供支持与帮助；另一方面，政府作为儿童的最高监护人，当儿童的监护人无法履行监护职责或者不能正确履行监护职责时，政府应采取适当的措施加以干预，保护儿童的最大利益。法律还应当明确规定正当的干预程序。第三，立法过程中要保证法律的可操作性。中国儿童福利行政管理机构层级不高、数量众多、职能分散，有必要在立法中规定专门的儿童福利行政管理机构主管部门和司法机构，建立高效统一的儿童福利行政管理体制与公正权威的司法救济机制。第四，借鉴日本的经验，儿童福利立法的宗旨在于促进儿童的自立援助和全面发展，努力帮助儿童过上自食其力的生活。

四、中国经济持续发展为儿童福利立法奠定了坚实的物质基础

进入 21 世纪，中国经济持续高速发展，经济实力不断提高，经济活力不断增强。"2015 年，我国国内生产总值达到 676708 亿元，比上年增长

6.9%，全年全国一般公共预算收入 152217 亿元，比上年增长 8.4%。"[1]
因此，中国经济持续发展为儿童福利立法奠定了坚实的物质基础。第一，
国家财政收入的大幅增长，使中央政府、地方政府有更多的财力资源投
入到儿童福利建设当中，便于扩大儿童津贴对象范围，提高儿童津贴补
助标准，推动适度普惠的儿童津贴制度和家庭津贴制度的建立，为儿童
福利立法提供了物质保障。第二，由于企业经济效益和人民收入水平的
提高，在广阔的儿童福利需求和市场潜力的诱发下，大量的民间资本投
入到儿童福利事业之中。当然，不可否认的是，中国民间资本的相关投
资也遇到了不少难题，主要表现为：民间资本良莠不齐，缺乏有效监督
管理；公私资本竞争不公平，国家政策对民间资本的支持力度不够；儿
童福利事业投资数额大，周期长且融资困难；第三方评估制度不完善；
专业人才缺乏等。从儿童福利事业的角度来说，民间资本投资客观上需
要儿童福利立法的引导与规制。第三，市场经济的发展极大地改变了人
们的儿童观念和福利观念，儿童不只是社会中的弱势群体，还被认为是
社会经济可持续发展的宝贵资源，是社会未来的主人。发展儿童福利被
认为是利国利民的大事。第四，对外开放水平和中国国际地位的提高，
为中国引进相关技术和服务，推动中国儿童福利服务的现代化、专业化
提供了可能和条件。经济的发展，引起了财政投入、民间投资、儿童福
利观念、国际交流合作等多方面的变化，有助于中国儿童福利法的制定
和实施。

　　提高儿童福利水平，对于中国应对儿童福利问题、促进儿童健康成
长意义重大。在社会福利普遍发展的时代，一个国家如果还没有进行儿
童福利立法，这与现代法治国家是极不相称的。可以说，儿童福利立法
已成为中国发展儿童福利事业的必然选择。随着儿童福利政策的不断完
善，儿童福利立法理念的深入普及、立法理论与实践的相互作用，以及
物质条件的充分发展，中国进行儿童福利立法的基本条件已经初步形成。
正所谓"前事不忘，后事之师"，我们提出了发达国家儿童福利立法的可
鉴之处，但是，对于其中法律制定和法律实施过程中暴露的某些问题，

---

〔1〕 国家统计局：《2015 年国民经济和社会发展统计公报》。

如法律滞后、法律漏洞等，具体表现如：瑞典儿童福利过度依赖国家带来的巨大财政危机，美国政府对家庭监护的过度干预导致的繁复司法程序等，我们应该从中汲取教训。儿童福利法律体系应当是随着社会的发展而不断变革和完善的，从此意义而言，制定"儿童福利法"只是依法保障儿童福利事业发展的起点，路漫漫其修远兮，中国儿童福利立法任重而道远。

第三章 国外儿童福利立法的历史演进与经验启示

在西方发达国家，儿童福利立法问题一直备受各国政府的关注。各国政府在不同历史时期，制定了保障和促进儿童福利的法律法规或政策。他山之石，可以攻玉。世界发达国家对儿童福利立法问题的关心不遗余力，也伴随着历史变迁各有不同的起源及发展过程，但均有一个共同的发展历程——从早期的人文关怀，开始关注儿童的救济、关心贫穷所带来的问题。随着社会福利思潮的涌起与发展，出台儿童福利政策、制定儿童福利法律法规、设立专门的儿童福利机构、民间社团的积极参与等，遂成为各国儿童福利立法的发展规律。本章将重点介绍德国、日本、英国及美国儿童福利立法的历史演进，以管窥西方发达国家在儿童福利立法发展之历史沿革，并从中提炼出若干经验，以资中国儿童福利立法之借鉴。

第一节 德国儿童福利立法概览

德国位于欧洲中部，是联邦议会共和制国家，属于欧洲四大经济体之一。德国社会保障制度甚为完善，国民具有极高的生活水平。德国儿童福利法的精神，在于保障儿童成长的权利，协助父母、家庭教养儿童，使儿童在生理、心理、精神等各方面获得健全发展。德国作为典型成文法国家，儿童福利立法经过近百年的发展，已然形成细致完善的儿童福利法律体系。德国儿童福利立法发展阶段大致可分为三个阶段：第一阶段为中世纪后期到文艺复兴时期德国儿童福利立法；第二阶段为近代德国儿童福利立法；第三阶段为现代统一德国儿童福利立法。

一、中世纪后期到文艺复兴时期德国儿童福利立法

早在欧洲中世纪后期，德国就已经出现了儿童救济的措施，由于当时缺乏制度上和立法上对儿童权利保障的规定，儿童救济措施主要表现为由宗教组织或者是民间慈善组织出资建立的儿童收养所来收留抚养孤儿，如今德国儿童福利院组织和制度的原型即源于此。受制于中世纪经济发展水平，儿童收养所对儿童的救济局限于对孤儿的照顾、抚养等最基本的生存条件，对于儿童的教育、技能培训等个人能力发展，尚未形成有针对性的具体措施。随后，伴随着中世纪末社会结构的巨变，社会上遗弃儿童和孤儿数量远远超过了儿童收养所的收养能力，物质上的匮乏使得德国儿童保护工作陷入了停滞状态，但是儿童保护的理念却是在一直延续，照耀着后续德国儿童福利立法。

到了文艺复兴时期，人作为主体的意识开始在社会传播，人的天性以及人的价值开始得到社会重视，儿童群体作为弱势、不成熟的"人"自然开始得到人们的重新重视，其中不乏思想家、哲学家对儿童权利、儿童福利的重新审视，例如卢梭和洛克提出儿童教育的观点。随着儿童社会地位的提升，社会呼吁禁止对儿童随意处罚，公共领域内大量针对儿童的惩罚措施被废除。随着工业化的不断推进，社会矛盾开始大量显现，儿童作为弱势群体首当其冲。为了解决儿童社会问题，有更多的儿童被教会组织或个人机构收留，与中世纪末期相比，此时私人机构在儿童收留方面已经开始发挥重要作用，儿童可以在教会和私人机构里面得到较好的保护和照料。得益于工业化带来的物质上的丰富，儿童收留组织能够收留更多的儿童，为儿童提供更好的收养环境。这标志着德国的儿童保护又重新回到正轨并向前发展。[1]

二、近代德国儿童福利立法

一般认为，1618—1648 年 30 年战争的结束，标志着德国宗教改革的

---

〔1〕 参见王晨：《德国儿童与青少年权利保障体系构建及启示》，《理论学刊》2017 年第 2 期，第 150—151 页。

结束和近代历史的开始。德国近代儿童福利立法经历了儿童福利理念萌芽、儿童福利法律发展和儿童福利法律制度构建三个阶段。

（一）儿童福利理念萌芽

近代德国的儿童立法大多数还是以保护儿童为目的。如 1900 年德国《民法典》就已经对父母与子女的权利义务、政府对儿童的权利义务作出了明确的规定，特别是进一步划清父母教育子女与侵犯子女权利的界限，一旦发现父母侵犯子女的权利，政府有义务保障儿童的安全和身体、精神上的健康。1908 年，德国科隆建立首个少年[1]法院，这是少年司法保护制度的起点。

到了 20 世纪初，德国第一部《福利法》一改过去对犯罪未成年人的强制教育的理念，取而代之的是儿童救济理念，体现德国儿童福利理念已经开始从单纯的保护儿童权利转向为儿童提供更广泛的福利上。

（二）儿童福利法律发展

第一次世界大战后，第一部专门规定儿童少年福利的法律《帝国少年福利法》在 1922 年颁布，该法是为了解决第一次世界大战后遗留的儿童少年社会问题，如战争孤儿的生存问题、家庭外儿童的生存发展等问题。该法不仅强调国家在儿童少年问题上"教育者""监督者"的角色，并且规定地方政府必须设立少年事务局，承担儿童服务规划者、提供者和监督者的责任，同时推动公共部门和儿童福利社会组织（如福利联合会等）协调发展，让社会力量参与儿童福利事业。同年，《少年法院法》正式颁布，通过立法将少年司法制度正式确立。此时德国的儿童福利法律制度雏形已经开始显现。[2]

（三）儿童福利法律制度构建

第二次世界大战后，20 世纪 60 年代，随着儿童福利理论研究和实践

---

〔1〕 德国《少年保护法》第 1 条规定："本法所称少年是指已满 14 周岁，不满 18 周岁的人。"

〔2〕 参见张威：《德国〈社会法典〉第八部/〈儿童与青少年专业工作法〉的核心精髓及其启示》，《社会政策研究》2017 年第 1 期，第 82 页。

的不断深入，主动关怀保护儿童、为儿童特别是弱势儿童改善生活和发展境遇，明确儿童福利主体、儿童权利保护主体及责任成了儿童福利立法的基本理念和原则。

为减轻家庭抚养儿童负担，提高儿童生活质量，德国 1954 年出台的《养育儿童资助法》、1964 年出台的《联邦儿童补贴法》规定国家对家庭进行资助和补贴，这表明德国社会保障体系已将儿童福利内容纳入其中。[1]

在儿童劳动保护上，虽然德国部分法律中有保护劳动儿童的规定，如 1938 年的《童工暨青少年工时法》规定儿童劳动工时问题，但是并没有一部专门、全方位保护劳动儿童的法律。直至 1960 年《青少年劳动保护法》颁布，儿童劳动保护正式法律化，保护劳动儿童成为儿童福利的一部分。[2]

1961 年，德国将《帝国少年福利法》更名为《儿童福利法》，除了在地方上设立少年局，还陆续成立了州少年福利局和少年福利委员会。儿童福利法的修改和儿童福利机关的设立旨在解决第二次世界大战所引发的儿童社会问题。

在同一历史时期，针对儿童和青少年的教育问题，德国颁布了《少年教育培训法》和《幼儿园法》，这两部法律侧重于为儿童的家庭教育提供支持，后续又颁布了《儿童与青少年救助法》，这部法律侧重于儿童教育的社会责任。

总体来看，"二战"后的德国通过颁布一系列法律初步构建起政府、家庭和社会各方参与的儿童福利法律制度。[3]

三、现代统一德国儿童福利立法

（一）儿童福利的最高原则

现行德国《基本法》规定国家应当对家庭进行特别保护，教养儿童

---

〔1〕 参见李齐：《德国劳动力市场政策研究》，山东大学 2015 年博士学位论文，第 109 页。

〔2〕 参见贾锋：《我国青少年劳动保护之法制构建——基于德国、日本、英国、美国的法制比较》，《中国青年政治学院学报》2013 年第 2 期，第 23 页。

〔3〕 参见王晨：《德国儿童与青少年权利保障体系构建及启示》，《理论学刊》2017 年第 2 期，第 150—151 页。

既是父母的天赋权利更是最重要的义务；父母教养子女的行为应当受到国家的监督；尽可能让儿童在家庭中成长，只有当儿童教养权利人不履行或不能履行教养儿童的义务时，国家才可以依照法律规定将儿童带离家庭。此即规定于德国基本法中的儿童福利最高原则，所有有关儿童福利立法的内容都不得违背此项原则。

（二）儿童福利法

德国儿童福利法精神来源于基本法，保障儿童权利，保障家庭对儿童生理、心理成长的支持，强调父母、家庭对儿童成长的重要性，政府在其中扮演的只是辅助角色，家庭才是儿童成长的最主要场所。

儿童福利法规定儿童福利的主管机关是联邦少年监督委员会、州最高行政官署和地方少年局。联邦政府下设联邦少年监督委员会，负责制定儿童福利立法计划和儿童福利政策计划，并为联邦政府提供儿童福利建议。州最高行政官署负责本州内的儿童福利事务，排除特殊障碍和困难，保障儿童福利事务的执行。各市县、州设立少年局负责具体儿童福利事务的执行，少年局由少年福利委员会和行政部门组成，负责保护寄养儿童、辅助教育、少年司法救助、保护童工、保护救济军人遗孤和战争残障军人子女、参与警察机关的少年救助、设立或资助设立儿童福利机构和设施。

除了儿童福利的主管机关外，儿童福利法还规定了众多儿童福利设施，如类型众多的日间托育设施（托婴所、托儿所、课后托育中心、残障儿童托儿所及残障儿童课后托儿所）、收养无人照顾或遭遇侵害儿童的育幼院、照料母亲和新生儿的母子中心，以及为孕妇和父母提供咨询协助服务的孕妇咨询中心（1977 年《孕妇咨询法》）和教养咨询中心。

基于儿童福利法的精神，德国以家庭为中心实施多种儿童福利政策。实施减轻父母教养子女负担的子女津贴制度，根据父母收入和子女数量支付相应标准的津贴；实施教养津贴（1986 年《联邦教养津贴法》）和育婴假，规定父母亲自养育子女可获得每月 600 马克的子女教养津贴，最长 12 个月，以及父母任一方可申请一年的育婴假期且用工单位不得解雇，保障父母工作与教养子女之间的平衡；保护怀孕的母亲，禁止妇女怀孕期间从事威胁胎儿健康的工作，禁止在产后八周内工作；设立母亲与孩子基金 （1984 年），政府每年补助非官方组织救助紧急状态的孕妇。[1]

（三）儿童最佳利益原则

作为《儿童权利公约》的缔约国之一，德国在其《民法典》中将儿童最佳利益原则作为基本原则之一，明确规定了父母照顾子女义务、未成年人收养制度。此外，还颁布《家事事件及非讼事件程序法》将家事纠纷单独立法，创设程序辅佐人制度，以保证儿童在家事审判中的最佳利益。

1. 父母照顾子女义务

早在 1979 年，德国就已经用"父母照顾"取代"父母权利"。1998年在德国《民法典》中继续沿用"父母照顾权"的同时，通过制定父母子女关系法，规定在法律上不再区分婚生子女和非婚生子女。"父母照顾"的内容规定在民法典的"亲属法"中，内容大致可分为子女照顾权的取得条件及类型、子女人身照顾及标准、子女财产照顾的目的及救济、国家保障父母照顾及国家干预父母照顾四大类，每一类法律规定都体现着儿童最佳利益原则，保障子女的最大利益。[2]

2. 未成年人收养制度

1976 年德国修改《民法典》，改革以实现收养人意志和救助社会未成年人为目标的收养制度，在儿童最佳利益原则、在以收养人和被收养人间形成父母子女关系为宗旨的基础上，建立起当今仍然适用的未成年人收养制度。

《民法典》第 1741 条第 1 款第 1 句规定："以未成年人的最佳利益为收养的基准。"此外，《民法典》还明确规定未成年人收养制度目的在于保障未成年人未来生存和发展的最佳利益，未成年人被收养后的环境必须要比被收养前显著改善，被收养后的环境不仅要为未成年人的生理提供发展的支持，还包括对未成年人进行人格培养、能力培训以及锻炼融入社会的能

---

[1] 参见周震欧主编，《儿童福利（修订版）》，巨流图书股份有限公司 2009 年版，第 64—72 页。

[2] 参见杨晋玲：《德国父母照顾对我国亲子关系立法的借鉴——兼论儿童最大利益原则成为我国亲属法基本原则的必要性》，《云南大学学报（法学版）》2015 年第 6 期，第 132—136 页。

力。当然未成年人的最佳利益自然也包括了财产性利益,但是在财产性利益与人格利益发生冲突时应当以人格利益优先。为了达到被收养儿童的最佳利益,德国在法律实践中总结出了两条标准:一是确认收养人有资格、有能力收养儿童,以此保证未成年人在被收养后能最大限度地实现其利益;二是避免僵硬的收养程序对被收养儿童造成不利影响。[1]

3. 程序辅佐人制度

为了在离婚、监护等家事纠纷中保障未成年子女的最佳利益,德国2008 年颁布《家事事件及非讼事件程序法》,创设程序辅佐人制度。该法规定法官在审理涉及未成年子女利益的家事案件中,可以依职权指定程序辅佐人。程序辅佐人的特别之处在于,其地位并不与诉讼代理人相似,而是独立的诉讼参与人。其职责是在诉讼中与未成年子女沟通,陪同未成年人参与整个诉讼过程,告知未成年子女诉讼进展情况,保障未成年人在家事纠纷中的最佳利益,并与父母进行沟通,促成案件的和解,将未成年人的身心伤害程度降至最低。[2]

(四) 儿童食品安全

1879 年德国制定的《食品法》是食品领域的根本法,至今仍延续使用,与后续出台的《食品、饲料和消费品法》等多部规定食品领域的法律共同构筑起德国食品法律的基本框架。其中《食品营养法》和 2010 年新修订的《特殊膳食法》均有针对儿童食品质量标准和安全的规定。针对 0—12 个月的婴儿和 13—36 个月的幼儿,由于婴幼儿对食品的质量和营养要求远高于普通人,为此《特殊膳食法》对食品厂家生产婴幼儿食品的生产流程、成分和名称的使用都有明确详细的规定,确保能为婴幼儿提供合适的食品,而且婴幼儿的父母必须知晓食品中的营养成分。[3]对于食品包装明确标明适合 3 岁以下婴幼儿食用的食品则必须达到《食

---

〔1〕 参见朱晓峰:《论德国未成年人收养最大利益原则及界定标准》,《预防青少年犯罪研究》2014 年第 2 期,第 68—72 页。

〔2〕 参见郑亚灵:《比较法视野下"家事审判中未成年人利益保护"探究》,《青少年学刊》2019 年第 6 期,第 21 页。

〔3〕 参见黄浦雁:《德国特殊食品安全管理分析》,《质量与标准化》2018 年第 10 期,第 45—47 页。

品营养法》所规定的营养成分、添加剂等标准，保障儿童在婴幼儿关键时期形成良好的饮食、营养习惯。[1]

（五）儿童和少年教育

1. 学前教育

德国的学前教育针对的是0—3岁儿童在托儿所和3—6岁儿童在幼儿园的教育保育工作。在联邦层面，儿童学前教育由儿童和青少年福利部负责，而在各联邦州层面，则由文化事务部负责。德国学前教育的法律依据是1990年颁布的、2018年最新修订的《德国社会法典》第八部《儿童与青少年扶助法》，该法规定了儿童的学前教育制度，规定各州及市县必须确保成立能为儿童提供日托服务的机构，同时要求政府财政为日托机构提供资金支持。[2] 2019年生效的《优质托幼机构环境法》以为儿童创造平等的教育条件为目的，要求联邦政府不仅要采取措施提高各联邦州内儿童日托机构的服务质量，并且要降低父母花费在儿童日托服务上的费用，在帮助父母平衡工作和教养儿童的同时，还对依赖子女补贴或住房补贴的低收入家庭免除日托服务的费用。[3]

2. 义务教育

德国各州的义务教育相关法律均是通过各州议会制定的学校法或《教育和教学事业法》得以实现。在州政府层面，州政府根据州议会法律授权，制定义务教育相关的条例或实施条例，例如柏林州根据《柏林学校法》的法律授权，制定《柏林州小学条例》。[4]

虽然德国联邦层面上无统一的义务教育法，但是接受义务教育的主体却是具有一致性的：无论是德国籍还是外国籍的儿童、青少年和成年人，凡是居住、常住或工作在德国各州的，均是义务教育的接受对象。除此之外，关于义务教育的法定年龄，各州也大致一致，具体规定也有

---

〔1〕 参见周露露：《浅议中德儿童食品安全》，《法制与社会》2014年第22期，第173—174页。

〔2〕 参见Eberhard Eichenhofer：《德国社会法》，李玉君等译，台湾社会法与社会政策学会2019年版，第425—426页。

〔3〕 参见邓舒：《德国学前教育法规政策概述和启示》，《课程教育研究》2019年第46期，第3页。

〔4〕 参见胡劲松：《德国义务教育立法：主体、内容及其特征——基于各州法律的文本分析》，《华东师范大学学报（教育科学版）》2018年第6期，第136页。

些许不同，比如《柏林州学校法》规定义务教育法定起始年龄为6岁，允许提前至5岁；而《巴伐利亚州教育和教学事业法》则允许延迟至7岁；在结束义务教育最晚年龄规定上，《莱茵兰—普法耳茨州学校法》规定职业义务教育最晚至25周岁结束。入读义务教育学校形式上可选择入读民办学校，也可选择在家接受教育，特殊情况还可在特殊机构接受义务教育。德国各州义务教育法都对不履行义务教育者规定了相应的责任和罚则，如实施入学强制，对违反义务教育规定的当事人处以罚款，对故意多次违反义务教育规定的当事人处以自由罚等。[1]

3. 校外教育

德国的校外教育是指学校、家庭和职业教育三者并行的教育模式，目的是培育27岁以下青少年的综合素质、创新能力和实践技能，预防青少年犯罪，促进青少年个人的全面发展。所涉及的领域非常广泛，包括政治、文化、职业、健康、体育等各个方面。校外教育的法律依据是《德国社会法典》第八部《儿童与青少年扶助法》和德国各州颁布的法律法规，如《巴登—符腾堡州青少年校外教育促进法》等，共同构成了德国青少年校外教育法律制度体系。其宗旨是让青少年在法律的引导下，主动认识到社会与个人的互联性并对此进行社会实践，进而主动参与社会事项并影响社会发展进程。[2]

（六）少年司法保护

德国少年司法保护的特色是教育刑罚模式，即教育优先原则，认为少年的犯罪行为不应以结果施以刑罚，而应以教育感化和惩戒。该原则理念贯穿少年司法制度始终。德国的少年司法制度主要由《少年法院法》规定。

《少年法院法》是一部综合性法律，集实体法、程序法和组织法于一体。管辖范围分为已满14岁不满18岁的"少年"和已满18岁不满21岁

---

〔1〕 参见胡劲松：《德国义务教育立法：主体、内容及其特征——基于各州法律的文本分析》，《华东师范大学学报（教育科学版）》2018年第6期，第136—140页。

〔2〕 参见翟巍：《论德国青少年校外教育法律规制及对我国借鉴意义》，《青少年犯罪问题》2015年第5期，第100—105页。

的"未成年青年（准成年人）"。规定如果"少年"在实施犯罪行为时道德和精神发育未成熟，不能认识其违法性的，则不负刑事责任并对其进行教育；在认定"未成年青年"犯罪前需要进行全面估量，包括个性及客观条件等。[1] 该法规定了优先级明确的刑事处分，分别是教育处分、惩戒措施和少年刑罚，处罚严厉性依次递增。此外，该法还规定了少年前科和消灭制度，只有少年刑罚、缓科少年刑罚以及保安处分才会被记录在案，而且一般勾销期限为 5 年，另外少年法官还能对刑罚不超两年、缓刑假释都成功的少年犯宣告污点消灭。

《少年法院法》除了规定少年犯罪适用范围、刑罚和犯罪前科消灭制度等静态保护外，还规定司法程序上的动态保护，主要体现在：设立特别少年法庭，让具有少年管教和教育经验的法官和检察官担任专门的少年刑事法官和少年刑事检察官；设置少年法院助理负责诉讼程序结束后减少或排除刑事程序给少年带来的不利影响，并在开庭前对少年的家庭、成长背景、社会交往等非法律因素情况进行庭前调查，将调查结果告知监护人、法定代理人或学校老师，形成报告提交给少年法庭以供参考；[2] 设立隶属于青少年教育局的少年法院帮助机构，参与少年犯的整个诉讼，向少年法庭提供少年教育相关意见；基本上将所有涉及少年保护的案件都纳入少年司法范围内处理；谨慎对少年执行审前拘留，只有在临时的教育处分不能达到教育目的的时候，才可执行审前拘留，且诉讼程序应当加快进行；强调不直接作出刑罚判决，而是先给予少年犯罪人有罪判决，根据其考验期内的表现再作决定；设置青年监狱，将未成年人与成年人彻底地分押监管。[3]

（七）儿童信息保护

德国在保护儿童免受有害信息侵害方面一直走在世界前列，不仅针

---

〔1〕 参见陈冰、李雅华：《德国少年司法保护简述》，《青少年犯罪问题》2005 年第 3 期，第 57—58 页。

〔2〕 参见刘昶：《德国少年刑事司法体系评介——以〈少年法院法〉为中心》，《青少年犯罪问题》2016 年第 6 期，第 85—91 页。

〔3〕 参见陈冰、李雅华：《德国少年司法保护简述》，《青少年犯罪问题》2005 年第 3 期，第 58—60 页。

对传统媒体，而且针对网络制定多部严谨细致的法律，避免儿童和少年接触淫秽色情、宣扬暴力和种族歧视等有害信息。

世界上第一部管理互联网的法律文件是 1997 年德国制定通过的《多媒体法》。《多媒体法》率先将"出版物"的概念拓展至电子信息领域，规定网络信息内容、服务提供商不仅有不得向德国境内的儿童少年传播有害信息的义务，还必须采取有效技术手段限制有害信息在儿童少年间传播，明确规定违反义务的法律责任。2003 年德国制定的《青少年保护法》将儿童少年保护领域拓展至网络空间，明确保护对象为 14 岁以下的儿童和已满 14 岁不满 18 岁的少年。在内容上，对公共网络空间进行管控，清晰明确地划定适合和不适合儿童少年活动的网络领域，对于不适合儿童少年浏览的内容，在计算机设备上或网页上设计限制浏览功能；在机构上，设立专门讨论危害青少年出版物品列表的危害青少年媒体检查署，通过管控列表中的出版物保护儿童少年免受有害信息的侵害。[1]《危害青少年传播出版法》规定，对于传统媒体信息、网络媒体信息，信息内容提供者和网络服务提供者必须自觉履行法律规定的儿童少年保护义务，接受政府的指导和政府工作人员为其制定的限制条件，保障青少年免受有害信息的侵害。《公共场所青少年保护法》还设置了社会公共场所的少年保护规定，如规定少年进入网吧的年龄限制、网吧需提供健康的游戏和软件以及禁止少年在上课时间进入网吧等。2009 年德国颁布《阻碍网页登录法》，重点保护儿童免受网络色情信息的危害。

德国各州也积极立法保护儿童青少年信息安全，在一些保护青少年的通用规则上，各州共同签署多份州际法律文件，如针对广播电视信息的《广播电视州际协议》和针对洲际媒体中色情、暴力内容的《青少年媒体保护州际协议》。在政府机构上，各州政府为管理辖区内媒体和网络服务者提供的信息内容，专门设立青少年媒介保护委员会，敦促媒体和网络服务者删除不符合法律要求的内容。[2]

〔1〕　参见姜闽虹：《德国对青少年的网络聊天管理及保护》，《北京青年研究》2014 年第 1 期，第 83—84 页。

〔2〕　参见卢家银：《德国青少年在线活动的法律保护框架》，《青年记者》2012 年第 31 期，第 79—80 页。

第二节　日本儿童福利立法概览

在日本，儿童福利制度的形成、发展和完善历经了漫长的岁月变迁。日本儿童福利立法在儿童福利制度中起到至关重要的作用，为世界其他国家在建立和完善儿童福利制度方面提供了诸多有益的经验。根据日本儿童福利的历史发展沿革，在梳理日本儿童福利立法时，为了使得儿童福利立法发展脉络更清晰，我们在此以较重要的时间点为基准，划分四个阶段予以阐述：第一阶段为公元 6 世纪至明治维新前；第二阶段为明治维新时期至第二次世界大战前；第三阶段为第二次世界大战至 1990 年；第四阶段为 1990 年至现今。

一、公元 6 世纪至明治维新前

这一阶段是日本儿童福利立法的萌芽时期。日本最早的儿童福利措施可追溯到 6 世纪。6 世纪佛教传入日本，日本皇室受佛教中慈悲济世、济贫扶残观念的影响，开始对社会上的贫病儿童、孤儿和弃婴进行救济。此时日本儿童福利救济也因受佛教以慈悲为怀的理念之沁润，被视作带有宗教色彩的儿童福利救济，也称"佛教慈善"。在这一时期，日本儿童福利主要通过对困境儿童救济的方式予以体现，儿童福利立法也更多地以日本皇室政策的形式表现出来。

（一）维护困境儿童基本生存的立法

593 年，圣德太子创设救济院，用于收容贫病、无依无靠的儿童；光明皇后为了救济在贫困和灾难中失去父母的孤儿和弃婴，又设立悲田院对其进行收容。[1] 701 年，日本颁布《大宝律令》，其中有关于班田法的具体规定，即对年满 6 岁的男性良民每人授口田 2 段，女性良民减三分之一。根据班田法的规定，许多儿童可成为授口田的对象，此项立法对儿童救济起到重要作用，对贫困儿童扶助、救济工作做出了具体贡献。[2]

---

〔1〕　参见郭静晃：《儿童福利》，扬智文化事业股份有限公司 2009 年版，第 120 页。
〔2〕　参见宋健敏编著：《日本社会保障制度》，上海人民出版社 2012 年版，第 345 页。

764 年，淳仁天皇设立专职机构，专门负责孤儿收容工作。同时基督教教士到日本传教，积极推动开展孤儿救助的工作。1556 年，日本又设立养育院、救济院等，且雇佣乳母对养育院、救济院中的儿童进行养育。同时为救济院和养育院配备相应的医疗、卫生设施，为进入养育院、救济院的儿童治疗疾病。[1]

（二）禁止遗弃、虐待儿童的立法

为了解决社会中出现的遗弃、虐童问题，日本在 1690 年颁布禁止令。该禁止令明确禁止成人遗弃亲生子女，违者处以边区流放的惩罚。遗弃他人子女的人，将被判处终身监禁。同时规定杀害婴儿之人会被施以游行示众的处罚，并在游行示众后处死。[2] 该法令对遗弃、虐待儿童的行为作出禁止性规定，对儿童生存、成长起到一定的保护作用。日本政府关注到社会中遗弃、虐待儿童的现象，试图通过立法对儿童进行保护，干预遗弃或虐待儿童的行为。

从这一时期与儿童福利相关的政策、立法可看出，日本皇室已经关注到孤儿、弃婴和贫病儿童等困境儿童的生存和健康问题，并积极开展相应的困境儿童救济工作，颁布禁止令和扶助方案。日本儿童福利立法也在这一时期开始萌芽。

二、明治维新时期至第二次世界大战前

随着资本主义工业文明浪潮席卷全球，日本也深受工业文明的影响，国门洞开，在 19 世纪 60 年代末开始明治维新，向西方积极学习先进的思想和技术。明治维新是一场具有资本主义性质的现代化革新运动，也正是在这一时期，日本确立了用于保障儿童福利的法治和制度框架，从而推动儿童福利保障不断趋于规范。[3] 在明治维新至第二次世界大战期间，日本颁行了许多与保障儿童福利相关的法律，只不过，有不少相关立法

〔1〕　参见郭静晃：《儿童福利》，扬智文化事业股份有限公司 2009 年版，第 120 页。
〔2〕　参见郭静晃：《儿童福利》，扬智文化事业股份有限公司 2009 年版，第 120 页。
〔3〕　参见刘璐瑶：《日本儿童福利制度对我国的启示》，《青少年研究与实践》2018 年第 3 期，第 100 页。

仍是以政策形式表现出来的。

（一）维持困境儿童生存的立法

1871 年，政府下令给孤儿配给抚养米。1873 年，日本政府又对拥有三个以上孩子的贫困家庭进行抚养米补助[1] 明治时代开启之后，政府以公共政策的形式对贫困家庭的儿童及孤儿进行恩惠救助，这无疑对保障贫困儿童、孤儿的生存环境起到很大帮助。

为了更好地救助贫困者和儿童，日本于 1874 年制定《恤救规则》。《恤救规则》将对贫困者的救助视为国家的责任和义务，因此《恤救规则》也被视为是日本公共救助制度的萌芽。同时，《恤救规则》也代表着日本政府针对儿童保护所进行的一次新的立法尝试。在《恤救规则》中，明确规定贫困者、残疾独居者、无谋生能力者可以得到政府救助，未满13 岁的儿童每年可领取 7 斗米补助，且规定孤儿的近亲属和邻居对孤儿负有照顾和养育义务。若孤儿的近亲属或邻居不具备相应的抚养能力，则由国库拨款对孤儿进行救助[2] 由该规则的具体规定可以看出，对 13岁以下儿童和孤儿的补助保障以立法形式正式确立下来，而以往对儿童福利的保障则更多地是以政策形式加以体现。

（二）保护涉法儿童、少年的立法

19 世纪末，随着英美"拯救儿童运动"的兴起，日本也颇受该运动的影响，于是在日本的民间，开始兴起开办私立感化院的潮流。后期因感化院管理不善，出逃的少年犯数量增加等实践中的问题，日本出台相关禁令，禁止民间设立感化院，并将其改为公立感化院[3] 感化院的设立主要目的在于收容品行不端、有违法犯罪行为的儿童，对其进行集中教育感化，纠正儿童的偏差行为。

为教育、感化品行不端、有违法犯罪行为的儿童，使其在成长过程

---

〔1〕 参见郭静晃：《儿童福利》，扬智文化事业股份有限公司 2009 年版，第 120 页。

〔2〕 参见宋健敏编著：《日本社会保障制度》，上海人民出版社 2012 年版，第 345—346 页。

〔3〕 参见程捷：《日本少年矫治体系的历史嬗变及对我国的启示》，《中国青年政治学院学报》2014 年第 2 期，第 43 页。

中能得到正确的教育和引导，日本于 1900 年制定实施《感化法》。《感化法》明确规定，公立感化院的收容对象除犯罪儿童外，还包括缺乏有效监护人监护或缺乏亲权的行使者、有不良行为的 8 周岁以上但未满 16 周岁的未成年人。官方认为这些儿童虽然尚未触犯法律，但触犯法律的可能性极大，因此将其纳入收容范围，这也是日本第一次将此对象纳入感化院收容范围[1]。《感化法》的制定和实施，对违法、犯罪的儿童及有违法犯罪可能的儿童起到一定程度的保护、教育和引导作用。

为了更好地纠正和指导儿童的不良行为，日本在 1922 年制定《少年法》。1922 年《少年法》是日本最早的少年法，日本现行少年法是 1948 年在原有少年法的基础上经过较大修改后形成的。1922 年《少年法》较为科学地将未满 18 周岁的未成年人与成年人区别开来，将未成年人视为是独立的主体，这也是日本首次将未满 18 周岁的未成年人视作特殊、独立的主体[2]。

（三）儿童免受虐待的立法

1921 年，日本制定了《儿童保护法案》。该法案旨在保障产妇、婴儿以及特殊儿童的福利，同时积极防止虐待儿童行为的产生[3]。

随着日本社会虐待儿童问题愈发严重，社会民众对虐童事件的关注度也不断提高。为了更好地保护儿童、禁止虐童行为，日本于 1933 年通过了《少年救济法》。该法旨在解决虐待儿童这一社会问题，禁止虐童行为的发生，为儿童的身心健康保驾护航[4]。

（四）儿童救济、扶助的立法

为了使儿童救济落到实处，更加全面地保障儿童福利，日本制定了《儿童扶助法案》（1928 年）。在法案中，明确规定了处于贫困状态的寡

---

〔1〕 参见程捷：《日本少年矫治体系的历史嬗变及对我国的启示》，《中国青年政治学院学报》2014 年第 2 期，第 43 页。

〔2〕 参见华瑀欣：《日本少年法的发展与展望》，《青少年犯罪问题》2014 年第 6 期，第 98 页。

〔3〕 参见王晓燕：《日本儿童福利政策的特色与发展变革》，《中国青年研究》2009 年第 2 期，第 12 页。

〔4〕 参见陶亚哲：《日本家暴受虐儿童的法律保障及其启示》，《教育探究》2017 年第 3 期，第 20 页。

妇及其子女、孤儿可以得到国家的救助和帮扶。[1]

日本出台《救护法》（1929 年），更加明确了救济儿童和扶助儿童的义务。在这项法律中，规定了市町村对 13 岁以下的幼年者有救助的责任和义务，同时规定，若存在有抚养能力的抚养义务人，则不得接受救助，也没有申请救助的资格。[2]

（五）保护母亲和幼儿健康的立法

日本在儿童福利层面的立法不仅仅停留在儿童救济、防止儿童虐待等方面，还进一步关注母亲和幼儿的保健问题。在 1937 年日本公布的《保健所法》中，明确规定了相应的保健措施，这些措施主要围绕幼儿营养增加、幼儿卫生方面展开。[3] 对幼儿增加营养卫生保健，体现了日本对幼儿营养、卫生、保健问题的关注度提高，有利于增进儿童福祉。

1938 年，日本出台《母子保护法》。《母子保护法》中规定对 13 岁以下的贫困儿童进行救济和扶助，关注 13 岁以下的贫困儿童的生存、发展问题。同年，日本设立厚生省（主要负责医疗卫生和社会保障工作），并在厚生省下设置儿童课，负责与儿童福利保障相关的事宜。[4]

对母亲的相关立法保护还体现在《工厂法》、《健康保险法》和《劳动基准法》等法律中。在《工厂法》中明确规定，产前 4 周和产后 6 周为孕产妇的休假期。在《健康保险法》中也明确规定，生产妇女在生产期间的分娩费、安置费和产假期的薪资由国家负担。1923 年，日本对《工厂法》进行部分修改，将孕妇、产妇的休假期延长至哺乳期。[5] 在《劳动基准法》中也明确规定，怀孕、生产的女性职工有获得休假的权利，并将休假时间调整为产前 6 周、产后 8 周，同时该法规定产前假期属于强制性休假，并将工厂或企业等单位雇用产后休假时间不满 6 周的女

---

〔1〕 参见郭静晃：《儿童福利》，扬智文化事业股份有限公司 2009 年版，第 121 页。
〔2〕 参见宋健敏编著：《日本社会保障制度》，上海人民出版社 2012 年版，第 346 页。
〔3〕 参见郭静晃：《儿童福利》，扬智文化事业股份有限公司 2009 年版，第 121 页。
〔4〕 参见郭静晃：《儿童福利》，扬智文化事业股份有限公司 2009 年版，第 121 页。
〔5〕 参见张军：《日本的母子保健》，《中国妇幼保健》1991 年第 4 期，第 59 页。

性的行为规定为违法行为。[1] 孕产妇在孕前、产后的休假时间相较于1916 年的《工厂法》中的规定略有延长。

在这一时期，日本颁布了许多法律，其中涉及儿童福利保障的问题，以立法形式确立儿童福利保障的相关事项，有利于切实保障、落实儿童福利，同时施以一定形式的政策保护，使得儿童福利制度初具雏形。

三、第二次世界大战至 1990 年

"二战"后，日本承受战争的重创，国内经济形势低迷，社会秩序混乱。对此，日本积极采取措施，制定政策和法律以保障国民的福利。日本真正意义上的社会福利制度就是在这一阶段形成的，日本的儿童福利制度也在这一时期得到较快的发展。在这一期间，日本颁布了较多儿童福利方面的相关立法，尤为值得关注的是制定和颁布了专门的《儿童福利法》，为形成完善的儿童福利保障法律体系注入新鲜的血液。此外，这一时期日本还颁布了《儿童宪章》《儿童抚养津贴法》等相关法律。通过制定法律保障儿童福利，将儿童福利保障的各种形式以立法的方式正式确定下来。同时，一系列福利政策的施行也体现了日本政府对建立儿童福利制度的重视。

（一）保护困境儿童生存的立法

日本在"二战"中遭受重创。"二战"结束后，民生凋敝，对战祸孤儿的安置成为日本需要及时予以解决的难题。为此，日本颁布了《战祸孤儿等保护对策纲领》，并通过委托私人家庭收养及组织收养的方式收养战祸孤儿，为孤儿的基本生活提供保障。[2]

1946 年，日本颁布了着重保护困境儿童的行政命令——《实施流浪儿童与其他儿童保护等紧急措施》。"二战"后，日本面临巨大的经济压力，社会上存在大量贫困人口，为更好地解决贫困人口的生活问题，《生

---

〔1〕 参见张昕艺：《日本育儿政策研究及其对我国的启示》，东北财经大学 2018 年硕士学位论文，第 23 页。

〔2〕 参见张昕艺：《日本育儿政策研究及其对我国的启示》，东北财经大学 2018 年硕士学位论文，第 14 页。

活保护法》应运而生。根据《生活保护法》，只要生活水平低于法律所规定的最低保障线，即可获得政府的救济。此外，日本还在这项法律中确立了无差别平等原则、及时应对必需原则和生活保障原则。[1]

1974 年，日本实施障碍儿保育措施政策，针对障碍儿（即特殊儿童）采取保育措施，同时扩大特殊教育的规模，以保证特殊儿童的教育进程。[2]

（二）促进儿童教育的相关立法

日本十分重视教育。1947 年，日本颁布了《教育基本法》。《教育基本法》以 1946 年颁布的《宪法》为依据，该法分为 11 个条目，囊括教育目的、教育原则和教育内容等方面。[3] 同年颁布了《学校教育法》，该法建立了特殊教育制度，将盲、聋、哑学校和特殊班级纳入义务教育体系中，以确保教育均等理念的实现。同时将义务教育的年限由 6 年延长至 9 年，为儿童升学排除了许多阻碍。[4]

为进一步推动教育事业的发展，日本在明确强调生存权的宪法基础上颁布了新的《生活保护法》（1950 年）。新《生活保护法》在扶助内容上增设了教育扶助。[5]《生活保护法》中新增的教育扶助以援助因经济压力而影响就学的儿童和学生为主要内容。在该法的影响下，日本还制定了《盲、聋、哑学校及养护学校的就学奖励的法律》（1954 年）、《偏僻地区教育振兴法》（1954 年），意在向经济困难儿童、特殊儿童及偏僻地区儿童普及教育，实现真正意义上的教育机会均等。[6]

为了减轻教育的经济负担，更好地普及义务教育，日本制定《义务教育费国库负担法》（1952 年），为义务教育提供财政支持。该法建立在免费义务教育原则的基础上，规定国家有责任负担义务教育的费用，所

---

〔1〕 参见宋健敏编著：《日本社会保障制度》，上海人民出版社 2012 年版，第 346 页。

〔2〕 参见郭静晃：《儿童福利》，扬智文化事业股份有限公司 2009 年版，第 122 页。

〔3〕 参见李协京：《〈教育基本法〉的修订与日本的教育改革》，《外国教育研究》2007 年第 8 期，第 50 页。

〔4〕 参见陈丽萍：《〈学校教育法〉：日本大学管理制度的法律基础》，《东南大学学报（哲学社会科学版）》2008 年第 3 期，第 123 页。

〔5〕 参见宋健敏编著：《日本社会保障制度》，上海人民出版社 2012 年版，第 346—347 页。

〔6〕 参见尹琳：《从未成年人法律体系看日本的儿童权利保护》，《青少年犯罪问题》2005 年第 2 期，第 53 页。

负担的费用为各类义务教育学校所需的实际支出经费的一半,[1] 为儿童的义务教育提供经济上的支持。

(三) 保护涉法儿童、少年的立法

日本现行《少年法》颁布于 1948 年,融实体法和程序法于一体,其内容在 1922 年颁布的首部《少年法》基础上作了较大的调整和修改。《少年法》规制对象为有非法行为的少年,同时以健康成长、社会回归、保护主义为基本理念,以正当程序和利益最大化为该法的基本原则。同时该法规定了处分的形式。该法旨在纠正不良儿童的违法犯罪行为,为其在成长过程中提供更好的教育和指导。[2]

(四) 儿童健康、卫生、伙食方面的立法

国家除了提供义务教育外,儿童的身心健康、安全、卫生、伙食方面也有相应的法律对其进行规范和保障。1954 年颁布的《学校伙食法》、1958 年颁布的《学校保健法》和《特殊学校伙食法》都对涉及儿童保健、伙食方面的内容作出规范[3],旨在保障儿童日常生活中涉及健康、安全和伙食方面的福利。

日本学校配餐制度拥有较长的发展历史。早在 20 世纪 30 年代,日本就制定了《学校配餐临时实施法》,实施学校配餐。该法在一定范围内的学校得到实施,之后由于战争的缘故,全国粮食供应和储备面临紧缺和不足的状况,不久便中止了学校配餐。1946 年,日本又下达实施《学校配餐实施的普及奖励》的通知。同年底,在全国部分地区的学校恢复实施配餐。4 年之后,日本实现了以八大城市的小学生为主要对象的学校配餐,并在 1952 年后实现了全国小学学校的配餐。1954 年,日本颁布《学校配餐法》,该法将学校配餐作为教育中的重要一环,并不断培养学生对

---

〔1〕 参见尹琳:《从未成年人法律体系看日本的儿童权利保护》,《青少年犯罪问题》2005 年第 2 期,第 53 页。
〔2〕 参见冯皓:《日本少年法研究》,山东大学 2013 年硕士学位论文,第 7—9 页。
〔3〕 参见尹琳:《从未成年人法律体系看日本的儿童权利保护》,《青少年犯罪问题》2005 年第 2 期,第 53 页。

粮食的正确认知。[1]

日本政府制定颁布了较多与学校供餐相关的法律，关注儿童伙食、伙食质量、伙食营养等问题。自 1947 年以来，日本政府制定了《食品卫生法》（1947 年）、《营养改善法》（1947 年）、《学校保健法》（1958 年）、《保护消费者法》（1958 年）等法律。这些法律相辅相成，共同构成了完善的配餐保障法律体系，有效保障学校配餐制度的实现，有利于提高儿童身体素质，增进儿童福祉。[2]

（五）儿童津贴立法

考虑到因种种原因不与父亲生活在一起的儿童和母亲单独生活面临着较大的经济与生活压力，且这样的家庭无法给儿童提供较好的成长条件，为了帮扶这些儿童，保障其基本生活，日本出台了《儿童抚养津贴法》。根据该法规定，对那些不与父亲共同生活（父亲死亡或下落不明、父母离异等）的儿童，相关机构须向儿童的母亲或养育者支付抚养津贴，以保障这些儿童的基本生活福利。[3] 20 世纪 60 年代，日本政府设立许多不同类型的儿童福利机构，致力于专门化保障儿童福利。[4]

日本于 1964 年颁布了《重度智力发育不全儿童抚养津贴法》，建立特殊儿童抚养津贴制度，给重度智力发育不良的低收入家庭提供由中央财政拨款支付的抚养津贴。两年后，日本扩大了抚养津贴的支付对象，将重度身体残疾的儿童也纳入可领取抚养津贴的范围。八年后，日本再次对该法进行修改。支付抚养津贴的对象主要针对特别儿童群体，如身体、精神方面残疾的儿童。为特殊儿童提供津贴，为特殊儿童的生存、发展提供保障，以推动特殊儿童的福利制度建设。[5]

---

〔1〕 参见邢悦、孙惠俊：《浅析日本中小学的配餐制度及其对中国的启示》，《亚太教育》2016 年第 23 期，第 96 页。

〔2〕 参见付俊杰、翟凤英：《学生营养餐现状与发展趋势》，《国外医学（卫生学分册）》2005 年第 2 期，第 93 页。

〔3〕 参见尹琳：《从未成年人法律体系看日本的儿童权利保护》，《青少年犯罪问题》2005 年第 2 期，第 52 页。

〔4〕 参见郭静晃：《儿童福利》，扬智文化事业股份有限公司 2009 年版，第 122 页。

〔5〕 参见杨无意：《日本儿童福利的历史演进与发展现状》，《中华女子学院学报》2017 年第 6 期，第 111 页。

1971 年，日本颁布了《儿童津贴法》。该法明确规定，未达到义务教育就学年龄儿童的父母或监护人每月可获得由国家支付的儿童津贴。最初，《儿童津贴法》支付津贴对象仅为在抚育有三个以上儿童的家庭中第三个孩子以后的孩子。随着老龄化现象日益严峻，日本进入了少子化时代，《儿童津贴法》也针对支付对象进行了几次调整，以适应社会不断发展的需要。《儿童津贴法》在 1985 年将支付对象的起点调整为第二个孩子，又在 6 年后将支付对象的起点调整为每个家庭的第一个孩子。按照法律规定，不满 3 岁的儿童均可享受津贴。同时，在每一个拥有三个或三个以上孩子的家庭单位中，前两个孩子每月可享受 5000 日元的津贴，第三个及以后的孩子则可享受每月 1 万日元的津贴。儿童津贴支付对象范围不断扩大，使得更多儿童被纳入获得津贴的范围内，以保障儿童福利。[1]

（六）改善童工地位的立法

日本政府制定了涉及保护和改善童工地位的法律——《劳动基准法》。《劳动基准法》对涉及童工保护的内容作出相应规定。该法将未成年劳动者分为两类，一是未满 15 周岁的儿童；二是 15 周岁以上未满 18 周岁者。该法原则上禁止不满 15 周岁的儿童参加工作，同时规定了例外情形：工厂和企业可以在获得行政机关批准和许可的情况下，雇用年满 12 周岁以上的儿童，在修学时间以外的时间从事不妨碍健康的轻易工作。针对第二类童工，该法规定不得从事危险工作，对其从事的工作内容、时间、夜间工作等方面也予以限制。对工作时间的规定：原则上每日 8 小时，每周 40 小时。同时，针对第二类女性童工，禁止在晚上 10 时至次日凌晨 5 时工作。之后，《劳动基准法》中限制青少年从事危险、有害工作的两章独立成法，一章独立为《最低工资法》（1959 年），另一章则独立为《劳动安全卫生法》（1972 年）。[2]

---

〔1〕 参见尹琳：《从未成年人法律体系看日本的儿童权利保护》，《青少年犯罪问题》2005 年第 2 期，第 52 页。

〔2〕 参见贾锋：《我国青少年劳动保护之法制构建——基于德国、日本、英国、美国的法制比较》，《中国青年政治学院学报》2013 年第 2 期，第 23 页。

(七) 保护母亲及幼儿的立法

20 世纪 50 年代中期，日本经济进入了快速发展的阶段，人民的生活质量不断提高，人口迁移速度加快，人口逐渐由农村向城市聚集。女性进入劳动力市场，在社会中的地位得到提升。日本家庭形式也因此发生变化。家庭形式的变化使得家庭抚育孩子的能力减弱，由此产生了一系列社会问题。日本为了较全面地保障母亲和幼儿的福利，适应社会的发展，颁布了《母子福利法》(1964 年)。该法规定了国家和地方团体在推动增进母子的福利方面负有相应的责任和义务。[1]

为了强化对母子健康、保健方面的保障，日本颁布了《母子保健法》(1965 年)。该法明确了母子保健的概念，同时提出一系列关于母子一体的综合性保健政策。该法规定在保证妇女、婴幼儿的健康状况下，采取更深层次、进一步的保健、健康和医疗措施。[2] 根据《母子保健法》中关于健康检查的规定，健康检查的主要目的在于幼儿早期的缺陷排查及保障母子身心健康。国家给妊娠者发放母子健康手册，妊娠者在怀孕及生产过程中携带母子手册接受健康检查，并作好相应记录。新生儿出生后，新生儿的母亲可向相关人员咨询，了解和掌握新生儿的生长发育状况。[3]《母子保健法》的规定涉及缺陷预防、早期发现和早期治疗三方面内容，除健康检查外，还规定了早产儿养护医疗及小儿慢性疾病的研究和治疗。[4]

为了更好地保障母亲、幼儿及寡妇的福利，日本颁布《母子与寡妇福利法》(1981 年)。《母子与寡妇福利法》对单亲家庭 (以母亲为主的) 和寡妇的经济独立作出相应的保障，为母子和寡妇提供福利资金贷款，同时配有母子咨商员对其进行有关的指导。[5] 福利资金贷款种类繁多，

---

[1] 参见尹琳:《从未成年人法律体系看日本的儿童权利保护》,《青少年犯罪问题》2005 年第 2 期，第 52 页。

[2] 参见杜莉:《日本母子保健的特色和成效》,《中国妇幼保健》2014 年第 29 期，第 4704 页。

[3] 参见王国辉:《日本特殊儿童早期发现与早期疗育的体系建构探析》,《比较教育研究》2016 年第 4 期，第 108 页。

[4] 参见周震欧主编:《儿童福利 (修订版)》，巨流图书股份有限公司 2009 年版，第 77 页。

[5] 参见周震欧主编:《儿童福利 (修订版)》，巨流图书股份有限公司 2009 年版，第 77 页。

涵盖事业启动与维持、修学、技能学习等方面。此外，《母子与寡妇福利法》还规定寡妇和母子家庭中的母亲经过申请，可优先获得在公共场所开设小卖店和销售香烟的许可。在母子家庭中，无论是母亲或子女一方如果因疾病导致生活方面的压力与困难，日本地方会派遣专门的护理人员对其进行专业护理，帮助解决其生活上的难题。[1]

（八）与儿童福利相关的专门性法律和其他法律

1946 年，日本颁布了《宪法》。日本《宪法》规定保护未成年人的发展权、尊严权、生存权和受教育权等权利。[2]《宪法》的规定使得日本的儿童观得到了实质性、根本性的转变，儿童获得了拥有基本人权的主体地位。这意味着《宪法》中关于保障人权的个别规定，也可适用于儿童。[3]

特别值得一提的是，1947 年，日本中央政府在专司医疗卫生和社会保障的厚生省下设立儿童司，负责管理相关儿童事务。同年，日本制定了《儿童福利法》。《儿童福利法》对儿童保护、儿童福利机构的设立和职责、儿童保健、儿童教育等方面作出规定。[4] 这是日本历史上第一部专门性的《儿童福利法》，是一部儿童福利保障基本法，该法的颁布标志着日本现代儿童福利制度的正式确立。《儿童福利法》明确了对"儿童"的定义，将"儿童"定义为 18 周岁以下的未成年人。此外，该法还明确了儿童权利保障的理念，第一次明确了国家和地方对保护儿童健康成长负有职责。[5]《儿童福利法》的颁布和实施，标志着日本在建立完备的儿童福利法律体系的道路上迈进了一大步。此后，《儿童福利法》经过多次修订，以适应社会不断发展的需要，调整儿童福利保障方面出现的新问题。

1951 年，日本在 1946 年《宪法》的基础上制定《儿童宪章》。《儿

---

〔1〕　参见杨无意：《日本儿童福利的历史演进与发展现状》，《中华女子学院学报》2017 年第 6 期，第 112 页。

〔2〕　参见冯皓：《日本少年法研究》，山东大学 2013 年硕士学位论文，第 5 页。

〔3〕　参见尹琳：《从未成年人法律体系看日本的儿童权利保护》，《青少年犯罪问题》2005 年第 2 期，第 50 页。

〔4〕　参见 1947 年《日本儿童福利法》。

〔5〕　参见邹明明：《日本的儿童福利制度》，《社会福利》2010 年第 1 期，第 54 页。

童宪章》旨在树立对待儿童的正确观念，谋求所有儿童的幸福。[1] 在《儿童宪章》中，确认了家庭和社会在儿童成长过程中所应承担的责任和义务，同时也是第一次在社会层面确定了所有儿童的福利，将对困境儿童、特殊儿童福利的关注扩大到全体儿童。根据日本《儿童宪章》的规定，儿童需要得到尊重和正确的对待和指导，应给儿童创造良好的成长和发展环境。[2]

四、1990 年至现今

20 世纪 90 年代以来，日本生育率持续低迷，老龄化进程加速，日本处于少子化时代。随着社会形势的变迁，日本儿童福利制度作出了相应变革，相关的儿童福利立法、政策的内容与重点也随之发生了改变，不断完善、进步。随着目标和重点发生变化，日本对儿童福利相关立法进行不同程度的修改，以适应社会的变化。[3] 儿童福利制度由原先的补缺型逐步向普惠型转变。

（一）儿童抚育、援助立法

1991 年，政府制定颁布了《育儿、照护休假法》，第一次在立法层面将育儿假确定下来，旨在减轻家庭和个人的育儿负担，以给予孩童更好的照顾和陪伴。[4] 政府在遵循兼顾就业和育儿原则的基础上，分别于 2005 年和 2009 年对《育儿、照护休假法》进行修改，修改内容包括：延长育儿假、实施弹性工作时间制、推动企业完善育儿休假制度等。[5]

为应对日本老龄化进程加速的局面，1994 年，日本四大部门联合制定了"天使计划"，该计划旨在提高职业女性的生育率，为养育、培养儿童创造优良的社会环境。"天使计划"还提到，育儿的主体不应仅限于儿童的父母，国家、政府、地方团体、企业和社会组织也应共同参与到育

---

〔1〕 参见今村荣一、罗宁：《日本〈儿童宪章〉》，《世界中学生文摘》2008 年第 3 期，第 21 页。

〔2〕 参见夏琳琳：《战后日本儿童社会福利政策发展与改革研究》，黑龙江大学 2015 年硕士学位论文，第 13 页。

〔3〕 参见杨无意：《日本儿童福利的历史演进与发展现状》，《中华女子学院学报》2017 年第 6 期，第 113 页。

〔4〕 参见裘晓兰：《日本儿童福利政策的发展变迁》，《当代青年研究》2011 年 7 期，第 33 页。

〔5〕 参见裘晓兰：《日本儿童福利政策的发展变迁》，《当代青年研究》2011 年 7 期，第 33 页。

儿的过程中，丰富育儿的主体，提倡育儿主体多元化。同时为了确保儿童得到更好的照顾，厚生省、大藏省和自治省制定了"紧急保育对策五年计划"，提出丰富幼托形式、扩大幼托机构数量规模、建设地方育儿支援中心，对育儿工作进行辅助。

"天使计划"的提出，并没能有效地扭转日本少子化的趋势，因此日本在 1999 年出台"新天使计划"，确定五年内的工作事宜和目标，将就业、咨询、母子保健、教育纳入少子化对策领域。该计划提出实现男性员工休产假的目标，积极推动、鼓励男性加入到家庭育儿的行列。

为了解决以家庭、社区为单位的育儿能力有限的问题，日本于 2003 年制定《次世代育成支援对策推进法》，主要内容涉及父母抚育方面的支持，对处于育儿进行时的员工（包括男性）进行援助，不断完善抚育儿童的外部环境，同时推动、鼓励地方团体、社会组织和企业为育儿事业提供支援。

日本为了进一步应对少子化的社会趋势，于同年通过了《少子化社会对策基本法》。该法明确了国家、公共团体、企业和国民各自的义务。国家有制定和实施少子化政策的责任；公共团体有协助国家制定、实施地方性政策的义务；企业有义务营造良好环境，使得员工可以更好地兼顾工作与生活；国民有组成家庭和生育孩子的责任，同时要为孩子的出生、成长创造良好的环境。

2010 年，日本通过了《儿童、育儿构想》。该政策提出应由全社会承担育儿责任，要求构建援助和育儿的社会。该政策的主要方向为：以儿童为主体、重点转向育儿支援与协调工作、生活与育儿，围绕这三个方向，制定了总政策和主要政策。地方团体以该政策为中心，结合当地实际、具体状况，制定实施具有地方特色的地方性政策。

5 年后，日本通过《新少子化社会对策大纲》。该大纲增添了结婚支援的内容，还就充实育儿对策、鼓励结婚生育、加强对多子家庭照顾、改革男女工作模式等方面进行规定，可结合地方的具体情况施行。[1]

随着女性逐渐步入职场，职场中双职工的数量增加，这使得社会、

---

〔1〕 参见张昕艺：《日本育儿政策研究及其对我国的启示》，东北财经大学 2018 年硕士学位论文，第 17—20 页。

家庭对托儿的需求不断上升。为了适应社会的发展，日本于 1997 年修改《儿童福利法》。此次针对该法中的保育所制度进行较大幅度的修改。根据原法规定主要用于应对特殊需要的暂时性保育所转变为可供选择的一般性保育所。2003 年，《儿童福利法》再次修改，此次修改将重点放在育儿支援事业上，并明确了以所有儿童健康成长为目标。5 年后，《儿童福利法》又一次进行修改，此次修改的主要内容是在全国范围内对有婴儿的家庭进行访问，并在其需要时提供帮助和指导。[1]

（二）儿童免受虐待的立法

随着社会上虐待儿童事件的数量不断上升，《儿童福利法》对儿童的保护也没有达到预期的效果，为了进一步制止虐童行为，保护儿童的身心健康，日本于 2000 年制定了《儿童虐待防止法》。该法就儿童虐待的定义、儿童虐待的禁止、国家和地方政府的责任、儿童虐待的早期发现、儿童虐待的通报、受虐儿童的保护、对保护者的义务及限制以及行使亲权的注意事项等内容做出规定，以维护儿童的身心健康。[2]《儿童虐待防止法》在颁布的四年之后经历了一次修改。三年之后，又进行相应的修改。经历两次修改后的《儿童虐待防止法》扩大了虐待儿童的行为适用标准，且规定公民在发现虐待儿童行为后需及时向专门机构进行报告。2019 年《儿童虐待防止法》再次修改，新法写入了禁止监护人体罚儿童以及加强儿童咨商所体制等内容。

（三）儿童教育的相关立法

2006 年，日本为了适应社会对教育的要求，公布实施了新《教育基本法》。本次修改的《教育基本法》第一次将幼儿教育纳入其中，关注幼儿教育，规定国家应为幼儿成长、发展创造良好的环境，同时也要为父母提供必要的学习机会。[3] 为了更好地应对日本的少子化趋势，减轻家

---

〔1〕 参见裴晓兰：《日本儿童福利政策的发展变迁》，《当代青年研究》2011 年第 7 期，第 33 页。
〔2〕 参见吴鹏飞：《我国儿童虐待防治法律制度的完善》，《法学杂志》2012 年第 10 期，第 59 页。
〔3〕 参见张礼永：《幼儿教育首次纳入日本〈教育基本法〉》，《早期教育（教师版）》2007 年第 7 期，第 12—13 页。

庭在儿童教育方面的负担，日本通过了《儿童及育儿支援法》，推动幼儿教育免费化。新法规定，根据家庭收入和经济压力状况，实行不同力度的费用减免。此外，三岁至五岁的幼儿进入得到认可的保育园、托儿所等育儿机构，可免除使用费。[1]

（四）儿童伙食方面的立法

日本为实现学校供餐，保障儿童伙食方面的福利，为学校提供财政补贴，涉及供餐设备、伙食等方面。日本于 1997 年发布《完善学校卫生管理》的通知，规定为学校供餐的实现追加财政预算，促进、推动学校供餐设施一体化，同时加强食物预防制度和应对措施，涵盖食品质量、食品检查等方面。[2]

（五）儿童信息保护和禁止儿童色情的立法

随着信息网络技术的不断发展，互联网的使用不断普及，网络上充斥着许多不利于儿童身心健康发展的信息。为了净化网络环境，对儿童的信息获取进行过滤，为儿童提供法律层面的保护，日本通过了《青少年网络环境整治法》（2008 年）。该法规定，通过对网络上供大众浏览的信息进行过滤和筛选，自动滤去不良信息，以避免未成年人接触。此外，国家、地方团体、儿童监护人、提供网络服务的企业和社会团体有义务和责任为儿童创造良好的网络环境以及对儿童的互联网使用提供正确的指导。

为了应对儿童不正确使用异性交友网站，造成不良的影响，日本国会颁布了《规制利用网上介绍异性的业务引诱儿童等行为的法律》（2003年）。该法明确禁止引诱儿童性交、引诱他人与儿童性交、提供报酬引诱儿童进行异性交际等行为。此外，对异性交友网站的创设也提出了相应的要求。创设网站必须进行申报，由相关部门审查创设者的资质。创设网站之后，在宣传中必须明确表示儿童不得使用该网站。在提供交友信息时需对双方信息进行确认，以确定交友对象不是儿童。

---

〔1〕　参见汪雪等：《日本幼儿无偿教育政策探微》，《教育观察》2019 年第 34 期，第 20 页。
〔2〕　参见吴俊英：《日本学校供餐制度及启示》，《金田》2014 年第 5 期，第 253 页。

除了对儿童的异性交友网站进行规制，日本也加大对社会中儿童色情物品、儿童买春行为打击的力度，以保护儿童的身心健康。日本颁布关于禁止买春、儿童色情的儿童保护法。这些法律禁止买春儿童、持有传播儿童色情制品行为。[1]

第三节　英国儿童福利立法概览

英国是一个高度发达的资本主义国家，与德国一样，是欧洲四大经济体之一。英国是欧洲最早建立社会福利制度的国家之一。儿童福利立法是社会福利立法中非常重要的组成部分。英国儿童福利立法，经历了非常漫长的历史演化才得以成型，并最终建立起自身的儿童福利法律体系。为了方便起见，我们将英国儿童福利立法划分为三个相对独立的历史阶段，即中世纪、近代社会和现代社会。

一、中世纪儿童福利立法

依照世界历史的划分标准，中世纪始于公元 5 世纪，终于公元 15 世纪。在中世纪的历史长河里，人们对于儿童地位的认识有了很大的改观。

古代社会的英国，如同时代其他国家一样，人们对于儿童人权的认识颇为肤浅。在现实生活中，儿童隶属于家庭，是父母的个人财产，毫无独立人格可言，因而其权利长期为成人社会所忽视。在英国，由于公民普遍信仰宗教，教会组织异常发达，教会通常会通过修道院等组织来收容贫困和流浪的儿童。在教会等组织的影响下，人们对儿童的态度有了较大的转变。人们逐渐意识到儿童需要成人监护，年幼儿童不具有或不完全具有行为能力，在处理儿童事务中，需要与成人区别对待等。[2]

特别值得一提的是，这一时期英国制定了一部非常重要的文件——《自由大宪章》（1215 年），《自由大宪章》是英国中世纪颁布的为数不多

---

〔1〕　参见周学峰：《未成年人网络保护制度的域外经验与启示》，《北京航空航天大学学报（社会科学版）》2018 年第 4 期，第 7—9 页。

〔2〕　参见庞媛媛：《英国儿童福利制度的历史嬗变及特征》，《信阳师范学院学报（哲学社会科学版）》2009 年第 4 期，第 141 页。

的正式法律文件之一。尽管其内容主要是制约王权的宪法性文件，但其中也有部分条款是针对儿童在财产继承上的特别规定。[1]

总体来看，在中世纪，由于经济不发达，人们的观念落后，导致儿童的权利很难得到法律上的确认和保障。英国儿童福利的服务对象主要局限于贫困儿童与流浪儿童，福利的义务承担者主要是教会等社会慈善组织，服务方式主要是为此类特殊儿童提供满足基本生存需求的救助。由于政府在儿童福利服务上很少承担责任，因而此时的儿童福利服务并未采取国家立法的形式。

二、近代社会儿童福利立法

史学界通常认为，1485 年都铎王朝的建立标志着英国近代史的开端。这一阶段英国儿童福利立法主要聚焦于以下几类事项：第一类是维护儿童基本生存的立法；第二类是保护和改善童工地位的立法；第三类是儿童免受虐待和不良影响的立法；第四类是促进儿童智力与体力正常发展的立法。

（一）维护儿童基本生存的立法

1536 年，英国政府颁布了《亨利济贫法》（Henry Poor Law），该法不仅规定了地方官员有义务分发教会收集的自愿捐献物质，用来赈济穷人、老年人、病人和残疾人，而且还授权地方政府教育那些5—14 岁的年幼乞丐学会一门手艺，以便在他们成年后能自谋职业。[2] 女皇伊丽莎白于1601 年颁布了《济贫法》（Poor Law），并指派贫民监督负责执行《济贫法》，对于弃婴、孤儿或者因父母贫困无力抚养的儿童，采取寄养或者领养方式，安置在愿意接受儿童的家庭中代为抚养。对于 8 岁以上可以工作的儿童，则通过契约方式典给市民代为抚养，其中男童在主人家习艺，

---

〔1〕 如《自由大宪章》第 3 条规定，上述诸人之继承人如未达成年，须受监护者，应于成年后以其遗产交付之，不得收取任何继承税或产业转移税。又如，第 11 条规定，欠付犹太人债务者亡故时，其妻仍应获得其嫁资，不负偿债之责。亡故者如有未成年之子女时，应按亡者遗产之性质，留备彼等之教养费。

〔2〕 参见丁建定、杨凤娟：《英国社会保障制度的发展》，中国劳动社会保障出版社 2004 年版，第 5 页。

女童则协助主人做家务。假如孩童能够留在父母身边或者与亲戚同住，则由政府提供手工艺原料，让他们从事家庭手工艺以维持生计。假如孩童无法由其他家庭代为抚养，则送到救济院收养。《济贫法》规定了政府有义务保护好失依儿童，并规定地方政府必须为所在地贫民提供救济经费，为无法工作者及儿童准备粮食。总之，1601 年的《济贫法》首开政府为兴办儿童福利的主体，更是儿童福利立法的滥觞，而且也是福利国家的典范之一，因此，《济贫法》在英国儿童福利立法中占据非常重要的历史地位。

为了救助社会中的弱势群体，英国议会于 1782 年通过了《吉尔伯特法》（Gilbert Act），将贫民习艺所改造为专门救济残疾人、儿童、老年人的机构，规定身体健全的贫民若愿意工作，可在家中等候安排工作，而所得工作收入不足者，管理者可从济贫税中予以补贴。[1]

在英国，如何处理弃婴成为一个令政府颇为棘手的难题。17 世纪末，伦敦大概每年有 1000 名弃婴被遗弃在街头。[2] 政府为了解决这一难题，于 1741 年建立了伦敦育婴院，正式开始收养弃婴。育婴院当时接收弃婴需要满足两个基本条件：一是无传染性疾病，二是年龄不足两个月。育婴院由于管理更为规范，经费相对充足，所以，与同时期教区育婴的糟糕情形相比，育婴院的儿童死亡率相对较低。育婴院作为一个专门照顾婴儿的慈善机构，无疑促进了儿童护理方面的进步，也促使社会民众认识到对这些"被遗忘的儿童"应有的责任并采取相应措施。

18 世纪末，随着新生人口的急剧增加，儿童的比重逐年上升。这一人口结构的变化引发了新的社会问题，无人管教的儿童流浪街头，给社会治理带来压力。1756 年慈善家汉伟等人创建了"海事协会"，招募这些贫苦和流浪的少年儿童，帮助他们改掉坏毛病，并给予相应的装备，使他们成为海员学徒。

1601 年《济贫法》的核心理念是对接受救济的贫困儿童采取严厉规训和惩罚，严格限制他们的人身自由，这就自然导致了日后教会慈善组

---

〔1〕 参见丁建定：《西方国家社会保障制度史》，高等教育出版社 2010 年版，第 124 页。

〔2〕 R. B. Outhwaite, *Objects of Charity: Petitions to the London Foundling Hospital*, 1768-1772, Eighteenth-Century Studies, Vol. 32: 4, p. 497（1999）.

织内各类侵犯儿童人权的现象产生。为此，1834 年新《济贫法》改变了以往人们对儿童实施救济的方式，该法强调"确保儿童成长于原生家庭"，主张对贫困儿童的救济逐渐由原先的院内收养转变为院外救助，通过提供尽可能的家庭补助，确保儿童免受家庭贫困而带来不利的影响。[1]

（二）保护和改善童工地位的立法

十八世纪英国工业革命后，许多工厂开始大规模使用童工。由于睡眠不足、营养不良、空气污染等原因，对童工身心健康造成了严重的影响。为了应对这一难题，英国政府于 1802 年颁布了《学徒健康与道德法案》（Act of the Health and Morals of Apprentices），对儿童的工作时间作出规定，限定每日工作时间不超过 12 小时，且不允许在夜间工作。该法是世界上第一部保护童工权益的立法，为其他国家制定相关立法提供了范例。1819 年该法案得到修正，禁止雇用 9 岁以下的童工，并于 1833 年制定《工厂法》（Factory Act），对儿童从事劳动提供严格的保护：第一，禁止 9 岁以下儿童参加劳动；第二，13 岁以下儿童每天仅可工作 9 小时，一周不得超过 48 小时；第三，禁止儿童从事夜间工作。[2]

新《工厂法》于 1871 年颁布，规定严禁工厂雇用 16 岁以下女性工人。1872 年的《煤矿法》（Coal Mine Act）明确，严厉禁止雇用 12 岁以下男性工人在井下工作，16 岁以下者每周工作时间不得超过 54 小时。

（三）儿童免受虐待和不良影响的立法

1889 年颁布的《防止虐待并保护儿童法》（Child Abuse Prevention and Protection Act）规定，儿童虐待是一种违法犯罪行为，受虐儿童可离家进入慈善机构之类较安全的场所，法院有权拒绝虐待儿童的父母领回自己的孩子，以便能让他们在安全的环境下成长。此外，该法首次规定政府有权介入亲子关系，将虐待与忽视儿童认定为法定的犯罪行为。

---

〔1〕　参见庞媛媛：《英国儿童福利制度的历史嬗变及特征》，《信阳师范学院学报（哲学社会科学版）》2009 年第 4 期，第 142 页。

〔2〕　参见周震欧主编：《儿童福利（修订版）》，巨流图书股份有限公司 2009 年版，第 58 页。

1891 年颁布了《儿童法》，为受虐儿童提供法律保护。依据儿童法规定，儿童受到虐待时，地方政府以及儿童福利机构工作人员有权申请紧急保护令（emergency order）、儿童评量令（child assessment order）、复原令（recovery order），保障儿童安全，并提供紧急安置及保护。此外，警察单位也可以提供警力保护（police protection），作适当的辅介服务或者提供寻人服务等。[1]

1933 年颁布了《儿童及少年法》（Children and Juvenile Act），以取代之前的《防止虐待并保护儿童法》，该法将所有儿童权利保护法律整合成一部单一立法，并特别规定未成年人犯罪应由专门成立的法院审理，禁止对未成年人适用死刑等酷刑。

（四）促进儿童智力和体力正常发展的立法

17 世纪末至 18 世纪上半叶，英国为贫穷儿童提供初等教育的主要机构是慈善学校。比如，1680 年伦敦怀特查珀尔区的慈善学校，接收 5 至 13 岁贫苦儿童入学，免费或者只是收取少量学费。1698—1699 年，"基督教知识促进会"成立，其致力于促进英国慈善教育，推动了全国各地慈善学校的建立。[2] 慈善学校特别关注教导学生养成良好的道德品行，进行基本技能训练。伦敦慈善学校还给一半以上儿童发放统一制服，部分学校还会为学生提供免费午餐一次。[3]

19 世纪上半叶，伦敦出现了许多致力于救助和教育流浪、贫困和犯罪儿童的慈善机构，比如"贫民儿童免费学校""工读学校"和"劳动教养学校"。1844 年伦敦成立了"贫民儿童免费学校联盟"，专注于促进贫困儿童的初等教育。1870 年"贫民儿童免费学校"达到了发展的顶峰，仅仅伦敦就有大约 250 所这样的学校，学生人数超过 3 万人，但随着 1870 年《教育法案》颁布之后，学校数量急剧减少，在 19 世纪末几乎淡

---

[1] 参见郭静晃：《儿童福利》，扬智文化事业股份有限公司 2009 年版，第 118—119 页。

[2] 参见吕晓燕：《施善与教化：伦敦的慈善组织研究（1700—1900）》，中国社会科学出版社 2018 年版，第 182—183 页。

[3] B. K. Gray, *A History of English Philanthropy：From the Dissolution of the Taking of the First Census*, London：P. S. King & Son, 1905, p. 107.

出历史舞台。[1]

19 世纪下半叶，西方国家掀起了一股义务教育浪潮，英国此时也顺应历史潮流，最终摈弃了"国家不管教育"的一贯做法。1870 年颁布了《初等教育法》（Primary Education Act），宣布创办公立小学以及设立地方初等教育行政机构，规定所有儿童，无论其身份、地位和贫富状况如何，均享有同等受教育机会。1880 年英国国会通过了《芒德拉法》（Mundella's Act），宣布对全国 5—10 岁的儿童实行义务教育。[2] 为了满足日益增多的小学毕业生进一步学习的需求，英国政府于 1902 年颁布《教育法》，规定地方政府应该设立中学。

这一时期，政府还特别重视在校学生身体健康问题。1906 年英国议会颁布了《教育供膳法》（Act of Education and Catering），规定地方教育机构采取免费或者半免费形式，为公立初等学校中患营养不良症的学生提供膳食。1907 年的《教育法》对学生医疗保健做了规定，要求学校保健室负责学生日常保健维持事宜。[3] 1918 年英国议会颁布了《产妇与儿童福利法》（Maternity and Child Welfare Act），首次通过专项法律形式保障孕妇及 5 岁以下幼儿的健康。该法不仅拓展了儿童福利所涵盖的内容，且被人们视为英国战后家庭补助项目的雏形。

三、现代社会的儿童福利立法

第一次世界大战揭开了英国现代史的序幕。这一时期，英国政府在增进儿童福利立法方面渐趋完善，制定了诸多促进儿童福利的法律和政策。此时儿童福利立法主要聚焦于保护母亲及幼儿，为学龄儿童提供各类福利措施，注重残疾儿童福利立法，为贫困儿童提供福利服务，为所有儿童提供普惠性福利等。

---

[1] 参见吕晓燕：《施善与教化：伦敦的慈善组织研究（1700—1900）》，中国社会科学出版社 2018 年版，第 186—187 页。

[2] 参见杨汉麟、陈铮：《英国学校膳食服务制度的历史研究——基于教育公平及社会福利的视角》，《天津师范大学学报（社会科学版）》2013 年第 4 期，第 34 页。

[3] 参见丁建定：《英国现代社会保障制度的建立（1870—1914）》，《史学月刊》2002 年第 3 期，第 85 页。

(一) 保护母亲及幼儿的福利立法

英国国会于 1918 年通过了《产妇与儿童福利法》（Maternity and Child Welfare Act），规定地方政府有设立托儿所的义务，并由卫生部核发补助费，对孕妇、产妇及 5 岁以下幼儿提供保健服务。与此同时，在 1918 年英国应非婚生儿童高死亡率设立"未婚妈妈及其子女全国委员会"（后改名为全国单亲家庭委员会），主要任务在于联合主要机构关怀非婚生儿童。1946 年颁布了《国民健康服务法》（National Health Service Act），责成地方政府提供怀孕妇女及 5 岁以下幼儿保健服务，并要求地方政府及医院设立儿童辅导部门提供预防和治疗服务，为适应不良儿童提供心理辅导。[1] 1946 年通过了《家庭补助法》（Family Allowance Act），补助多子女家庭，使其能够维持儿童营养健康和受教育费用，提供福利食品，如维他命丸、鱼肝油、橘子汁等。[2] 1948 年又通过了《托儿所及保姆条例法案》（The Nurseries and Child Minders Regulation Act），为抚养幼儿的职业女性提供托育服务，各托儿所必须接受地方卫生行政机关领导与监督。

为母亲及幼儿提供各类福利服务主要包括以下方面的内容：第一，地区保健诊所有责任为已婚妇女提供产前、产后的医疗照顾及牙齿检查，并为幼儿提供经常性检查。第二，健康访问员到产妇及幼儿家中访视，检查母亲对婴儿、幼儿照顾是否妥当，并提供具体指导。第三，产妇及婴儿无须到地区保健所，即可在他们的家庭医生处得到协助和照顾。

儿童福利立法还特别关注外出工作的年轻母亲，为此，地方政府及私立机构提供托儿所，确保就业母亲可将 5 岁以下幼儿交由专家照顾。有些托儿所还提供对患病幼儿及残障母亲的照顾。根据 1948 年颁布的《托儿所及保姆条例法案》规定，私立托儿所或保姆在自家照顾幼儿，需要到地方政府注册，并接受其监管。

此外，由于英国未婚生育现象较普遍，因此，儿童福利立法还为单亲妈妈提供福利服务，责成地方政府为她们提供以下服务：第一，地方

---

〔1〕 参见郭静晃：《儿童福利》，杨智文化事业股份有限公司 2009 年版，第 115 页。

〔2〕 参见周震欧主编：《儿童福利（修订版）》，巨流图书股份有限公司 2009 年版，第 59 页。

政府的社会工作员工要帮助未婚妈妈。第二，地方政府与志愿组织一起向需要住宅服务的孕妇或未婚妈妈提供住所。第三，未婚妈妈无法照顾自己孩子时，可交由地方政府相关机构照顾，或者送给他人领养。

1958 年颁布的《收养法案》（Adoption Act）和 1975 年颁布的《儿童法案》（Children Act）明确规定，地方政府负有提供相关机构，照顾或者领养未婚母亲无法照顾子女的服务。1976 年英国政府还颁布了《准证法》（Legitimacy Act），为非婚生子女能获得身份准证以及相应的公民福利权提供法律保障。

（二）为学龄儿童提供各类福利服务

在英国，学校为小学生提供餐饮始于 1906 年颁布的《教育法》（Education Act）。"一战"期间，学校开始为中学生提供膳食，但由于学生人数激增，导致地方政府财政负担过重，因而向经济状况较好的学生家庭收取费用。免费供应牛奶始于 1921 年。1934 年颁布了《牛奶法案》（Milk Act），开始面向全体小学生免费供应学校午餐和牛奶。学校午餐的供应，确保了儿童一天接受一餐营养膳食，有利于儿童养成好的饮食习惯，对维护儿童身体健康起了很大作用。"二战"期间，由于需要已婚妇女外出参加工作，学龄儿童午餐以及托儿所设置成为人们的迫切需要，这推动了 1944 年《教育法案》（Education Act）出台。该法规定，地方政府有义务向这些学龄儿童提供免费膳食和牛奶。政府免费供应中学生牛奶的做法一直延续到 1971 年。

1946 年《国民保健服务法》（The National Health Service Act）颁布，地方教育机构负有行政监督学校保健服务的职责。同年，政府又颁布《家庭补助法案》（Family Allowance Act），资助多子女家庭，使其能维护儿童营养健康及保证儿童受教育的费用，并提供营养食物。1986 年《社会安全法案》（Social Security Act）通过，决定自 1988 年起地方政府停止供应免费学校午餐，但同时保留变通措施，即对于领取家庭给付者，以给予现金替代免费的午餐。[1]

---

〔1〕 参见周震欧主编：《儿童福利（修订版）》，巨流图书股份有限公司 2009 年版，第 61—62 页。

英国政府特别重视幼儿保育和幼儿教育。1997 年 9 月英国政府颁布了幼儿学费资助政策，次年 9 月，实施所有年满 4 周岁儿童均可获得每年 33 周的免费学前教育政策。2004 年 4 月，该政策惠及所有 3 岁儿童。由于英国不赞同儿童在家庭外成长的政策取向，导致政府所提供的托育服务极为有限，如由各地卫生所及民间团体所开办的托儿所，需要向当地保健机构立案，卫生所随时派人予以指导。3 岁以前的幼儿多数进入私人开办的托育机构，由家长付费，5 岁幼儿开始进入义务教育。

1998 年英国政府发布了《迎接儿童照顾的挑战》绿皮书，制定了"全国儿童照顾战略"，为此类群体提供高品质的照顾服务。进入 21 世纪，英国政府提出"儿童保育十年计划"，强调国家对儿童的照管义务，目的是增加国家对儿童的保育时间。2006 年，英国政府通过了《儿童保育法》（Child Care Act），并于随后推行了儿童信托基金、儿童福利金、托儿券等多种育儿福利举措。[1]

（三）注重残疾儿童福利立法

英国最早的残疾儿童立法，是 1893 年颁布的《盲聋儿童基本教育法》（Elementary Education Act—Blind and Deaf Children），该法要求地方政府支付盲聋学生的教育费和设备费。1899 年颁布了《身体有缺陷和癫痫的儿童教育法》（Education Act—Defective and Epileptic），帮助患有精神障碍的儿童，但是这种概括性立法提供残疾儿童需求服务却一直延续到 1944 年颁布的《教育法》（Education Act）。

地方政府在为残疾儿童提供特殊教育的需求服务前，需要对他们进行专门评估。第一，地方政府与地方保健局一道安排健康检查。检查结果提供给医生、教师、教育心理学家和儿童的父母，以便决定如何照顾及教育该残疾儿童。第二，如果儿童的父母对这份医学检查报告结果表示异议，可向地方委员会申请或向中央政府秘书处申诉；如果无异议，则该儿童被送到一般学校接受教育。如果残疾情况非常严重，地方政府

---

[1] 参见雷杰等：《英国家庭政策的历史发展及类型学分析》，《广东社会科学》2017 年第 4 期，第 202 页。

可送该儿童到住宿学校或特殊日间学校，以获得适当的治疗，而盲聋儿童则必须到专门为他们所设置的特殊学校上学。[1]

（四）为贫困儿童提供福利服务

为了解决贫困儿童社会福利供给不足的矛盾，布莱尔政府从 1999 年4 月开始提升儿童福利标准，并补充了抚养有 11 岁以下儿童的家庭补贴。同时，如果单亲家庭的父亲或母亲选择就业，还可获得儿童护理方面的服务。[2]

为了消除儿童贫困，英国政府曾于 2011 年和 2014 年两次发布了旨在消除儿童贫困的白皮书：《消除儿童贫困的新思路：解决致贫成因和改变家庭生活》、《儿童减贫战略 2014—2017》。在两次发布的白皮书中，英国政府主要采取两种办法来消除儿童贫困：一是强化对贫困儿童的早期干预，二是为贫困儿童的父母提供帮助。[3] 通过这些得力的具体措施，英国儿童贫困状况有了较大的改善。

英国政府对于贫困儿童的早期干预，主要是出于帮助他们做好入学准备的考虑，以期为他们获得良好的发展起点。据测算，到 2011 年 4 月，英国仍然有大概 190 万名儿童生活在父母亲均失业的贫困家庭中。为此，卡梅伦政府加大了对贫困儿童的福利投入，进一步完善"家庭支持取向"在学前教育政策中的引领作用。2013 年英国政府颁布了《更好的儿童保育》，其后，又颁布了《更能负担得起的儿童保育》，通过这些政策将有限的经费优先分配给那些贫困儿童及其家庭。[4]

（五）为所有儿童提供普惠性福利

《贝弗利奇报告》（Beveridge Report）于 1942 年颁布，这标志着英国

---

〔1〕　参见周震欧主编：《儿童福利（修订版）》，巨流图书股份有限公司 2009 年版，第 62—63 页。

〔2〕　参见刘波：《当代英国社会保障制度的系统分析与理论思考》，华东师范大学 2005 年博士学位论文，第 45 页。

〔3〕　参见刘磊等：《英国近 20 年学前教育政策中的家庭视角解析》，《学前教育研究》2017 年第 6 期，第 7 页。

〔4〕　参见刘磊等：《英国近 20 年学前教育政策中的家庭视角解析》，《学前教育研究》2017 年第 6 期，第 9 页。

家庭政策的快速发展。该报告倡导设立儿童津贴体系，有助于解决现代核心家庭的儿童照顾问题。

在英国，儿童津贴主要有两种类型：一种是家庭津贴，另一种是低收入儿童家庭所得补助。按照法律规定，凡是家中有两个或两个以上未满16岁的子女，无论其家庭经济状况如何，均有权申请家庭津贴补助。如果专职工作的男性、寡妇、离婚者、背弃妻子或未婚母亲，其子女未满16岁或为19岁以下的学生，经调查符合低收入条件者，就可获得低收入儿童家庭所得补助。[1]

1946年颁布了《家庭补助法案》（Family Allowance Act），补助多子女家庭的食物及营养品。同年，《国民保健服务法》（The National Health Service Act）颁布，规定地方政府及医院为孕妇和5岁以下幼儿提供保健服务。

尤为重要的是，这一时期英国制定了历史上颇为重要的儿童福利立法，即1989年通过的《儿童法案》（The Child Act），该法是统整儿童照顾、养育及保护的重要法律，强调照顾和保育儿童是父母的基本责任，地方主管机构对于儿童照顾的家庭提供广泛的帮助，并以谋求儿童最佳利益为目的。

英国政府于1998年提出了《稳健开始》（Sure Start）的方案，结合公私部门的儿童福利措施，呼吁父母相互合作提供入学前的儿童家庭照顾的服务，计划内容主要包括家庭访视、提供育儿资讯、成立高品质的学习托育中心，并针对弱势家庭的孩子提供特殊服务。

第四节　美国儿童福利立法概览

美国素有"儿童天堂"之美誉，儿童被视为上帝派往人间的"天使"。在美国人眼里，儿童不仅是值得同情的脆弱群体，更是美国社会未来的希望之所在。尽管建国时间不长，但美国一直以来颇为重视儿童福利。如今美国建立起了非常健全的儿童福利法律体系，为儿童全面发展

---

〔1〕　参见郭静晃：《儿童福利》，扬智文化事业股份有限公司2009年版，第116页。

提供了制度保障。考察美国儿童福利立法的历史演进，我们认为主要经历以下四个阶段：第一阶段为 19 世纪中期至 20 世纪 20 年代；第二阶段为 20 世纪 20 年代初至第二次世界大战；第三阶段为第二次世界大战后至 20 世纪 70 年代；第四阶段为 20 世纪 70 年代初至现今。

一、19 世纪中期至 20 世纪 20 年代

（一）儿童人权观念的启蒙

早期美国解决儿童问题的主要手段就是控制儿童的来源，尤其是对非期望中诞生的孩童，如堕胎、杀婴、遗弃等记载史不绝书。然而，随着人类社会变迁，以及宗教教义潜移默化的影响，人道精神逐渐植根于社会大众，人们开始禁止伤害子宫里的胎儿，且将堕胎和杀婴看作是一种罪恶行为。[1]

美国儿童福利立法的历史发展，可追溯到内战前，当时人们已认识到儿童需要父母亲的养育以及成长需要时间等特殊需求。在这一阶段，人们目睹了许多反映儿童是微型成人观念的革新，比如依赖而不是自治，在行为方式上表现出成人所不拥有的天真与可塑性等。这些观念在当时的一些法律学说中得以体现，包括儿童最佳利益学说，以及设立一些新的儿童养育机构如教养院、少年感化院和公立学校等。[2]

（二）孤儿救助、儿童收养、童工立法

1853 年，查尔斯·布鲁斯发起建立了纽约儿童救助会，这是美国第一家接收"家庭关爱"计划的儿童福利机构。纽约儿童救助会主要负责在本市区寻找孤儿和弃儿，并将这些儿童集体送到西部和南部需要劳动力的乡村地区。[3] 1875 年，"纽约儿童保护协会"成立，这是世界上第

---

〔1〕 参见郭静晃：《儿童福利》，杨智文化事业股份有限公司 2009 年版，第 105 页。

〔2〕 参见吴鹏飞：《嗷嗷待哺：儿童权利的一般理论与中国实践》，苏州大学 2013 年博士学位论文，第 69 页。

〔3〕 参见姚建平、朱卫东：《美国儿童福利制度简析》，《青少年犯罪研究》2005 年第 5 期，第 58 页。

一家专门保护儿童的机构，主要负责对孤儿、弃儿提供各项福利工作。[1]
到 1900 年初，全美国有 10 多万名儿童被安置在大约 1200 所孤儿院中。
美国内战导致全国出现了许多失去双亲的孤儿。当时儿童死亡率相当高，
数百万儿童被迫外出工作，入学率很低，许多儿童是在政府设立的救济
院或孤儿院中度过的。[2] 19 世纪晚期，也有一些儿童被移出孤儿院，且
被"安置在外"。此种"安置在外"是给儿童一个机会，让他们得以和位
于美国中西部的家庭住在一起。[3]

美国马萨诸塞州于 1851 年通过了世界上第一部现代收养法，要求法
官在作出判决前，确定收养人是否具备足够的能力来抚养儿童，以及提
供适当的养育。该法还要求儿童的生身父母或其监护人必须作出同意收
养的书面协议。[4]

关于童工改革是这一阶段儿童福利关注的焦点。19 世纪末工业化浪
潮席卷美国，导致各大工厂对童工的需求急剧上升，在美国南部工厂里，
1900 年大概有三分之一是童工，全美国 10 至 15 岁儿童中有五分之一受
雇于工厂工作。到 1899 年，全美国有 28 个州通过了有关童工的立法，但
绝大多数立法仅局限于制造业，且只是限制 12 岁以下童工。为了改善童
工工作条件，1904 年罗斯福总统呼吁在全国进行一次全面调查，并在
1907 年获得国会批准。1906 年，国会首次提出禁止工厂和矿井雇用童工
法案。令人遗憾的是，这次议案最终未获通过。[5]

20 世纪初开始，美国童工委员会与儿童局联合发起了一场广泛性游
说运动，促使了 1916 年《基廷——欧文法案》（The Keating-Owen Act）
的出台。该法案禁止州际的纺织品制造业雇用童工，遗憾的是，该项立
法在 1920 年被联邦最高法院裁定为违宪。后来，人们希望通过推动宪法
的修改，以保障这些童工的合法权益，但均以失败而告终。不过，人们

---

[1] 参见张鸿巍：《西方儿童福利的百年架构》，《检察风云》2013 年第 13 期，第 53 页。
[2] 参见吴鹏飞：《儿童权利一般理论研究》，中国政法大学出版社 2013 年版，第 81 页。
[3] 参见［美］Cynthia Crosson-Tower：《儿童福利——从实务观点出发》，苏秀枝等译，学富文化事业有限公司 2014 年版，第 9 页。
[4] 参见吴鹏飞：《嗷嗷待哺：儿童权利的一般理论与中国实践》，苏州大学 2013 年博士学位论文，第 70 页。
[5] 参见吴鹏飞：《儿童权利一般理论研究》，中国政法大学出版社 2013 年版，第 82 页。

的努力也没有白费，国会于 1917 年通过了《史密斯——休斯法案》（The Smith-Hughes Act），以便各阶层和各方案均能获得联邦基金的资助，从而可以为美国儿童传授各种职业技能。[1]

（三）少年司法、儿童虐待与忽视等立法

儿童是不同于成人的特殊群体，他们的心智尚未成熟，因而在处理儿童违法犯罪时，他们需要不同于成人的司法标准和司法程序。1899 年伊利诺伊州议会通过了首部《少年法院法》[2]，成为历史上第一个为少年提供特殊审判与拘留程序的州。到 20 世纪第一个十年，事实上美国所有州都建立起了少年法院。至此，少年不再像成人那样接受审讯，国家被假定为儿童的亲权人或监护人角色。许多州还授权儿童救助团体来代表儿童的法律利益。[3]

1874 年美国发生的 Mary Ellen Wilson 案件促成了"防止虐待儿童协会"（Society for the Prevention of Cruelty to Children）的诞生。该协会负责协助所有被虐待和被忽视的儿童，同时，该协会也成为第一个具有特定任务，在发生儿童虐待案件时会去推行介入干预的机构。[4]

1909 年美国召开了"受抚养儿童白宫会议"，会议主要探讨了监禁受依赖儿童以及受忽视儿童的不利影响，并督促家庭与私人团体而不是政府来提升儿童福利。此次会议发布了 9 个主要倡议，包括制定全国儿童抚养照管计划、扩充儿童收养机构、向母亲提供补助金以保持贫困家庭的完整性等内容。早在 1906 年，温斯洛普·克莱恩（Winthrop Crane）首次提出设立联邦儿童局的议案，这次又在会议上提出，但未获批准。1912 年国会正式通过了设立儿童局的法案。儿童局隶属于美国劳工部下开展工作，主要负责调查和报告所有与儿童福利有关的事务，帮助州政

---

〔1〕 参见吴鹏飞：《嗷嗷待哺：儿童权利的一般理论与中国实践》，苏州大学 2013 年博士学位论文，第 71 页。

〔2〕 1899 年《少年法院法》全称是《规范无人抚养、被忽视和罪错儿童的处遇与控制法案》（Act to Regulate the Treatment and Control of Dependent Neglected and Delinquent Children）。

〔3〕 参见吴鹏飞：《儿童权利一般理论研究》，中国政法大学出版社 2013 年版，第 83 页。

〔4〕 参见［美］Cynthia Crosson-Tower：《儿童福利——从实务观点出发》，苏秀枝等译，学富文化事业有限公司 2014 年版，第 12 页。

府和本地机构保护儿童免受虐待和忽视。[1]

1919 年美国总统威尔逊召集了第二次白宫儿童会议，会议集中讨论了设定儿童与母亲健康、劳动及贫困儿童的最低标准。此次会议还发布了儿童需求的综合报告，特别详细介绍了对母亲和婴儿的照料。

二、20 世纪 20 年代初至第二次世界大战

（一）儿童教育、童工保护方面的立法

伴随着反对童工的声浪，此时也有一股推动儿童强制入学的力量。因此，随着童工法令的制订，强制儿童入学的法令也顺利通过。在 1920 年代首次制定的强制入学法案中，所针对的对象是 14 岁以下儿童，但到了 1927 年，大多数州已经将年龄提高到了 16 岁。[2]

即使此时的儿童强制入学了，但他们仍可在放学后去从事一个礼拜的工作。核查证实某个家庭确实有让儿童工作的需要，是少年法庭的职责。而在一些地区，这个任务是由慈善组织会社所负责的。1934 年，美国颁布了《国家复兴法案》（National Recovery Act），禁止雇用 16 岁以下儿童。1936 年又通过了《沃尔什—希利法案》（Walsh-Healy Act），禁止童工在接受政府合同的工厂工作。1938 年国会通过了《公平劳动标准法案》（Fair Labor Standards Act），以规范所有劳工的工资以及工作时间。在该法案审议期间，美国儿童局官员 Grace Abbott 曾向国会议员游说，希望能扩大该法案的适用范围，以确保年龄低于 16 岁儿童不会被迫去从事某些行业的工作。[3]

（二）儿童健康立法

1920 年美国儿童福利联盟成立，主要负责儿童保护与救助工作。1921 年美国通过了《谢泼德——陶纳母婴保护法》（The Sheppard-Towner

---

〔1〕 参见吴鹏飞：《儿童权利一般理论研究》，中国政法大学出版社 2013 年版，第 81—82 页。

〔2〕 参见［美］Cynthia Crosson-Tower：《儿童福利——从实务观点出发》，苏秀枝等译，学富文化事业有限公司 2014 年版，第 7—8 页。

〔3〕 参见吴鹏飞：《儿童权利一般理论研究》，中国政法大学出版社 2013 年版，第 84—85 页。

Maternity and Infancy Protection Act），授权联邦政府监督和在母婴卫生委员会领导下为各州健康信息传播中心提供配套资金。[1]

1929 年胡佛总统主持召集了第三次白宫儿童会议，会议旨在研究目前美国儿童的健康和福利以及财产状况、报告其实施情况、建议采取何种措施以及如何去实施等。1933 年美国联邦紧急救济机构成立。在儿童局的支持下，联邦紧急救济机构实施了一项新儿童健康康复计划，该计划向最脆弱儿童提供紧急照料。

1935 年《社会保障法》颁布实施，其中第五编规定向各州提供补助以改善贫困母亲和儿童健康。在 1942 年的《社区设施法（拉纳姆法）》修正案的实施下，联邦劳资机构为贫困儿童保育学校提供了百分之五十的资金。[2]

1939 年美国召开了第四次白宫儿童会议，会议旨在强调民主价值、民主服务及儿童福利所需要的环境。此次会议发表了 98 项建议，聚焦于儿童营养不良、种族歧视等社会问题。第二次世界大战期间，联邦政府还建立了"母婴紧急照顾计划"（The Emergency Maternity and Infant Care Program），为低收入阶层的军人提供免费怀孕和产后卫生保健服务。[3]

三、第二次世界大战后至 20 世纪 70 年代

（一）儿童食品、营养立法

1946 年，美国制定了《全国学校午餐法》（The National School Lunch Act），向当时零散的供养贫困学童的做法提供永久联邦支持。改善贫穷儿童营养是"伟大社会"（Great Society）计划中所提出的几项举措之一。1964 年"补充营养援助或食品券"（The Supplemental Nutrition Assistance, or Food Stamps）计划成为正式法律，该计划向低收入人群购买食品提供

---

〔1〕 参见吴鹏飞：《儿童权利一般理论研究》，中国政法大学出版社 2013 年版，第 83 页。
〔2〕 参见吴鹏飞：《嗷嗷待哺：儿童权利的一般理论与中国实践》，苏州大学 2013 年博士学位论文，第 72 页。
〔3〕 参见吴鹏飞：《嗷嗷待哺：儿童权利的一般理论与中国实践》，苏州大学 2013 年博士学位论文，第 73 页。

政府担保。显然，儿童是其中的受益者，大约有一半参与者是 17 岁以下的儿童。

建立在二十年前创立的联邦政府补助的校园午餐计划上，1966 年美国颁布了《儿童营养法》（Child Nutrition Act），该法要求农业部向各州支付资金为在校低收入家庭儿童提供免费早餐，使得向婴儿护理、儿童保健和牙齿保健服务扩大到联邦资助成为可能。1968 年"暑假服务计划"，向暑假在家的低收入家庭的孩子提供营养食品。同年，政府又出台了"儿童及成人照管食品计划"，向托儿所等机构提供点心及营养食品[1]。1972 年美国修改《儿童营养法》，为妇女、婴儿和儿童制定食品补助计划，向其提供食品担保人、日用品及向怀孕和产后母亲以及 0 到 5 岁幼儿提供营养计划[2]。

（二）儿童健康立法

儿童健康是美国历届政府立法所重点关注的问题。受联邦资助的儿童心理健康研究，是在 1946 年《全国精神卫生法》（The National Mental Health Act）通过之初才开始启动，该法创立了精神卫生所。在白喉和破伤风等疫苗接种运动的激励下，1955 年沙克脊髓灰质炎疫苗的发展很快促使国会制定了《脊髓灰质炎疫苗援助法》（The Polio Vaccine Assistance Act）。该法要求联邦补助金能够分配到各州，以购买这种疫苗及实施大规模疫苗计划[3]。

1962 年，在杜鲁门政府的领导下，成立了隶属于美国公共卫生服务部门的全国卫生研究院。1975 年国会设立了全国儿童健康与人类发展研究院（National Institution of Child Health and Human Development），引导和协调有关儿童与母亲身体、智力和情感发展的全国生物医学和社会科学研究。为更好地保护儿童免受脊髓灰质炎、白喉、百日咳等疾病的侵袭，1962 年出台了《疫苗援助法》（Vaccine Assistance Act），为购买和管理 5

---

〔1〕 参见张鸿巍：《西方儿童福利的百年架构》，《检察风云》2013 年第 13 期，第 54 页。
〔2〕 参见吴鹏飞：《儿童权利一般理论研究》，中国政法大学出版社 2013 年版，第 89 页。
〔3〕 参见吴鹏飞：《嗷嗷待哺：儿童权利的一般理论与中国实践》，苏州大学 2013 年博士学位论文，第 74 页。

岁以下儿童的疫苗提供资金。1965 年增加了联邦资助的麻疹疫苗。

在肯尼迪执政时期，儿童健康成为人们优先考虑的问题。受惠于广为人知的 1962 年医生亨利·肯普（Herry Kempe）对医院中儿童受虐程度的研究，联邦和州的机构很快开始公布儿童虐待的数据。到了 1966 年，每个州通过立法要求在儿童虐待发生时提供更好的报道和干预。[1] 此外，1965 年国会通过了《社会保障法第 19 修正案》，依据医疗补助方案，为符合收入规定的个人及家庭提供健康照顾。

（三）儿童教育立法

1954 年的"布朗案"推翻了 1896 年"普莱西诉弗格森案"的裁定。1896 年的判决确立了"隔离但平等"是合宪的。然而，"布朗案"却打破了这一先例，开创了在教育领域儿童平等受教育之先河。在总统艾森豪威尔执政期间，国会采取了初步措施来为伤残儿童特殊教育提供联邦支持。1958 年国会批准了帮助培训智力上有障碍儿童的教师获得联邦补助金。随后，聋哑儿童和残疾儿童教师培训补助金也在 1961 年获得批准，并于 1963 年经总统肯尼迪签署成为法律。[2]

1960 年代以及向贫困宣战（War on Poverty）的运动，见证了"启蒙教育方案"（Project Head Start）的发展。"这个计划的基础是来自于针对儿童发展，以及刺激和贫穷对于儿童在校学习能力的影响等的研究成果。启蒙教育方案努力要去确保在经济上处于弱势地位的学龄前儿童，都能接受到医疗照护、营养方面的服务以及教育方面的协助，以帮助他们在学校中取得成功。"[3]

1965 年美国制定了《初等与中等教育法》《高等教育法》。《初等与中等教育法》的第一编设计为减少各学区间的不平等，并首次保证联邦政府通过购买教学资源以及为教师专业发展提供资金支持，援助低收入家庭的学生。《高等教育法》开启了"学生贷款担保计划"和"威廉·D. 福特直

---

[1] 参见吴鹏飞：《儿童权利一般理论研究》，中国政法大学出版社 2013 年版，第 88—89 页。

[2] 参见吴鹏飞：《儿童权利一般理论研究》，中国政法大学出版社 2013 年版，第 87 页。

[3] ［美］Cynthia Crosson-Tower：《儿童福利——从实务观点出发》，苏秀枝等译，学富文化事业有限公司 2014 年版，第 13—14 页。

接贷款计划"（The William D. Ford Direct Loan Program），以便低收入与中等收入家庭的大学生能够获得低息贷款，以及为大学生提供贷款保险。[1]

（四）儿童安全立法

1966 年美国通过了《儿童保护法案》（The Children Protection Act），该法案由参议员沃伦·马格鲁森（Warren Magnuson）提出，旨在禁止销售被认为对儿童有害的玩具和其他商品，要求产品上必须明确标明潜在的危害。此外，该法还对保护儿童免受有害消费类产品和娱乐的影响，以及免受被认为对儿童心理产生危害的新闻媒体的影响作出规定。[2]

四、20 世纪 70 年代初至现今

（一）儿童健康立法

1971 年美国召开了第七次白宫儿童会议，这是 20 世纪最后一次举行的白宫儿童会议，会议集中讨论了通过支持儿童健康人格发展来培养儿童个性的主题。1978 年的《青少年健康、服务与预防怀孕法案》（Adolescent Health, Services and Pregnancy Prevention Act），增加向未婚怀孕的 10 多岁青少年提供联邦基金支持。1987 年通过的《公共卫生法案》（Public Health Act），针对怀孕以及为人父母的青少年设立了相关的计划与方案，以处理青少年怀孕问题。

1984 年通过了《全国最低饮酒法案》（The National Minimum Drinking Act），要求各州将购买酒精的最低年龄从 18 岁（或 19 岁或 20 岁），统一提高到 21 岁。州儿童健康保险计划在 1997 年成为法律，作为《社会保障法》的第二十一编。该法授权联邦资助那些不符合医疗补助方案的以州为主的贫困儿童的健康保险。遗憾的是，该计划没能覆盖所有未投保的贫困儿童。2009 年总统奥巴马通过立法来扩大该项计划，最终使受

---

〔1〕 参见吴鹏飞：《儿童权利一般理论研究》，中国政法大学出版社 2013 年版，第 90—91 页。
〔2〕 参见吴鹏飞：《儿童权利一般理论研究》，中国政法大学出版社 2013 年版，第 90 页。

益儿童的数量从 700 万猛增到 1200 万。[1]

（二）儿童教育立法

1975 年国会通过了《残疾儿童教育法》（The Education for All Handicapped Children Act）。该法规定残疾儿童有权接受适合其需要的免费公共教育，规定他们在任何适当时间有权进入普通人的教室。1986 年该法又将适用对象扩大到婴幼儿。1997 年通过《残疾儿童个性化教育法》（The Individuals with Disabilities Education Act），该法要求儿童个性化教育计划必须确保任何残疾儿童都能够得到"适当的免费公共教育"。

（三）少年司法、儿童虐待与家庭暴力立法

1974 年通过了《少年司法及预防犯罪法案》（Juvenile Justice and Delinquency Prevention Act），该法主要从保障少年身心健康出发，促使各州减少对少年不必要的拘禁，由政府采取行动减少和预防少年犯罪。

1974 年颁布了《儿童虐待预防与处遇法案》（Child Abuse Prevention and Treatment Act），强制规定必须汇报儿童虐待案件，鼓励或提供经费给相关研究，且规定提供对于儿童虐待与忽视案件的辨识、预防及处理等方面的训练。1991 年通过的《印第安儿童保护与家庭暴力防治法案》（Indian Child Protection and Family Violence Act）则进一步拓展了对美国原住民儿童所提供的服务范围。该法案规定有关当局必须汇报在美国原住民保留区内的儿童虐待案件。[2]

2000 年所通过的《儿童虐待预防与实施法案》（Child Abuse Prevention and Enforcement Act）试图去减少儿童遭受虐待及忽视的案件。该法案授权联邦政府提供经费给各州，并由各州将此经费运用于预防儿童虐待与忽视的计划，以及运用于改善各州的犯罪司法系统，以使司法系统

---

〔1〕　参见吴鹏飞：《儿童权利一般理论研究》，中国政法大学出版社 2013 年版，第 95 页。
〔2〕　参见 ［美］Cynthia Crosson-Tower：《儿童福利——从实务观点出发》，苏秀枝等译，学富文化事业有限公司 2014 年版，第 15 页。

能够制作更为精准的犯罪历史记录，以供各种儿童福利机构使用。[1]

2003 年布什政府运用《禁止剥削儿童行为的检察补救及其他工具法案》（Prosecutorial Remedies and Other Tools to End the Exploitation of the Children Today Act）继续努力同儿童性虐待作斗争。该法赋予检察人员更大的权力及呼吁对犯罪者处以更严厉的课刑。由于儿童遭到诱拐、儿童色情图片以及侵犯者透过网络来接近和伤害儿童的情况日益严重，人们逐渐关注儿童被剥削利用的问题，正是在这样的背景下，2006 年美国通过了《亚当·沃许儿童保护与安全法案》（Adam Walsh Child Protection and Safety Act）。该法建立了一个全国性的数据库来追踪针对儿童的性犯罪。

2010 年总统奥巴马签署了《公法 111—320》（Public Law 111-230），这是针对联邦《儿童虐待预防与处遇法案》为期 5 年的重新批准。此次重新批准也推进了以下事项的改变："身为父母者对于胎儿酒精谱系障碍所应负起的责任、当父母亲有性虐待倾向时所采行的永续规划方式、儿童福利机构所必须进行的个案追踪、以及针对无家可归的儿童的一些考量事项。"[2]

（四）儿童收养、抚养、寄养立法

1980 年的《收养补助及儿童福利法案》（Adoption Assistance and Child Welfare Act）要求各州做出合理努力，以防止儿童被带离他们的家庭，并尽快返回家庭，以及为每个被收养的儿童建立个性化照顾计划。1986 年的《自主生活创新法案》（Independent Living Innovation Act），为被收养照顾的青少年准备在社区独立生活时提供基金补助。1988 年的《家庭抚养法案》（Family Fostering Act）要求州政府拒绝给游手好闲者资助。1992 年的《州际家庭统一抚养法》（Interstate Uniform Family Fostering Act）意图通过要求州按照儿童家庭所在州的法院命令来实施儿童抚养费。

---

〔1〕 参见［美］Cynthia Crosson-Tower：《儿童福利——从实务观点出发》，苏秀枝等译，学富文化事业有限公司 2014 年版，第 16 页。

〔2〕 ［美］Cynthia Crosson-Tower：《儿童福利——从实务观点出发》，苏秀枝等译，学富文化事业有限公司 2014 年版，第 17 页。

1997 年通过了《收养法案备忘录》，规定在 2002 年之前，尽量为家外安置的儿童找到永久的家或安排永久性收养。1997 年的《收养与家庭安全法案》（Adoption and Safe Families Act）使得收养儿童变得更容易，强调永久家庭的价值，以及社区养育照护是一种临时安置措施，而非适宜儿童成长的场所。1999 年通过的《寄养照顾独立法案》（Foster Care Independence Act）试图去改善那些因为年龄较大而必须离开寄养照顾系统的儿童所得到的服务。2000 年所通过的《国际间收养法案》（Intercountry Adoption Act），其目标则在于改善收养服务。

2008 年通过了《成功寄养联系与增进收养法案》（Fostering Connections to Success and Increasing Adoptions Act），修正了《社会保障法》第四条的 B 部分和 E 部分的内容，其目的在于进一步支持那些担任照顾者角色的亲属、改善在寄养照顾中的儿童的情形，并且加强进行收养的诱因。这项法案也同时包括了部落儿童的福利，以提供更好的寄养照顾服务与收养机会。[1]

（五）儿童信息立法

美国国会于 1990 年通过了《儿童电视法案》（The Children Television Act），授权联邦通讯委员会宽松的权力，要求电视台把时间专门用于教育和增进知识的节目上。1996 年颁布的《电信法》（Telecommunications Act），则要求广播公司、电报公司、电影公司为基于暴力程度及两性内容的电视节目，实施自动分级制度。

1998 年的《儿童在线保护法》（Child Online Protection Act）对约束儿童获取网络色情作出明确规定。2000 年实施的《儿童在线隐私保护法》（The Child Online Privacy Protection Act）禁止商业网站收集 13 岁以下儿童的个人信息。

（六）特殊儿童立法

1975 年颁布了《残疾儿童教育法案》，要求各州为残障儿童提供支持

---

〔1〕　参见［美］Cynthia Crosson-Tower：《儿童福利——从实务观点出发》，苏秀枝等译，学富文化事业有限公司 2014 年版，第 17 页。

性教育、社会服务、个别教育计划、回归主流。作为 1975 年《社会保障法》修正案之一部分的美国《公法》（Public Law）第 94—142 条，确保了所有身心障碍儿童均能接受教育。

1978 年的《印第安儿童福利法案》（Indian Child Welfare Act），或许被认为是今日美国强调家庭维系重要性的先驱。该法案试图去保护部落的权利，并阻止美国原住民儿童经常被强迫离开保留区且被安置在白人家庭中的做法，因为此种做法违反了这些儿童与生俱来的权利，而且也破坏了他们的亲属关系网。[1]

1989 年颁布的《婴幼儿特殊教育法案》（Special Education for Infants and Toddlers Act）使得发展迟缓的婴幼儿能够得到相关的服务。1990 年的《发展障碍协助与权利法案》（Developmentally Disabled Assistance and Bill of Rights Act）则要求那些发展迟缓的个人，包括儿童在内，均能在最不受限制的情形下获得相关服务。1990 年的《农家法案》（Farm Act），则为农家贫苦儿童提供食物券。

（七）儿童家庭支持立法

1988 年的《家庭支持法案》（Family Supporting Act），为低收入家庭财务补助制定新措施，要求其须接受训练及就业。1993 年颁布的《家庭与医疗假法案》（The Family and Medical Leave Act），提供双亲家庭医疗假，如因分娩、养育幼儿或医疗照顾之所需，得有数周的短期休假（留职停薪），以帮助父母更好地平衡家庭与工作的关系。

1994 年通过的《家庭增强法案》，严格执行离婚后父亲对子女应给予赡养费以作为单亲母亲以及其子女的经济支持，并给予收养家庭减税优待。[2] 1997 年通过的《收养与家庭安全法案》（Adoption and Safe Families Act），旨在"改善儿童的安全、倡导收养以及其他的永续家庭、以及

---

〔1〕 参见［美］Cynthia Crosson-Tower：《儿童福利——从实务观点出发》，苏秀枝等译，学富文化事业有限公司 2014 年版，第 14 页。

〔2〕 参见郭静晃：《儿童福利》，杨智文化事业股份有限公司 2009 年版，第 108 页。

为家庭提供必要的支援"[1]。

2001 年颁布的《促进家庭安全与稳定法案》（Promoting Safe and Stable Family Act）所针对的对象是父母被监禁的儿童的需求，同时也改善了那些因为年龄较大而无法再接受寄养照顾的青少年所得到的相关服务。2003 年通过的《儿童与家庭安全维护法案》（Keeping Children and Family Safe Act），旨在修正以及重新批准《儿童虐待预防与处遇法案》，并处理了收养服务以及家庭暴力的问题。[2] 2006 年的《儿童及家庭服务改进法案》，则提出要在五年内提增家庭的安全与稳定。

第五节　国外儿童福利立法的经验与启示

通过前文对国外四国儿童福利立法历史演进的探讨，可知这四国在儿童福利立法道路上探索已久，已建立起相对完备的儿童福利法律制度。这些国家在儿童福利立法方面所作出的努力与尝试，为中国儿童福利立法提供了丰富的、可资借鉴的经验。在借鉴他国经验的同时，还要结合本国的具体国情和制度，提出对中国儿童福利的立法启示。因此，本节分为经验和启示两部分，分别予以阐述。

一、国外儿童福利立法的经验

鉴于德国、日本、英国和美国在儿童福利立法方面的经验已较成熟，且取得了一定的成绩，以下将从八个方面对这些国家儿童福利立法的经验予以总结提炼。

（一）立法模式

前述四国根据自身的国情和儿童福利发展的历史，选择了适合本国儿童福利保障的立法模式。

---

[1] ［美］Cynthia Crosson-Tower：《儿童福利——从实务观点出发》，苏秀枝等译，学富文化事业有限公司 2014 年版，第 16 页。

[2] 参见［美］Cynthia Crosson-Tower：《儿童福利——从实务观点出发》，苏秀枝等译，学富文化事业有限公司 2014 年版，第 16 页。

在立法模式层面，以法律保障的范围为划分标准，英国可以被视作采取普惠式立法模式的典型。普惠式立法模式指的是一国儿童福利立法目标在于保障全体儿童的各项福利，惠及全体儿童生存与发展的需求。英国儿童福利立法的历史悠久，早期的救助式儿童福利立法模式在"二战"后逐渐过渡到普惠式儿童福利立法模式，儿童福利不再局限于特殊儿童群体，还扩大了儿童福利保障的项目，涉及儿童医疗保险、补贴、教育资助和社会服务等内容。[1]

以法律保障的范围为划分标准，日本在早期也采用了救助式立法，随着儿童福利保障的范围和对象不断扩大，日本的儿童福利立法模式也由救助式逐渐转向普惠式儿童福利立法。以福利主体责任为标准，日本采取的是社会参与式立法模式。日本的儿童福利立法强调家庭是儿童福利保障的基本单位，政府不直接提供相应的儿童福利服务，而是委托社会组织，并对这些社会组织进行指导、监督和管理。日本的儿童福利立法模式有效地将政府干预和市场效率结合起来，鼓励社会团体和组织参与到儿童福利保障中来。以立法形式体例为标准，日本采取了法律规定全面、立法难度较大的综合式立法模式，出台了专门的《儿童福利法》以及一系列辅助性法律，这些法律构成了较为健全的儿童福利法律体系。[2]

美国在儿童福利立法模式上的选择是救助式、社会参与式和分散式立法。美国对立法模式的选择取决于其国情、经济体制和自由主义的价值观念。政府能力有限，使得社会中私营部门有机会参与到儿童福利保障的事务中。关于儿童福利立法，美国没有专门的《儿童福利法》，但是存在大量的联邦法和州法，判例法也是儿童福利法的重要渊源。[3]

德国采取了分散式立法模式。德国虽然没有出台统一的《儿童福利法》，但儿童福利立法相对丰富、完善，涉及儿童保护立法、儿童家庭收入立法、儿童救助立法等方面，同时还有相当数量的儿童福利规范散见

---

〔1〕 参见吴鹏飞：《中国儿童福利立法模式研究》，《江西财经大学学报》2018 年第 1 期，第 126 页。

〔2〕 参见吴鹏飞：《中国儿童福利立法模式研究》，《江西财经大学学报》2018 年第 1 期，第 126—127 页。

〔3〕 参见吴鹏飞：《中国儿童福利立法模式研究》，《江西财经大学学报》2018 年第 1 期，第 126—128 页。

于其他法律中。由这些法律共同形成了德国儿童福利保障法律体系。[1]

（二）母亲与幼儿的服务与保健

上述四国的立法不仅涉及儿童福利的保障，同时还涉及对母亲的福利保障。对母亲的福利进行适度保障，在一定程度上可视作是对儿童福利另一种方式的保障。

英国的儿童福利立法还涉及对母亲与幼儿的服务与保健。英国立法规定为母亲和幼儿提供保健服务。保健服务涵盖的种类良多，包括产前和产后医疗照顾、牙齿检查和经常性检查。除了一些医疗活动之外，立法还规定健康访问员制度，为母亲和幼儿提供指导，产妇还可以得到家庭医生协助。还有《领养法案》《儿童法案》等法律对未婚母亲孩子的抚养问题做出具体规定。[2]

日本对母亲与幼儿福利保障的法律相对健全。日本出台了专门性法律——《母子保护法》，对母子福利进行保障。[3] 此外，另有涉及对母亲相关保护的其他法律，对产妇休假期作出明确规定，并为在生产期间的产妇提供薪资保障。[4]

德国将生育给付规定在保险范围之中，对符合条件的母亲以现金形式给付，为符合条件的母亲提供一定程度的经济保障。[5]

美国根据立法实施的"贫穷家庭临时补贴计划"旨在服务于家庭和儿童的公共支出，其主要的特点在于对资格群体的行为表现定位。即以单亲母亲的行为为依据，对妇女的养育技能提出了较高的要求。妇女必须遵守一定的养育标准，才可获得全额的生活补助。[6]

（三）儿童家庭照顾、寄养与儿童救助

立法在儿童家庭照顾、寄养与儿童救助方面着墨较多，四国都十分

〔1〕 参见吴鹏飞：《中国儿童福利立法模式研究》，《江西财经大学学报》2018 年第 1 期，第
    128 页。
〔2〕 参见周震欧主编：《儿童福利（修订版）》，巨流图书股份有限公司 2009 年版，第 59—60 页。
〔3〕 参见郭静晃：《儿童福利》，扬智文化事业股份有限公司 2009 年版，第 121 页。
〔4〕 参见张军：《日本的母子保健》，《中国妇幼保健》1991 年第 4 期，第 59 页。
〔5〕 参见郭静晃：《儿童福利》，扬智文化事业股份有限公司 2009 年版，第 135 页。
〔6〕 参见熊金才：《儿童救助与福利》，中国政法大学出版社 2014 年版，第 197—198 页。

关注儿童照顾与救助，通过立法为儿童的基本生活、成长和发展提供一定程度的保障，体现了对儿童基本福利保障的重视与关怀。

德国在相关立法中明确了父母在儿童成长过程中所扮演的角色和地位，立法规定照顾、养育子女是父母天然的权利和义务，只有在父母无法很好地履行义务或儿童有出于其他原因而堕落的可能时，儿童才会脱离家庭。德国在立法中不仅规定了父母在儿童成长过程中的义务，同时规定了国家和社会在儿童抚育过程中所应承担的责任。即在德国，父母、社会和国家这三个主体在儿童养育、照顾方面负有相应的责任和义务。此外，德国对残疾儿童的立法救助也相对完善，虽然没有专门的残疾儿童救助法，但是涉及残疾儿童生活照顾和福利保障的法律依据分布在与儿童、青少年和残疾人服务体系相关的法律法规之中。对残疾儿童的立法救助内容除了给予教育金、补贴等经济支援以外，还包括对残障儿童生活出行的规定，为出行不便的残疾儿童提供免费接送服务。德国还十分重视残疾儿童的教育问题，立法将残疾儿童教育纳入融合教育。经过多次立法，正式确立融合教育，同时给予家长更多的选择权。在完善残疾儿童特殊照顾方面，德国采取完善相关立法和儿童福利行政体制并行的方式。除了对残疾儿童进行特殊保障外，德国立法还规定普惠全体儿童的零用金制度和预防性的健康救助。由此可见，德国儿童福利立法不仅对特殊儿童进行福利保障，还普惠到了全体儿童。

美国在儿童寄养方面也制定了许多相关法律，法律对儿童寄养的服务主体以及儿童寄养方面的细节问题作出规定。法律要求联邦、州和地方政府在儿童寄养方面形成联动，共同为创造良好的儿童寄养环境做出努力。此外，法律还就儿童寄养方面的抚育责任、教育和费用等方面作出具体规定。在儿童援助领域，美国长期以来强调个人责任，因此在前期儿童经济援助领域中并没有见到联邦政府的身影。随着经济形势和社会观念的不断变化，联邦政府顺应群众、社会的呼声，开始介入儿童经济援助领域。在 21 世纪，美国儿童福利立法围绕个人与国家责任的分配进行了多次调整。儿童福利立法开始建立国家责任，此后的立法又重新强调个人责任。

英国是一个十分重视儿童基本人权的国家。其颁布的《济贫法》明确规定了政府在保护失依儿童的事务中所应负的责任，政府需为失依儿童准备充足的救济经费和粮食，以保证失依儿童健康成长。英国在立法中首开以政府为主体负责儿童救济行政的滥觞。除了重视失依儿童的照顾，英国以基本人权保障为核心的残疾儿童特别照顾法律体系也十分完善。相关立法中除了对残疾儿童经济援助的规定之外，还包括对残疾儿童的出行支持、建立多层次多维度的康复体系、保障残疾儿童受教育权等。英国儿童福利服务及给付项目繁杂，涉及的法案和条例甚多，最大的特点是以全体儿童为对象，除贫苦儿童家庭获得经济补助外，还有惠及所有儿童的家庭津贴制度。

日本为残疾儿童的特殊照顾保障提供了完善的法律依据。相关立法涉及教育、医疗康复、保健、就业等方面，立法涉及范围广，同时兼备高实效性。相关立法重视对残疾儿童经济领域的援助，同时为残疾儿童提供免费教育，根据需求设立多类型的残疾儿童教育机构。

（四）儿童伙食、教育与学校保健

上述四国对儿童福利的立法保障还涉及儿童伙食、教育和学校保健方面的内容，尤为注重教育方面的立法，重视儿童受教育权保障。

英国学校配餐制度始于 1906 年的《教育法》，此后还出台了《牛奶法案》《社会安全法案》。英国将儿童配餐制度通过立法形式正式确定下来。随着不同时期不同的法律规定，学校配餐所覆盖的范围也发生相应变化，后来又以现金代替配餐。此外，英国儿童福利立法还涉及儿童学校保健。英国在《国民保健服务法》（1945 年）中扩展了学校保健服务，并规定地方教育机构负有行政监督责任[1] 英国在儿童伙食、儿童保健方面的立法就具体施行问题进行规定，主要为提高儿童身体素质和儿童健康服务。此外，英国还十分重视儿童教育问题。英国教育立法较完善，通过出台教育法案在国内开始义务教育，经过数次新法制定，最终将义务教育以法律形式正式确立下来，改组公共教育制度，扩充教育机会[2]

---

〔1〕 参见周震欧主编：《儿童福利（修订版）》，巨流图书股份有限公司 2009 年版，第 62—63 页。
〔2〕 参见陈峥：《英国义务教育福利化的历史发展》，《湖南师范大学教育科学学报》2011 年第 3 期，第 36—38 页。

日本关于儿童伙食、教育和保健的法律拥有较长的发展历史。日本将学校配餐视作教育的重要一环，并将其纳入立法领域。随着国内经济状况、社会情况的变化，日本关于儿童伙食的立法也随之不断调整，学校配餐的内容、覆盖的范围都发生了相应的变化。[1] 日本不仅关注儿童学校配餐问题，还十分重视学校配餐的营养和质量问题，因此出台了许多相关法律予以规制。这些法律相辅相成，筑成一道固若金汤的法律城墙，旨在保障儿童伙食安全、儿童健康，为儿童成长保驾护航。[2] 日本立法除了对儿童伙食问题给予较完善和全面的规定，其儿童教育立法也值得关注。日本儿童教育立法非常完备，通过一系列法律对儿童受教育权作出规定，明确义务教育，并将盲、聋、哑特殊儿童的教育纳入义务教育体系。[3] 此外，这些立法不仅为特殊儿童提供补助，还明确规定国家为义务教育提供财政支持。[4]

德国对儿童教育也十分重视，出台了相关法律保障儿童的受教育权。法律对学前教育作出规定，涉及对机构、资金方面的规定。[5] 法律除了规定为儿童创造相对平等的教育条件之外，还存在要求降低家庭在儿童教育方面的支出和花费的具体规定，以减轻家庭的经济负担。[6]

美国对儿童教育也较为重视。美国出台相关立法，规定残疾儿童可以接受免费公共教育，保障残疾儿童的受教育权。之后，立法扩大适用对象的范围，将更多儿童涵盖其中。

（五）童工保护

美国关于童工保护的法律拥有较长的历史。美国的相关立法对涉及

---

〔1〕 参见邢悦、孙惠俊：《浅析日本中小学的配餐制度及其对中国的启示》，《亚太教育》2016年第23期，第96页。

〔2〕 参见付俊杰、翟凤英：《学生营养餐现状与发展趋势》，《国外医学（卫生学分册）》2005年第2期，第93页。

〔3〕 参见陈丽萍：《〈学校教育法〉：日本大学管理制度的法律基础》，《东南大学学报（哲学社会科学版）》2008年第3期，第123页。

〔4〕 参见尹琳：《从未成年人法律体系看日本的儿童权利保护》，《青少年犯罪问题》2005年第2期，第53页。

〔5〕 参见 Eberhard Eichenhofer：《德国社会法》，李玉君等译，台湾社会法与社会政策学会2019年版，第425—426页。

〔6〕 参见邓舒：《德国学前教育法规政策概述和启示》，《课程教育研究》2019年第46期，第3页。

童工的工作环境、薪资、工时等方面作出明确规定，以保证儿童健康成长。关于童工的法律经过不断完善，逐渐扩大了适用范围，随着时间、社会形势的变化，美国立法规定为童工提供职业训练，之后又规定儿童强制入学，以保证儿童能够更好地接受教育。

英国在童工保护领域的立法在工业革命时期尤为突出。《健康与道德法案》首开英国童工保护立法的先河，其中对儿童每日工作时间作出限制，并禁止童工在夜晚工作。之后，英国修改关于童工保护的法律，严厉禁止工厂雇用 9 岁以下童工，对被雇用的童工年龄作出限定。英国还出台了专门的《工厂法》，对被雇用童工的年龄要求、童工工作时间等具体方面作出详细规定，以保护童工的权益。

（六）防止儿童虐待

前述四国在防止儿童虐待方面的立法相对完善，通过健全的立法对儿童虐待的行为进行事前预防和严厉规制。在防止儿童虐待行为方面的立法中，这些国家立法的共同点在于重视对受虐儿童的安置和保护问题，同时关注受虐儿童的家庭与亲子关系再融合的状况，侧重受虐儿童的回归，旨在为受虐儿童营造良好的成长环境，保护儿童的身心健康。

美国在防止儿童虐待方面的立法成就瞩目，通过制定和出台法律法规，建立完善的法律体系，以国家强制力作强大后盾，防止儿童虐待行为。同时，法律法规为专司儿童保护的相关机构提供指导，以达到儿童保护的目的。美国防止儿童虐待、儿童保护方面的立法由两个层面组成：一是由联邦层面的国会制定防止儿童虐待与忽视的一般性法律；二是由州层面的议会制定适合本州儿童的保护性法律。州立法服从于联邦立法，以确保儿童保护立法精神层面的统一。美国儿童保护、防止儿童虐待的法律法规的内容丰富、全面，不仅规定儿童遭受虐待和忽视的各种情形，还就儿童受虐事件强制报告制度、提供家庭援助、受虐儿童收养与安置等方面作出详尽的规定。此外，美国还在立法中强调了受虐、被忽视儿童与家庭融合的重要性，力求为受虐和被忽视儿童营造良好的成长环境。美国在防止儿童虐待与忽视方面的立法较健全，法律法规涉及面广，重视受虐与被忽视儿童的保护、安置与成长问题，对受虐与被忽视儿童形成了较全面的法律保护。

日本为保护受虐儿童，出台了相关的法律。前期出台的法律重视保障产妇、婴儿以及特殊儿童的福利，积极防止儿童虐待行为发生。随着日本社会儿童虐待问题愈发严重，为了更好地保护儿童、禁止虐童行为，日本又出台新法对虐童行为进行规制。日本在防止儿童虐待立法中强调受虐儿童亲子关系再融合的重要性，重视受虐儿童在遭受虐待后的生活环境，规定在此基础上为受虐儿童提供援助和支持。

英国在防止儿童虐待立法方面也作出了许多尝试，除规定对受虐儿童提供必要的治疗和指导外，还十分重视建立父母与儿童之间的良好关系，致力于为儿童创造良好的生活环境。此外，英国还通过立法规定施虐父母必须接受惩罚，对施虐父母作出规制。

（七）少年司法保护

在针对少年司法保护方面的立法中，立法的共同点体现在司法中将未成年人区别于成年人，将未成年人视作是特殊的独立主体。根据其尚不具备完全成熟的心智、认识和辨认能力这一特点，在司法中给予适合未成年人的特别司法保护。

美国伊利诺伊州议会通过关于少年法院、犯罪儿童处置的相关立法，规定少年法院的设立方式与成员组成。在伊利诺伊州的影响下，少年法院得到了极大程度的推广。根据立法精神，少年法院在受案范围、审判模式、理念等方面有别于其他法院，其在一定程度上具备独立性。在立法的引领下，未成年人民事司法与专门性儿童福利机构逐渐分离。美国在涉及未成年人司法方面的立法凸显了未成年人在司法中的特殊主体地位，这使得对违法犯罪未成年人权益的保障更全面。

德国少年司法保护立法涉及实体法、程序法和组织法，教育主义色彩浓厚。少年司法保护立法对未成年人犯罪适用范围、刑罚、犯罪前科消灭制度、特别少年法庭与帮助机构的设置等方面作出具体规定。对涉及少年司法保护的众多方面作出详细而具体的规定，将少年视为独立的主体，推行适用相应的少年司法，有利于对少年的违法犯罪行为形成有效规制，有利于保障德国违法犯罪少年的基本人权。同时，德国少年司法中蕴含的教育优先原则，有助于感化违法犯罪的少年，对其进行正确的引导，重塑少年的观念。

（八）儿童福利机构、组织与设施

前述四国同时还拥有较为成熟的儿童福利机构、组织与设施，以更好地服务儿童福利保障事业。这些国家通过立法对儿童福利机构和儿童福利设施进行相应规定，规定大致涉及儿童福利机构、设施的种类、设立的目的等方面。

日本通过立法对儿童福利设施进行规定，将儿童福利设施直接规定于《儿童福利法》之中。立法规定了丰富的儿童设施种类，其中不仅包含适用于特殊儿童的儿童福利设施，还包括适用于全体儿童的福利设施。此外，日本的立法还对儿童福利机构的设置进行规定，规定机构的设置、义务和责任。日本儿童福利机构种类多样，以对儿童福利进行全面保障。[1]

英国通过立法对地方当局在儿童照护方面的责任和义务进行相关规定，还有涉及提供食物和寄养方面的内容。此外，立法还涉及对志愿组织这一主体的相关规定，为儿童提供较为全面的照护服务。[2]

二、国外儿童福利立法对中国的启示

德国、日本、英国和美国是世界范围内儿童福利制度发展较为健全、儿童福利立法相对完善的国家。正因如此，这四国在儿童福利立法的道路上留下了丰富而充足的经验。古言道，前车之鉴，后车之师。这些国家的儿童福利立法经验可为中国在健全儿童福利立法的道路上提供参考与借鉴。

（一）立法模式的选择

健全儿童福利立法，立法模式的选择显得尤为重要。纵览四国儿童福利的立法模式，根据儿童福利法在中国的定位，综合国情选择适合本国儿童福利立法模式，对完善儿童福利制度具有重大意义。目前，中国儿童福

---

〔1〕 参见熊金才：《儿童救助与福利》，中国政法大学出版社 2014 版，第 216—218 页。
〔2〕 参见熊金才：《儿童救助与福利》，中国政法大学出版社 2014 版，第 199—205 页。

利制度正处在由补缺型向普惠型过渡的阶段，相关的儿童福利政策、立法更多地倾向于保障特殊儿童群体的福利，往往忽略了对全体儿童一般性福利的保障。[1] 随着儿童福利服务观念和儿童权利主体理念的不断进步，以尊重每一位儿童权益、让每一位儿童都能平等地享有福利权为出发点[2]，健全儿童福利制度的最终目标，应实现为全体儿童提供福利保障，而非仅仅着眼于对特殊儿童群体的福利保障。因此，中国在儿童福利立法模式的选择方面，可以借鉴日本、英国采取普惠式立法模式的经验，注重保障全体儿童的福利，同时兼顾特殊儿童群体的特别福利保障。

（二）推动参与主体、责任主体多元联动

一直以来，中国儿童福利制度的参与主体主要以国家为代表，由国家及相应的职能部门对儿童福利进行保障，并未重视福利组织、社区、企业、其他社会组织和家庭在儿童福利保障中所能发挥的巨大作用，没能充分调动社会各方和家庭投入儿童福利保障事业的积极性。[3] 因此，这一点在中国儿童福利立法的进程中应得到特别关注。中国在立法中可借鉴国外的相关经验，积极推动儿童福利事业进程中参与主体和责任主体的多元化，让福利组织、社区、企业、其他社会组织和家庭都投入到儿童福利保障事业中。儿童福利保障事业是一项巨大的工程，要将儿童福利保障真正落到实处，推动国家、社会和家庭的三方协作，实现中央与地方的联动，以确保可以充分发挥各方的优势和积极性投入到儿童福利保障事业中。推进参与主体与责任主体的多元化，儿童福利立法可明确各参与主体对保障儿童福利负有不可推卸的责任，并对各方主体所应承担的责任和义务作出相应规定。同时，要注意参与主体之间的互联互通，国家层面的政府部门、社会层面的社会组织以及家庭三方之间的配合与协作，包括相关信息交流、共享等方面，充分发挥各方的优势以保障儿童福利的实现。

---

〔1〕 参见邓元媛：《日本儿童福利法律制度及其对我国的启示》，《青年探索》2012年第3期，第83页。
〔2〕 参见杜爽、王文棣：《日本的儿童福利政策及其对我国的启示》，《青年探索》2015年第5期，第61页。
〔3〕 参见杜爽、王文棣：《日本的儿童福利政策及其对我国的启示》，《青年探索》2015年第5期，第60—61页。

（三）儿童福利立法涵盖的内容

参考德国、日本、英国和美国在儿童福利立法内容方面的经验，我们可以看到，相关的儿童福利立法所涵盖的范围较广，所涉及的领域较多，主要有教育、医疗保健、安全、生活保障等。因此，中国儿童福利在立法过程中可借鉴这些国家的丰富经验，在儿童福利立法的初级阶段先将儿童成长和发展过程中之必需纳入儿童福利立法的范围。在此基础上，随着立法进程的不断推进，再拓展其他保障性儿童福利。在儿童福利立法的初级阶段，立法所涵盖的内容主要包括四个部分，分别是生活保障、安全保障、医疗保健及儿童福利设施和教育。

1. 生活保障，旨在为全体儿童的生活提供基本性保障

儿童是国家未来的主人翁。必要的生活保障是儿童成长、发展过程中的基础。生活保障除了对全体儿童的基本生活提供经济上的支持和援助，还包括对困境儿童、特殊儿童提供家庭照顾，对需要的儿童进行救助。此外，在生活保障这部分立法内容中，较为重要的是对经费的规定和设置。儿童福利经费，在很大程度上决定了儿童福利是否能得到真正的落实。在儿童福利保障领域，如对儿童生活的经济救助、儿童伙食、儿童卫生保健等方面，没有充足的儿童福利经费的投入，很难使得儿童福利得到真正的实现与保障。结合推动参与主体和责任主体多元联动的启示，在儿童福利经费方面，也可充分发挥社会各方的积极性，调动社会各方主动参与到儿童福利保障事业中来。经费来源的部分除了国家的财政支出，还可考虑发动民间的力量，汇聚来自民间的个人、企业和社会组织的能量。古语有云：不积小流，无以成江海。个人的力量也许微薄，但聚集的力量是巨大的。民间有个体、企业和社会组织，其背后所蕴藏、积蓄的能量是惊人且不容小觑的。

2. 安全保障，旨在维护儿童成长与发展过程中的人身安全和身心健康

在安全保障方面，最主要的是防止儿童虐待、猥亵性侵儿童等危害儿童身心健康行为的发生。上述四国在防止虐待、侵害儿童方面制定了较为完善的法律体系，相关的法律法规较为详尽，其中涉及对受虐儿童的救助保护、完备的儿童受虐事件强制报告制度以及对受虐儿童的家庭

再融合的重视。法律不仅就儿童虐待事件发生后的处理作出细致规定，还针对儿童虐待、侵害事件的预防作出相应规定，积极防止此类事件的发生。在中国儿童福利立法中，可借鉴域外的有益经验，对防止虐待、侵害儿童的事件作出全面的规定，除了就事后的救助、安置、保护和心理疏导作出规定，事前预防机制的设立在防止虐待、侵害儿童事件中也是一个不可或缺的部分。此外，对儿童身心健康的立法保护还体现在儿童信息保护和禁止儿童色情的立法中。随着信息技术的不断发展，互联网的普及成为不可抗拒的潮流和趋势，大量未成年人进入互联网世界，这也使得网民年龄呈现低龄化的趋势。未成年人因其不具备完全认识和辨认自己行为的能力，无法对网络信息进行准确的辨别和筛选，导致其受到不良网络信息的摧残和腐蚀。中国在儿童福利立法的过程中，要重视儿童信息保护和禁止儿童色情方面的立法，此举不仅是对儿童信息、儿童网络环境安全进行的保护，而且也是对儿童身心健康的一种保护。因此，在中国儿童福利立法中，安全保障的部分要对这类儿童福利加以规范。

3. 儿童福利的医疗保健以及儿童福利设施

医疗卫生方面的福利保障对儿童身体素质的重要性不言而喻。上述四国在儿童医疗保健方面的立法相对完善，对儿童医疗保健作出许多具体的规定，这些法律法规在保障儿童医疗、卫生保健方面起到十分重要的作用。中国可借鉴这些国家在此方面的经验，综合自身国情，健全儿童卫生、医疗、保健方面的福利保障。要对儿童医疗、卫生、保健方面的福利进行全面的保障，就需要立法健全相应的儿童医疗卫生体系。借助完备的医疗卫生体系的良好运作，实施一系列针对儿童的检查和健康诊疗活动，同时为儿童提供保健服务。其中，立法还需关注儿童福利设施配备的问题。通过前文对域外国家儿童福利立法经验的分析，我们可看到，立法对儿童福利设施配备的规定也较具体，这不仅为儿童医疗卫生方面的福利保障提供了坚实的硬件基础，而且还为儿童成长、发展创造了良好的条件。尤其是日本，在《儿童福利法》第 7 条中直接规定了儿童福利设施的种类[1]，这些儿童福利设施中不仅有保障全体儿童福利

---

[1] 参见熊金才：《儿童救助与福利》，中国政法大学出版社 2014 年版，第 216 页。

的设施，还有专门面向特殊儿童的设施。结合儿童福利设施发展现状中存在的服务对象局限、基层福利设施匮乏、城乡儿童福利设施差异大等问题[1]，中国在儿童福利立法的过程中需予以重点关注。在立法中，除健全面向特殊儿童的福利设施外，全体儿童福利设施的完善也是必不可少的。面向特殊儿童、困境儿童的福利设施建设可考虑涵盖智力、情绪障碍儿童设施、残疾儿童设施、儿童服务支援中心等；针对全体儿童的福利设施以社区儿童福利设施为主，旨在满足儿童基础医疗保健、知识教育和娱乐活动的需求。

4. 围绕教育和学校展开，以与教育有关的方面为主要内容

习近平总书记曾说："教育是对中华民族伟大复兴具有决定性意义的事业。"儿童是祖国的花朵，是民族的希望。在儿童成长的过程中，文化、教育对儿童的性格和认知的养成起着潜移默化的影响和塑造作用。国家、社会和家庭应为保障儿童的受教育权创造良好的环境、营造良好的氛围。在以教育和学校为中心的立法中，除了要坚实普及义务教育的基础，缩小地区之间教育差距，实现教育均衡之外，还可结合现实情况，考虑将幼儿教育纳入义务教育的范围，以减轻家庭育儿的负担。此外，立法还应关注特殊儿童的教育问题。在这方面，可吸收借鉴国外的成熟经验，立法设立专门的残障儿童教育辅助机构，让残障儿童能根据自身需求接受适合自己的教育，机构的任务除传授理论知识外，还要注重对残障儿童实践能力的培养，以保证其成年后可以与社会实现对接，能够更好地适应社会。对进行教育、学习的主要场所——学校，立法也应予以适当的关注。近年来，中国民间的社会组织已在贫困山区的学校开始了"免费午餐"活动的尝试，但"免费午餐"的活动由于种种原因一直未能得到普及。参考国外学校配餐制度的成功经验，在中国儿童福利立法过程中是否也能考虑引入学校配餐制度，建立完善的儿童伙食供应链，为儿童提供免费、健康、营养的学校伙食，为儿童饮食健康方面的福利提供适当的保障。

---

[1] 参见王思源、王建龙、胡继元：《我国城乡儿童福利设施状况、问题与体系建议——基于"幼有所育"的儿童福利事业发展目标》，《社会福利（理论版）》2018 年第 10 期，第10—12 页。

第四章　中国儿童福利立法价值的取向

　　儿童是国家最宝贵的社会财富，也是人类社会延续的基本命脉。因此，保障儿童健康成长是实现"中国梦"的必然要求。联合国《儿童权利宣言》（1959 年）指出，"凡是以促进儿童身心健康发展与正常生活为目的的各种努力、事业及制度等都称之为儿童福利。"[1] 儿童福利是保障儿童权益的基石。党的十八届四中全会提出："建设中国特色社会主义法治体系，必须坚持立法先行。"因此，以儿童为核心的儿童福利立法是全面推进依法治国，建设社会主义法治体系的必由之路。目前，中国法律、行政法规和部门规章对儿童福利问题均有涉及，但起主要作用的大都是部门规章，儿童福利规范体系过于"碎片化"，主要体现为儿童福利立法形式分散，散落在《未成年人保护法》《妇幼保健法》《校车安全管理条例》《社会救助暂行条例》等法律规范之间；内容分散，各项儿童福利都嵌入在普通公民的社会保障、最低生活保障等制度中，没有独立的儿童福利制度[2] 可见，中国在儿童福利立法方面还有所欠缺。法的价值是制定法的基石与灵魂，为法的制定提供指引。因此，要完善儿童福利立法，就必须先确定儿童福利的立法价值。于此，我们在探讨确定儿童福利立法价值必要性的基础上，进一步探讨儿童福利立法价值的主体指向以及儿童福利立法价值的具体内涵，以推动学界对此问题的研究。

---

〔1〕　转引自郭静晃：《儿童福利》，扬智文化股份有限公司 2009 年版，第 7 页。
〔2〕　参见吴鹏飞、余鹏峰：《我国儿童福利权保障法制化的实现路径》，《北京青年研究》2015 年第 2 期，第 99 页。

第一节　确定儿童福利立法价值的必要性

一、确定儿童福利立法价值是儿童福利立法的基石

就法的价值的内涵而言，"法的价值是以法与人的关系作为基础的，法对于人所具有的意义，是法对于人的需要的满足，是人关于法的绝对超越指向。"[1]换言之，先于法，随时指引着法，以法的最终追求目标而存在的，就是法的价值。同时，法的价值通过人们制定法律得到体现，也通过法律的实施来得以实现。因此，从法的价值的内涵来看，儿童福利立法价值应当先于、高于儿童福利法，引导儿童福利法，是儿童福利法的终极目标；儿童福利立法价值通过儿童福利法来体现，通过儿童福利法的实施来实现。

就法的价值的属性而言，其一，法的价值的属人性与社会性。法的价值体现人的需求，离开人也就无讨论价值之必要。此外，法的价值还具有社会性。法是人类社会发展到一定历史阶段的产物，法的价值不可能不考虑社会因素，脱离社会的法是无任何价值可言的。因此，儿童福利立法价值的属人性与社会性，将儿童和社会现状结合起来，能很好地指导儿童福利立法。其二，法的价值的客观性与主观性。法的价值表现为法律这一客观事物对于人的需求的满足，而人的基本需求以必要的社会物质条件为基础，这是其客观性的体现；在同一时期同一背景下，不同的人有不同的需求，这是其主观性的表现。同时，法的制定也体现了人的主观能动性。因此，确定儿童福利立法价值，考虑了儿童需求，发挥了人的主观能动性，这样才能正确指引儿童福利立法。其三，法的价值的应然性与实然性。法的价值一般都是应然意义上的存在，具有目标的意义，起到指导评价作用。但其也具有一定的实然性，在某种程度上应该具有转化为客观事实的必要性和可能性。所以，儿童福利立法价值同时具备前瞻性和科学性，为儿童福利立法提供指引。其四，法的价值

---

〔1〕　卓泽渊：《论法的价值》，《中国法学》2000年第6期，第24页。

的特殊性与普遍性。特殊性表现在法的不同价值之间存在明显区分，各有特点。普遍性表现在法的价值存在于一切有法的地方，不同时代的价值具有一定的共性，不同法律的价值也具有一定的共性。儿童福利立法价值在具有法的普遍价值的同时，也具有其特有的价值。可见，法的价值的属性决定了确定儿童福利立法价值是儿童福利立法的基石。

就法的价值的存在意义而言，法的价值是立法的思想先导，是立法的必需。首先，不注重或者曲解法的价值，不可能产生良法。法是治国之重器，良法是善治之前提。追求正价值的法，利于社会进步。其次，不同的法律有不同的价值追求，此法与彼法之间可能发生价值冲突。在确定法的价值时应该谨慎思考，为立法夯实基础。最后，在同一部法律中，可能会存在不同法条之间的价值冲突，同样需要重视，加以调和。因此，确定儿童福利立法价值，能够为儿童福利立法破解困境，降低立法难度。

综上，从法的价值的内涵、属性和意义三方面可以看出，确立儿童福利立法价值是儿童福利立法的基石。

二、确定儿童福利立法价值是实现儿童作为个体人的尊严之需求

就人格尊严的法律地位而言，《世界人权宣言》和我国的《宪法》均认为任何人的人格尊严都不受侵犯，人格尊严作为人的基本权利应当得到法律的保护。儿童同样拥有保障自身人格尊严不受侵犯的权利。人格尊严作为儿童之所以为人的权利，其地位是至高无上的，任何人不得以任何理由限制或者剥夺。对人格尊严的追求几乎渗透所有法律部门，成为所有法律部门共同追求的基本价值。从人格尊严的法律地位来看，确定儿童福利立法价值，重视儿童尊严，是实现儿童作为个体人的尊严的需求。

就人格尊严的表现方式而言，人格尊严的本质要求都离不开人格的独立、自由与平等。人格独立，每个人都具有独特的价值，以自己的方式展示自我价值，就是人的尊严的体现。虽然儿童在民法上不属于完全民事行为能力人，但其拥有民事权利能力，在一定范围内可按自我意思行事，这就是人的尊严的体现。人格自由，没有自由就没有尊严，自由

是尊严的表现方式之一。卢梭认为："放弃自己的自由，就是放弃了自己做人的资格，就是放弃人类的权利，甚至就是放弃自己的义务。"[1] 在不合法的范围内限制、剥夺儿童自由，就是对儿童作为个人尊严的践踏。人格平等，给予每个儿童以平等、公平的待遇是对儿童人格尊严的保护。"男女平等权利""在尊严及权利上均各平等""享受法律平等保护""人人在法律上一律平等"等一系列人们耳熟能详的字眼都是人格尊严的体现。总之，人格尊严通过人格的独立、自由和平等来体现。相反，英国法学家拉兹认为，"侮辱、奴役和操纵等三类干预行为会构成对个人尊严的侵犯"[2]。因此，确定儿童福利立法价值，将儿童人格独立、自由和平等都加以考虑，是实现儿童作为个体人的尊严的需要。

就人格尊严的实现路径而言，法律是人格尊严实现的重要途径。其一，人格尊严需要法律的确认。将人格尊严以法律的形式确认下来，是实现人格尊严的必然要求，只有这样才能更好地保障人格尊严，使人们认识到人格尊严作为人的基本权利而存在。其二，人格尊严实现需要法律规范人的行为。法律规定什么可为，什么不可为，减少、消除、避免、解决矛盾与冲突，保证每个人的自由发展，促进社会和谐。儿童福利立法价值，必然会使儿童人格尊严得以确认。因此，确定儿童福利立法价值，是实现儿童作为个体人的尊严的需要。

可见，从人格尊严的法律地位、表现方式和实现路径可以看出，确定儿童福利立法价值，是实现儿童作为个体人的尊严的需要。

三、确定儿童福利立法价值是促进儿童发展的需求

就儿童发展现实需求而言，儿童在不同的成长阶段会有不同的需求，只有需求得到满足，才能健康成长，成为国之栋梁，为社会做贡献。现实中各种问题的存在使得儿童的大多数需求得不到满足，故需要各类制度来满足儿童福利生活的需求，促进儿童发展。以不同时期儿童的健康

---

[1]　[法]卢梭：《论人类不平等的起源和基础》，李常山译，商务印书馆1962年版，第16页。

[2]　Joseph Raz, *The Authority of Law: Essay on Law and Morality*, Oxford University Prsee, 1979, p. 210-229.

为例,"胎儿期儿童的生存依赖母亲的健康;新生期儿童的健康受出生条件及环境的影响;婴儿期儿童的健康依赖于父母和医护人员的照顾;幼儿期儿童的健康特别是心理健康与家庭成员、学校老师以及同学的爱护与尊重有关"[1]。如果这些与儿童健康有关的因素得不到满足,如受父母遗弃、虐待等,将会出现不利于儿童发展的结果。此时就需要儿童福利体系的支撑以保障儿童发展,促使其健康成长。再如,"治愈 1 例白血病儿童,平均需要 3 年半至 5 年时间,花费 15 万至 40 万;肾功能衰竭的治疗费用更加高昂,仅透析费用每年就高达 6 万至 10 万,如果换肾则需要40 万到 50 万"[2]。巨额的医疗费用使普通家庭不堪重负,儿童的健康在现阶段的医疗政策下无法得到保障。只有抓住儿童发展的重点,了解儿童发展的需求,才能保证儿童健康成长。儿童作为家庭、社会和国家的成员,作为未来社会的中流砥柱,其发展需求应当得到重视。儿童福利立法必将以儿童为本,以儿童发展需求为落脚点。确定儿童福利立法价值为儿童福利法的制定指明方向,并最终促进儿童的发展。

就儿童发展需求理论而言,马斯洛需求层次理论对此作出了精辟的注解。马斯洛将人类需要分为生理需求、安全需求、社交需求、尊重需求和自我实现需求。其中生理需求是人类最基本的需求,包括衣、食、住、行等方面。这一层级是儿童发展的最基本要求。之后的三个层级是儿童在社会上良好发展所应满足的需求。最后一个层级是儿童在前几个需求得到满足的情况下,对自我实现的追求,是儿童最高理想、抱负的实现。从这一理论可以很明显地看出,儿童的发展轨迹,从生存的需要,到生活的需要,最后到理想追求的实现,整个过程环环相扣,要继续生存发展,就必须使每一阶段的需求得到满足。由此可以看出,儿童的幸福不仅取决于为他们提供的物质状况,随着年龄的增长,儿童的幸福感越来越受到自我认知的影响。想要达成自己的

---

[1] 易谨:《我国儿童福利立法的几个基本问题》,《中国青年政治学院学报》2014 年第 1 期,第 51 页。

[2] 马月丹等:《我国儿童医疗保障体系发展现状及对策》,《中国卫生经济》2007 年第 8 期,第 51 页。

目标，就必须更加懂得如何寻找资源、利用资源去为自己谋福利。[1] 这就是儿童福利所要达到的效果，在提供儿童所需资源的同时，重视对儿童能力的培养。因此，从理论上看，确定儿童福利立法价值能够指导立法，满足儿童需求。

可见，无论是从儿童的现实需求还是从儿童发展需求理论来看，确定儿童福利立法价值，给儿童福利以正确的指引，是促进儿童发展的必然要求。

四、确定儿童福利立法价值是对儿童权利的保护

国际上，关于人权保护的文件中，不乏将儿童作为独立主体进行强调保护的文件。如《世界人权宣言》（1948 年）有儿童权利保护的专门条款，将儿童作为权利主体，明确儿童的基本权利。《经济、社会与文化权利国际公约》（1966 年）在概括规定任何人都可享有的经济、社会、文化权利的同时，还专门规定了儿童权利的特殊保护，主要体现在儿童家庭保护、健康权和受教育权的赋予及保护等方面。此外，国际上也不乏专门保护儿童权利的文件。如《儿童权利宣言》（1959 年）明确儿童权利观念，认为儿童有权在各个方面得到特殊照料与保护，各国都应当承担保护儿童权利的义务。《儿童权利公约》（1989 年）规定儿童权利的保护原则、具体的权利内容以及公约的执行措施，要求成员国和有关国际机构采取相应的措施。因此，在国际社会中，儿童作为独立的个体，享有权利毋庸置疑。为顺应国际潮流，确定儿童福利立法价值时，必须以儿童权利为考量。

中国对于儿童福利权的保护，形成了"以《宪法》为基础，《未成年人保护法》《预防未成年人犯罪法》《义务教育法》三大法律为核心，其他相关法律、行政法规及规章为补充的法律保障体系"。[2] 中国《宪法》规定了儿童的受教育权、受抚养权、免受虐待权等权利类型。《妇女权益

---

〔1〕 参见贺颖清：《福利与权利——挪威儿童福利的法律保障》，中国人民公安大学出版社 2005 年版，第 12 页。

〔2〕 吴鹏飞：《我国儿童法律体系的现状、问题及其完善建议》，《政治与法律》2012 年第 7 期，第 137 页。

保障法》不涉及一般意义上的儿童权利保护，只以特殊主体为对象进行权益保护，本质上是女性权益保护法。《民法典》总则编中关于未成年人的监护问题、民事权利和义务的规定，都涉及儿童权利保护，婚姻家庭编中要求保护妇女、儿童和老人的合法权益。[1] 可见，虽然中国法律对保障儿童权利存在"碎片化"问题，但从中还是可以看到，中国非常重视对儿童权利的法律保护。"我国可以将儿童福利权体系划分为生存与发展权、健康与保健服务权、受教育权、适当生活水准权及残疾儿童特别照顾权五大权利体系。"[2] 因此，为了确保儿童福利权得到全方位的实现，就必须正确认识儿童福利的立法价值。

因此，无论从国际层面还是从国内层面来看，儿童享有福利权，均受到法律上的确认与保护。确定儿童福利立法价值，使儿童福利权体系化，是对儿童权利的确认与保护。

第二节　中国儿童福利立法价值的主体指向

一、以全体儿童为主体符合社会发展的要求

从儿童福利发展史来看，儿童福利立法价值以全体儿童为主体符合人类社会发展的历史潮流。儿童福利发展主要分为两个阶段。第一阶段是以救济为主。这一时期的儿童福利对象主要是针对孤儿、弃儿和部分贫困儿童，儿童福利内容主要是领养、寄养等救助，当时许多国家的社会福利都以儿童救济为内容。第二阶段以积极的儿童福利为主。进入 20 世纪，新的儿童福利观逐渐产生，人们生活水平日益提高，对儿童的教养便不仅仅是家庭的责任，更成为国家的责任，对儿童的关注不只是停留于救助困境儿童，而是促进所有儿童健康全面的发展。[3] 从部分儿童

---

〔1〕 参见吴海航：《儿童权利保障与儿童福利立法研究》，《中国青年研究》2014 年第 1 期，第 38 页。

〔2〕 吴鹏飞：《儿童福利权体系构成及内容初探——以宪法人权理论为视角》，《政治与法律》2015 年第 2 期，第 65 页。

〔3〕 参见王丽平：《中国社会福利与社会救助问题研究》，人民日报出版社 2014 年版，第 3 页。

的福利到一切儿童的福利，从被动救济到主动培育，是儿童福利的发展轨迹。故以全体儿童为主体的儿童福利法，符合社会发展的趋势。

从国内儿童福利政策变化来看，儿童福利立法价值以全体儿童为主体顺应社会发展趋势。自中国儿童福利元年（2010 年）以来，建立健全儿童福利制度成为国家级战略议题，政府制定出台了一系列儿童福利政策。2011 年国务院颁布《中国儿童发展纲要（2011—2020 年）》，增加"儿童福利"章节。2012 年《国家人权行动计划（2012—2015 年）》指出要"推进儿童福利立法进程，逐步扩大儿童福利惠及面"。2013 年第十二届全国人大期间，30 位代表呼吁尽快制定儿童福利法。中国儿童福利报告（2015 年）指出，"2014 年是我国儿童福利制度向普惠型整体推进的一年，儿童福利在普惠型制度体系建设上取得了重要进展"。从重视儿童福利，到扩大儿童福利惠及面，再到整体推进普惠型儿童福利制度，是中国儿童福利政策的发展轨迹。中国社会的不断发展，儿童福利政策的转变，要求儿童福利立法以全体儿童为主体。具言之，以中国儿童津贴的发展为例，2009 年民政部制定了全国统一的社会散居孤儿最低养育标准。2011 年吉林省的孤儿津贴覆盖了散居孤儿和集中供养孤儿。2012年儿童津贴的范围由孤儿扩展至艾滋病病毒感染儿童。发展至今，部分地区将儿童津贴发展至重残、重病等困境儿童。中国儿童津贴的覆盖面逐渐变大，相信会有越来越多的儿童受益。

可见，从儿童福利发展史以及中国儿童福利政策变化可以看出，儿童福利立法价值以全体儿童为主体符合社会发展的要求。

二、以全体儿童为主体有助于提高立法的前瞻性与科学性

一方面，以全体儿童为主体有助于提高立法的前瞻性。众所周知，法律不是万能的，具有一定的局限性。比如，法律具有滞后性，社会在不断前进，法律与社会生活必然会产生或多或少的脱节现象。如果法律为了弥补这一局限而朝令夕改，会失去权威性，让民众无所适从。因此，在立法和修法时应当有一定的前瞻性，为社会留出适当发展的空间，保持法律的稳定性、权威性。在确定儿童福利立法价值时应当以全体儿童为考量，提高立法的前瞻性。从西方国家的制度经验来看，欧美国家有

四种典型的儿童福利模式[1]：第一种是社会救助型，其价值基础是个人责任、社会互助互济以及国家的恩赐。儿童问题被认为是家庭私事。第二种是教养取向发展型，以所有儿童为服务对象，其价值基础是儿童社会化和儿童健康发展。儿童福利内容广泛，包括维持家庭功能的支持性服务、补充性服务以及替代性服务；儿童福利方式多种多样，如社区教育、社区康复等；儿童福利功能主要是特殊儿童收养、教育等以及正常儿童社会性功能的发展。[2] 第三种是社会保护型，其价值基础是人道主义、人的价值与尊严[3]。儿童作为弱势群体应得到特别保护，保护儿童是父母和国家的共同责任。第四种是社会参与整合型，以儿童为主体和核心，是儿童福利事业的理想模式。结合自身情况，中国儿童福利制度正由补缺型向普惠型迈进，根据欧美国家儿童福利模式的发展与转变，以全体儿童为主体，符合中国儿童福利制度的最终目标，有利于提高立法的前瞻性。

另一方面，以全体儿童为主体有助于提高立法的科学性。首先，科学立法是法律自身的要求。法律是一门科学，科学具有客观性，只有正确反映、遵循客观规律，才能实现法律的科学性。以全体儿童为主体，确定儿童福利的立法价值，追求科学性，反映客观的社会现实。其次，法律体现和尊重规律符合立法科学性。依照中国儿童福利的发展趋势，构建普惠型儿童福利势在必行，儿童福利立法价值以全体儿童为主体，体现和尊重了社会发展规律，彰显了立法的科学性。最后，科学立法是全面推进依法治国、建设法治中国的前提。党的十八届四中全会提出，"要推进科学立法、严格执法、公正司法、全民守法"。法治的前提是有法可治，有法可依是法治第一步，走好第一步至关重要。故只有树立科学的立法理念，从实际出发，反映社会需求，解决现实问题，合理设定权利与义务，保证立法的科学性，才能为全面推进依法治国打下坚实的基础。故以全体儿童为主体，顾全大局，深谋远虑，增进了儿童福利立

---

〔1〕 参见王丽平：《中国社会福利与社会救助问题研究》，人民日报出版社 2014 年版，第 16—18 页。

〔2〕 参见张凡：《儿童福利事业的定位与发展》，《中国民政》2001 年第 3 期，第 21 页。

〔3〕 参见周震欧：《儿童福利》，巨流图书公司 1991 年版，第 144 页。

法的科学性。

三、以全体儿童为主体顺应国际潮流

一方面，从世界各国儿童福利制度发展来看，以全体儿童为主体顺应国际潮流。在英国，1989 年通过的《儿童法案》明确儿童福利的内容及执行机构的权责，是英国儿童福利的重要法典。英国在为贫苦儿童家庭提供补助的同时，也推行普及式的儿童津贴制度，使儿童及其家庭的经济生活获得充分的保障。在美国，虽然一向缺乏明确的儿童福利政策，但其将儿童福利与营养、卫生、教育等措施结合，提供多样化的服务，以此来满足各类儿童的不同需求。[1] 在瑞典，政府推行"以国家支持为基础，母亲友好型"的儿童福利政策。[2] 当前瑞典采用普及式的儿童福利政策，将各年龄阶段的儿童包含在内，由政府承担儿童照顾和家庭支持的责任。瑞典公部门提供免费的公共教育，学前教育、托儿所、小学直至大学均免费。法国是一个人口增长缓慢的国家，为鼓励生育，十分重视儿童发展，对儿童福利尤为重视，其普及式的儿童津贴制度举世闻名。法国儿童津贴多达十余种，考虑了儿童与家庭各种不同情况的需要。俄罗斯制定了"俄罗斯儿童"专项计划，主要目的是帮助困难儿童和为全体儿童创造良好的社会环境，该计划与俄罗斯政治经济相适应，每年都会有具体的变化。1975 年印度正式启动"整体性儿童发展服务计划"，该计划逐年发展完善，截至 1996 年该计划覆盖面由印度偏远山区扩大到全国，成为普适型儿童福利政策。[3] 可见，以上国家均将全体儿童纳入儿童福利制度的调整范围。

日本的情况与其他国家略有不同。目前，日本儿童福利制度正由补缺型过渡到普惠型。"二战"后，日本儿童福利制度主要着眼于安置破碎家庭、战争孤儿，主要以扶贫、救贫为目的。随着日本经济的高速发展，国民生活水平不断提高，"救济型"儿童福利制度已经无法满足民众的需

---

〔1〕　参见林胜义：《儿童福利》，五南图书出版股份有限公司 2012 年版，第 215 页。
〔2〕　参见王丽平：《中国社会福利与社会救助问题研究》，人民日报出版社 2014 年版，第 19 页。
〔3〕　参见王丽平：《中国社会福利与社会救助问题研究》，人民日报出版社 2014 年版，第 21 页。

求。1997 年《儿童福利法》的修订，改变了儿童福利的目标。1998 年《有关社会福利基础结构变革》指出，儿童福利政策需要转型，应当面向一般家庭和全体儿童，为儿童创造良好的教育环境、社会环境，而不再是以"特殊儿童"为指向。学者们普遍认为，1997 年、1998 年是日本儿童福利制度发生结构性变化的转折点。[1]

综上，无论是从一开始选择普惠型儿童福利制度的国家，还是由补缺型向普惠型转变的国家，均选择保护全体儿童的权益。中国儿童福利制度也是由补缺型向普惠型过渡，确定儿童福利立法价值，以全体儿童为主体，顺应了国际潮流。

另一方面，国际政府组织为全体儿童发展作出了各种努力。第一，不同国际组织看待儿童的方式有所不同。一些组织关注儿童，认为儿童作为公民、社会参与者，享有自己的权利；另一些组织则关注成年人，将他们视作儿童的依靠，关注他们的就业、育儿等问题。第二，国际社会上的政策，虽然不一定都是一致的，但均涉及儿童生活的各个方面：生存环境、家庭社会关系、社会和反社会行为、身心健康、教育、就业和生活水平等。有一些国际政府组织甚至涉及儿童的更多方面。第三，国际社会政策分为普遍性和有针对性的两大类。在某些情况下，影响所有儿童的问题得到解决，但也特别注意到一些特殊问题，如无人陪伴的未成年移民的政治和公民参与权。第四，政府间组织经常为某一个特定的主题共同努力。例如，对教育的倡导和儿童千年发展目标。[2]

可见，国际组织所作出的各种努力会影响到国内的儿童福利。因此，国际政府组织关注全体儿童，以全体儿童为主体符合国际潮流。

四、以全体儿童为主体与儿童权利基本原则一致

第一，以全体儿童为主体，符合无歧视原则。儿童福利立法价值以全体儿童为主体与儿童权利基本原则一致。《世界人权宣言》（1948 年）

---

〔1〕 参见邓元援：《日本儿童福利法律制度及其对我国的启示》，《青年探索》2012 年第 3 期，第 81 页。

〔2〕 Nick Axford, *Exploring the Influence of International Governmental Organisations on Domestic Child Welfare Policy and Practice*, Adoption & Fostering, Vol. 37: 1, p. 62（2013）.

第 7 条规定，法律面前人人平等。儿童作为人，应当享有该宣言中的一切权利，享受无歧视待遇。儿童作为一个特殊群体，除了因为自身情况外，还可能因为父母等监护人而受到歧视。《儿童权利公约》根据儿童实际情况，制定了适合于儿童的无歧视条款，规定儿童不因其本人或父母等监护人的种族、肤色、性别等原因而受到任何差别待遇和歧视。从中我们可以看出，每一个儿童都应当享受同等的待遇。根据调查，美国国王县拥有 180 万人口，是华盛顿州最大的城市，有色儿童在儿童福利系统中的待遇比白人儿童要糟糕，这一情况反映了整个国家的趋势。[1] 此外，在美国儿童福利和少年司法系统中，成千上万的同性恋青少年通常是不受保护的，暴力、骚扰一直围绕着他们，饱受差别待遇和不适当的服务。故要求儿童福利专业人员必须做出合理的职业判断，考虑不同孩子的不同需求，为其量身定制合适的生存环境，以免遇到不利于其身心健康成长的风险。同时也必须考虑到青少年在学校或者街区所可能受到的差别待遇，并有所预防。如果儿童福利工作者在知道这些风险存在的情况下，还不顾危险，不为这些青少年提供保护措施，这些工作者必将承担责任。同性恋青少年不应当因为性别取向不同而被孤立。[2] 通常来看，一国内部儿童享受福利的差异主要有以下几个原因：不同地区经济发展不平衡导致资源分配不均，产生福利差异；儿童性别导致差别待遇，比如重男轻女，越是落后的国家，女童生活情况越是糟糕；种族差别使得很多移民、难民难以享受与本国公民相同的待遇；出身歧视，使得许多非婚生子与婚生子的待遇产生差别。[3] 就中国而言，《儿童权利公约》于 1992 年对中国生效，中国应当遵守该公约提出的无歧视原则。确定儿童福利立法价值时应以全体儿童为主体，不得歧视任何一个儿童。

第二，以全体儿童为主体，符合儿童最佳利益原则。关于儿童最佳利益的具体内涵和外延，目前尚无确切的定义，在适用时主要依赖于适

---

〔1〕 Patricia Clark, *Taking Action on Racial Disproportionality in the Child Welfare System*, Child Welfare, Vol. 87：2, p. 320（2008）.

〔2〕 Rudy Estrada, *The Legal Rights of LGBT Youth in State Custody：What Child Welfare and Juvenile Justice Professionals Need to Know*, Child Welfare, Vol. 85：3, p. 173-178（2006）.

〔3〕 参见贺颖清：《福利与权利——挪威儿童福利的法律保障》，中国人民公安大学出版社 2005 年版，第 27 页。

用它的法院、相关机构的解释。这使得该原则本身具有一定的灵活性，在适用时各个国家可以根据自身的文化、习俗以及宗教信仰等来调节。虽然不同国家对于"最佳利益"的解释各有不同，但通常发达国家可以为儿童提供较大利益的儿童福利政策保障。无论如何解释，国家儿童福利政策都必须以尊重儿童、保障儿童权益为基本要求，尽可能地实现更多的儿童福利，扩大儿童保护面，承认儿童权利。正如加拿大所做的那样，其社会工作最关心人权，首要专业义务是维护客户的最佳利益。在儿童和家庭社会工作出现利益冲突时，没有什么比保护儿童更重要[1]。在中国，《未成年人保护法》对儿童优先原则作出了明确规定，为中国落实儿童最佳利益原则奠定了基础。《中国儿童发展纲要（2011—2020）》将最佳利益原则作为保护儿童权利的基本原则加以确认。为了遵循这一原则，在确定儿童福利立法价值时，应以全体儿童为考量，使每一个儿童的权益得到最大限度的保护。

第三，以全体儿童为主体，符合儿童参与原则。联合国《儿童权利公约》第12条规定："缔约国应确保有主见能力的儿童有权对影响到其本人的一切事项自由发表自己的意见，对儿童的意见应按照其年龄和成熟程度给以适当的看待。"不能以儿童年幼等原因，剥夺儿童应当享有的权利，儿童拥有与生俱来的尊严与权利。如果儿童的意志不能被充分地反映出来，又没有人代表其反映，那么与其息息相关的儿童立法可能无法全面地反映儿童的权益。因此，在儿童福利立法过程中，要充分听取儿童的意见和建议，以确保立法能够体现儿童的利益。这样看来，儿童参与原则必然要求儿童福利立法价值应以全体儿童为主体指向。

第三节　中国儿童福利立法价值的基本内容

一、保障儿童的人性尊严是儿童福利立法的首要价值

儿童福利立法的首要价值就是保障儿童的人性尊严。从儿童福利基

---

[1] Kathleen Kufeldt, *A Grass Rroots Approach to Influencing Child Welfare Policy*, Child & Family Social Work, Vol. 10：3, p. 305（2005）.

本原则出发，保障儿童的人性尊严可以认为是对最佳利益原则的遵循。实现儿童最佳利益，保障儿童人性尊严是基础。对儿童的尊重可以具体表现为尊重儿童的生存与发展权，尊重儿童的观点和意见等。《儿童权利公约》要求各国最大限度地确保儿童的生存与发展权，虽然各国因为经济发展水平等因素对儿童权益的保护限度有所不同，但在最低限度上各国的保护程度还是一致的。尊重儿童的观点、意见可以使国家的各项儿童政策都更加贴近儿童最佳利益，也有利于儿童参与权的实现，符合儿童参与原则。

就中国而言，确立保障儿童人性尊严为儿童福利立法的首要价值，要求社会经济不断发展，为儿童的生存和发展提供经济基础，要求在立法过程中体现民主，尊重儿童的意愿。儿童福利包含很多方面，例如教育、医疗、住房等，在考虑这些问题的同时以儿童尊严为出发点，可以使中国儿童福利法最大限度地保障儿童权益，促进儿童健康发展。

从法与道德关系的角度来看，人性尊严的实现需要自尊和尊重他人，体现在具体的行为之中。道德是规范人们互相尊重的重要力量。道德通过相互督促与自律，使人性尊严得到实现。道德对于人性尊严的主要作用在于：道德作为一种内心的法，能够促进自身涵养；道德的意识，对于人性尊严的认识不只停留于思想层面，会通过道德行为表现出来；道德会对整个社会风气施加影响，从身边做起，重视儿童尊严，会在整个社会产生良性效果。道德与法律相互影响，相互促进。首先，法律是传播道德的有效手段。将保障儿童人性尊严作为儿童福利的立法价值，可以起到教育大众的作用，使家庭、社会注重儿童尊严。其次，道德是法律的评价标准和推动力量。尊重他人作为中华民族的传统美德，以保障儿童人性尊严作为儿童福利的立法价值，是人们能够理解、接受并加以推崇的。最后，道德和法律在一定情况下可相互转化。在中国，对儿童尊严的重视并未深入人心，儿童虐待事件屡见不鲜。虽然通过道德引导可以逐渐加深民众对儿童尊严的关注度，但以儿童尊严为儿童福利立法价值可以极大地提高民众对儿童尊严的重视。因此，保障儿童的人性尊严，是遵循儿童福利基本原则的要求，是道德与法律现实关系的考量，是儿童福利立法的首要价值。

二、满足儿童的基本生存需求是儿童福利立法的必要价值

满足儿童基本生存需求是儿童福利立法的必要价值。联合国《儿童权利公约》第 6 条规定，缔约国应最大限度地确保儿童的存活与发展。儿童拥有生存与发展权，其中生存权的核心就是最大限度地使儿童能在社会上生存下去，维持生命。只有满足儿童基本生活需求，儿童才能生存下去，才能平安健康长大。维护儿童的生存权，首先，需要为儿童提供较高标准的健康条件，健康是儿童成长的必备条件，国际上也对保障儿童最高标准的健康权及相应的实现措施作出了规定。其次，应该为儿童提供较高的生活水准。儿童存在的意义不只是活着，应该丰富儿童的生活。此外，消除儿童贫困状况对提高儿童生活水平也有很大影响。所以，为保障儿童生存权，满足儿童的基本生存需求是儿童福利立法的必要价值。

《儿童权利公约》第 27 条规定，每个儿童均有权享有足以促进其生理、心理、精神、道德和社会发展的生活水平。《世界人权宣言》和《经济、社会与文化权利国际公约》亦对适当生活水准权作了规定。儿童享有适当生活水准权，此项权利涵盖了儿童生活发展所需要的生活条件，主要包括适足食物权和适当住房权等内容。以食物权和住房权为例，儿童适足食物权主要包括四方面：一是儿童享有一般食物权。儿童不仅仅有免于饥饿的权利，还有免于营养不良的权利，这是儿童的最基本生存需求。二是儿童获得均衡的营养。儿童处于生长发育阶段，如果营养不良或营养过剩均不利于儿童健康成长，获得均衡营养是食物权应有之义。三是食品安全。唯有保障食品安全，才能保证儿童正常的营养摄入。四是满足可持续发展。一方面要保障儿童食物长期可获得与易获得，另一方面要满足当代及将来人们能获得适足、安全的食物。儿童适当住房权同样包含四方面：一是每个儿童均享有平等住房权；二是每个儿童均有获得数量充足、质量有保证的住房权利；三是每个儿童都有获得不断改进住房条件的权利；四是每个儿童均享有不被强迫迁离的权利。[1] 适当

---

[1] 参见吴鹏飞：《论儿童适当生活水准权的实现——以留守流浪儿童为切入点》，《当代法学》2015 年第 5 期，第 26 页。

生活水准权的内容丰富，但各项内容的落脚点都是满足儿童最基本的生活需求。因此，为保障儿童的适当生活水准权，满足儿童的基本生存需求是儿童福利立法的必要价值。

三、保证儿童的平等自由是儿童福利立法的基本价值

保证儿童的平等自由是儿童福利立法的基本价值。生命的价值在于每个人的生命都是平等的，每个人在合理合法的范围内都有为自己作决定的自由。人人都平等地享有各种权利，考虑弱者时应当倾斜保护。儿童作为弱势群体，对其平等权与自由权的实现应当更加重视。从法的基本价值出发，平等、自由是各部门法律的基本价值，这种价值落实到不同的法律规范有不同的表述。《民法典》总则编规定民事活动以自愿、公平为原则。《民法典》合同编规定合同当事人具有平等的法律地位以及合同自愿的原则。《民法典》婚姻家庭编明确婚姻自由、男女平等的婚姻政策。《消费者权益保护法》要求经营者与消费者之间自愿、平等、公平交易。《反垄断法》《反不正当竞争法》的目标就是维护市场经济秩序，保护市场公平竞争。可见，平等与自由是法的基本价值，保证儿童的平等自由作为儿童福利立法的基本价值理所当然。

从儿童平等的表现方式来看，平等可表现在两个方面：第一，每个儿童都是平等的，具有相同的地位，不会因为儿童或者其家人的种族、性别、信仰、社会地位等因素而有所差异。这符合儿童权利基本原则中的无歧视原则。儿童无高低贵贱、三六九等之分，任何一个儿童都应当平等享有一切他/她应该享有的权利。"凡是法律视为相同的人，都应当以法律所确定的方式来对待，而且禁止立法者在立法时进行不合理的分类，要求相同的人和相同的情形必须得到相同的或至少是相似的待遇，只要这些人和这些情形按照普遍的正义标准在事实上是相同的或相似的。"[1] 第二，平等保护。每个儿童都应当受到平等地保护，这不仅仅包括对所有儿童一视同仁地保护，还包括根据情况的不同对困境儿童的倾

---

〔1〕 ［美］博登海默：《法理学：法律哲学与法律方法》，邓正来译，中国政法大学出版社2004年版，第318页。

斜保护，只有这样，孤儿、残疾儿童以及流浪儿童才能得到重视，得到更好的保护，以实现实质意义上的平等。[1] 从儿童自由的表现方式来看，自由可表现为选择的自由与表达的自由。第一，选择的自由。儿童可以在自己的能力范围内为自己能力所及的民事法律行为。如接受他人的赠与。第二，表达的自由。有主见能力的儿童有权对和其有关的所有事务自由地发表自己的意见，不受不正当理由的约束，对于儿童的意见应视具体情况给以适当的对待。这也是儿童权利基本原则中参与原则的具体体现。儿童在平等自由的氛围中生活，才能更好地发展自我。因此，以平等自由为儿童福利立法的基本价值，符合儿童权利的基本原则，符合儿童健康发展的规律。

四、政府、家庭责任均衡是儿童福利立法的必然价值

政府、家庭责任均衡是儿童福利立法的必然价值。从儿童福利理论出发，可以对此加以阐释。第一，国家责任理论。该理论是所有儿童福利理论中最核心的理论，也是早期的理论。国家为管理公民的公共事务而存在，对儿童的生存发展承担责任。人类的社会属性使得人们过着群居生活，依靠社会生活。儿童不可能与社会分离，独自成长。有社会生活的地方就必须有政府相关部门的管理，约束社会生活，使整个社会有条不紊，欣欣向荣。政府管理与儿童生存发展有关的事务，为儿童营造一个温暖舒适的生活环境，是其职责所在。第二，家庭结构功能角色理论。该理论认为，在社会发展过程中，家庭是社会发展的最基本单元，其在社会发展中扮演着重要角色。儿童是家庭不可缺少的一部分，在家庭中，父母有责任为儿童提供一个良好的生活环境，有义务保障儿童健康成长。家庭是保障儿童权益的第一道屏障。保护儿童不仅仅是国家的责任，家庭参与也很重要。目前，美国公共儿童福利与国际接轨，将家庭参与作为保障儿童安全和永久性福祉的机制。[2] 第三，公民权利和儿

---

〔1〕 参见易谨：《儿童福利立法的理论基础》，《中国青年政治学院学报》2012 年第 6 期，第29 页。

〔2〕 Pennell Joan & Burford Gale, et al. , *Taking Child and Family Rights Seriously: Family Engagement and Its Evidence in Child Welfare*, Child Welfare, Vol. 90: 4, p. 9（2011）.

童权利理论。儿童作为公民，理应享有一切公民应当享有的权利。因此，儿童应当得到家庭和政府的关心、爱护和保护。

　　结合上述三个理论，家庭有义务保护儿童健康成长。具体而言，父母应当提供家庭收入，以满足子女衣、食、住、教育等各项需求；父母应当为子女提供爱、安全感、亲情以及子女情绪发展所需要的情绪支持；父母必须帮助子女社会化，使其能融入社会；父母必须管教、保护子女等。[1] 当家庭在养育子女上出现问题时，如父母角色缺位，没有父母来履行责任；父母能力不足，不能很好地照顾子女等，就到了政府发挥作用的时候了。政府、家庭责任均衡十分重要。如果政府承担责任远远超过合理范围，就会使家庭责任得不到凸显，社会资源被浪费；如果家庭承担的责任超出其能力范围，就会使儿童权益得不到充分的保障，社会资源分配不合理。从儿童福利理论来看，政府、家庭责任均衡是儿童福利立法的必然价值。

　　从儿童福利价值取向演变来看，同样可以得出这一结论。以美国儿童家庭寄养为例，美国儿童家庭寄养经历了四个不同的历史阶段，其价值取向也发生了演变，包括自由放任主义、国家干涉主义、尊重家庭与双亲权利及尊重儿童权利与自由。从家庭与政府的责任分担来看，自由放任主义，政府尽量减少参与，家庭对子女有充分的决定权；国家干涉主义，顾名思义，国家公权力介入保护儿童；尊重家庭与双亲权利，强调家庭的重要性，政府干预不如国家干涉主义积极，也没有自由放任主义消极；尊重儿童权利与自由，强调儿童权利，支持通过政策与法律来保护。[2] 这些变化体现了政府和家庭之间责任分配的调和以及儿童权利的发现。可见，政府、家庭责任均衡应当是儿童福利立法的必然价值。

五、促进儿童发展是儿童福利立法的终极价值

　　促进儿童发展是儿童福利立法的终极价值。一方面，社会要发展，

---

〔1〕 参见周震欧：《儿童福利》，巨流图书股份有限公司 1991 年版，第 15 页。
〔2〕 参见陆士桢、王玥：《从美国儿童家庭寄养简史看百年来儿童福利价值取向的演变》，《广东青年干部学院学报》2005 年第 1 期，第 6 页。

就必须保证社会成员的发展，使社会成员在达到温饱之时，继续追求物质文明和精神文明。儿童作为社会成员的重要组成部分，是社会发展的有力后备军。儿童自由而全面的发展，是社会进步的必然要求，促进儿童发展是儿童福利的内在要求。另一方面，发展权作为一项基本人权，儿童理所应当享有该项权利。儿童有权要求国家、社会为其发展提供一个安全、稳定的环境，有权要求法律保障自身发展权不受侵犯。

在尊重儿童发展权时，应当尤其注意儿童受教育权与参与权问题。在竞争日益激烈的今天，不以充足的文化武装自己，没有有效的知识将会严重影响到发展权的实现，也不可能适应这个优胜劣汰的社会。实现儿童受教育权，要注意机会均等。正如中国《教育法》《妇女权益保障法》的规定，儿童有平等接受教育的权利。使每一个儿童都有接受教育的机会，无关性别、出生、籍贯、身体状况等因素。对于困境儿童的受教育情况应当更加重视，提供倾斜保护。实现儿童受教育权，要注意义务教育的无偿性，减轻家庭负担，提高儿童接受教育的可能性。此外，参与权的实现需要保障儿童的言论自由，使其有得到广泛信息和资料的权利，尊重儿童的表达，重视儿童的观点和意见，一切与儿童利益有关的问题都应当适当地听取他们的意见。

法的价值是立法过程中必须考虑的问题，是为立法清晰道路、明确目标的指路明灯。确定儿童福利立法的价值，是完善儿童福利立法的基本要求。以全体儿童为价值取向，符合中国现阶段社会福利的发展要求，是推动适度普惠型儿童福利制度发展，保证国家繁荣昌盛长治久安的必然选择。每一个儿童都必须得到尊重，每一个儿童都平等地享有各种权利，每一个儿童的生存与发展都是值得政府与家庭重视的问题。儿童福利立法价值应当尽可能周全地顾及儿童权益，本文结合儿童发展的基本问题，得出儿童福利立法价值的基本内容。唯有以儿童为核心，以儿童权益为出发点，确定儿童福利立法价值内容，为儿童福利立法提供正确指引，才能完善中国儿童福利体系，呵护儿童健康成长，成为国之栋梁。

第五章　中国儿童福利立法模式的选择

"科学的模式设计是任何事物本质得以充分表现并发挥作用不可或缺的，法律要实现其调整社会关系的基本功能，能动有效地促进社会的发展，科学而良好的模式设计是非常重要的因素。"[1] 立法模式问题是儿童福利法由理论形态上升为规范形态并作用于儿童福利实践的关键。儿童福利立法模式的选择，关系到其科学体系的建立、整体功能的发挥以及法律价值的实现。目前，中国儿童福利立法还比较落后，与中国经济社会发展水平不相适应，其中极为突出的一个问题就是儿童福利立法模式缺少制度本土化气息，出现了儿童权益保护的困境。为此，我们试图探讨儿童福利立法模式的概念、特征及内容，分析影响立法模式选择的因素，并对中国儿童福利立法在目标模式与体例模式上的路径选择予以探索，以期推动人们对此问题的进一步探讨。

第一节　儿童福利立法模式的基本内涵

立法模式是立法理论研究中一个非常重要的问题。因此，在立法上采取何种模式，攸关一部法律的立法质量。下文我们将集中探讨儿童福利立法模式的含义，分析儿童福利立法模式的特征，并研讨儿童福利立法模式的具体内容。

一、儿童福利立法模式的概念及特征

（一）立法模式的概念

"模式"一词是现代社会的创造，它是人们对特定事物群的个性与共

---

[1]　单飞跃：《经济法理念与范畴的解析》，中国检察出版社2002年版，第269页。

性的认识程度逐步加深的产物。《现代汉语词典》将"模式"界定为"某种事物的标准形式或者使人可以照着做的标准样式"。[1] 任何学科都需要概念，法学作为调整人们行为的抽象规范也需要概念，否则整个法律大厦就无法构建。立法模式就是法学家从无数立法实践中概括出来并为人类社会共同使用的法律概念。许多学者在研究法律问题的时候都会选择从基本概念入手，我们研究儿童福利立法模式也是遵循这一惯常的思维路径。

关于"立法模式是什么"，学者可谓见仁见智。有学者认为立法模式是一个国家创制法律的惯常套路、基本体制和运作程序等要素所构成的有机整体。[2] 此处将它视为一种惯常套路突出了立法模式的形式特征，且还认为它是一种基本体制和运作程序，应当说这种动态意义上的理解过于夸大了立法模式的作用。还有学者认为它是立法机关在立法过程中，在某一价值观念的影响下，根据立法对象的客观需要，所追求或客观形成的法律文件的总体风格与特征，是法律规范的物质载体。[3] 此处学者将立法模式看作是法律规范的物质载体，笔者认为这种见解是有道理的，因为我们在文本上看到的条文仅仅是藉由一定载体而体现出来的东西。可以说，立法模式在不同学者看来可以是法律类型、法律制度与规则、创制法律的有机整体、法律文件的总体风格等，这些看法均或多或少突出了立法模式可供参照形式的本质。或许立法模式的概念难以达致完满，但至少可以做这样一种理解，即立法模式是隐藏在法律文件之间的规律，是前人立法所积累经验的抽象和升华，是一种认识论意义上的确定思维方式，突出立法之间在形式上的规律。

据此，在尽可能充分地揭示立法模式内容的基础上，可以将儿童福利立法模式理解为：它是隐藏于儿童福利法律文件之间的规律，是立法机关在儿童福利立法过程中在儿童福利价值观念影响下的立法活动，是根据儿童福利立法的客观需要在抽象和升华前人立法经验下追求或客观

---

〔1〕 中国社会科学院语言研究所词典编辑室编：《现代汉语词典》，商务印书馆 2002 年版，第84 页。
〔2〕 参见江国华：《立法：理想与变革》，山东人民出版社 2007 年版，第 245 页。
〔3〕 参见胡建淼主编：《行政强制》，法律出版社 2002 年版，第 98 页。

形成的儿童福利法律文件的风格。

（二）立法模式的特点

对于立法模式的属性，不同学者基于自己的认识有不同的理解。有的学者将其归纳为历史性、国情性、发展性、价值性等[1]；有的将其表述为主观性、形式性、可变性等[2]；还有的则将其归纳为历史性、发展性、工具性、价值性等[3]。结合立法模式的相关知识，对于其历史性、发展性、价值性属性应该可以肯定，其中可变性也强调了发展特点，而历史性与发展性其实是一个属性的两个方面；前者是静态意义上的，后者是动态意义上的，可以将二者合二为一进行表述。同时，在探讨立法模式问题时比较分析法不可或缺，这就需要对域外立法模式进行移植借鉴，而这个过程不是全盘接受的过程，应当结合本国国情来取舍，即国情性。此外，立法模式作为立法的形式表征，属于立法形式的范畴，在立法过程中为立法内容所决定，即形式性与工具性特征其实互为表里。至于主观性，应当说这涉及立法模式的外部影响因素分析，是立法者的主观选择对一国立法模式产生的影响，不宜作为立法模式的特征。因此，对于儿童福利立法模式的属性可以从历史性与发展性、国情性、工具性、价值性方面来理解。

首先，儿童福利立法模式具有历史性与发展性。儿童福利立法模式是历史范畴，是人类社会发展到一定阶段的产物，不同时期的立法模式有不同的特点。同时马克思主义唯物史观告诉我们，这种立法模式在立法主体、立法内容、社会经济发展、历史文化传统、风俗习惯等内外因素影响下会不断发展。其次，儿童福利立法模式具有国情性。结合儿童福利立法史来看，一国往往根据本国国情来制定儿童福利政策并指导儿童福利立法。再次，儿童福利立法模式具有工具性。基于"人是目的、不是手段"的哲学思考，一切制度安排都是围绕这个目的而运转；而立法的目的在于"通过对多重价值的交错组合，并按照轻重缓急排列价值

---

〔1〕　参见舒伟：《我国碳税立法模式研究》，西南政法大学 2014 年硕士学位论文，第 13 页。

〔2〕　参见章剑生：《行政程序法比较研究》，杭州大学出版社 1997 年版，第 56—57 页。

〔3〕　参见江国华：《立法：理想与变革》，山东人民出版社 2007 年版，第 245 页。

顺序的基础上，制定中立规则"[1]。因此，儿童福利立法模式就是基于儿童权利保护的一项工具性制度安排。最后，儿童福利立法模式具有价值性。儿童福利立法是立法者的价值序列的载体，不同立法模式下立法者所释放的价值认同往往也不一样。从此意义而言，立法模式的价值就在于相当程度上成为实现人们对于立法价值追求的基本途径。[2] 立法的价值性与立法模式的价值性密切相关。

二、儿童福利立法模式内容分析

关于立法模式内容划分问题，许多学者在探讨立法模式时都选择目标模式和体例模式或法体模式来探讨，如姜明安对我国行政程序立法模式从目标模式、法体模式角度展开，杨培景从目标模式角度提出了对我国反垄断立法构建的观点，戚建刚从目标模式、法体模式角度探讨我国危机处置法立法模式，常纪文从目标模式方面分析了我国突发环保事件应急立法的模式问题。吸收和借鉴前人的研究成果，通常能取得事半功倍之效果，因此，对儿童福利立法模式也可以借鉴前述学者的论证思路，从目标模式、体例模式两大方面予以阐述。

（一）目标模式

目标模式是以立法目标为参考对立法模式进行的考量，具体指为了追求立法的应然状态而确定的主要立法目标与调整规则，以及由此呈现出来的立法总体风格和类型。立法的目标模式决定着立法的指导思想、立法观念、立法调整对象，现代立法在一定程度上受到立法者的价值观念的制约；而儿童福利立法目标模式的明确，对于确定儿童福利立法的目的和任务大有裨益。进一步而言，从儿童福利立法中立法目的条款的设置来看，这些条款但不限于此往往就是儿童福利立法目标模式的规范化体现，而立法目的成为我们深入理解目标模式的媒

---

〔1〕 ［美］昂格尔：《现代社会中的法律》，吴玉章、周汉华译，中国政法大学出版社 1994 年版，第 5 页。

〔2〕 参见江国华：《立法：理想与变革》，山东人民出版社 2007 年版，第 249 页。

介。历史上的自然法学派、功利主义法学派、社会法学派以及分析实证主义法学派都承认立法目的的存在，并认为确认立法目的是保证法律目的实现的保障。

具体而言，儿童福利立法的目标模式内容包括以下几方面：首先，目标模式是儿童福利立法目的的外在化表现形式。立法活动是人类主观能动性的反映，有主观能动作用的地方就有人类有目的性、社会性的行为，当人类进行福利立法时无一例外具有目的指向。其次，目标模式确定后，该立法内生意义上的法律规范有了价值引导，儿童福利立法的具体制度设计初步完成。最后，儿童福利立法的价值取向具有多元、包容的特点，因此，儿童福利立法形成了一套普适的价值体系，所有价值在目标模式内形成了一个有机体。

（二）体例模式

法律是实施社会控制、处理社会事务的主要路径，"任何立法过程都应当从其社会关系本身出发，并结合具体的社会经济实践经验把立法之方法总结归纳到理论的高度予以辩证，以找出最佳的立法路径"[1]。所谓体例，指的是著作的编写格式或者文章行文的结构形式。体例模式又称为法体模式，即法律规范的载体，是一国立法法律制度的表现形式和结构安排。儿童福利立法体例模式则体现为它能够影响到法律规范的社会效果和法律体系的框架。儿童福利立法，是将调整儿童福利法律关系的有关权利义务、权力职责以及其实现程序提炼成具有普遍适用性的规则并通过国家强制力保证实施的一个过程。因而在寻求最佳的立法模式时应结合本国国情并找到适宜模式生长的本土条件，同时对儿童福利立法的编纂体例、技术以及内容等方面进行路径选择，实现适用效果的最优化。

具体在儿童福利立法体例方面，可以将它概括为综合统一立法模式，单行法律法规模式，分散式儿童福利法模式（即儿童福利保障规范散落在其他儿童法律法规之中）。当然，影响儿童福利立法体例模式选择的因

---

〔1〕 蒋悟真：《社会救助立法的机遇、模式与难点》，《社会科学战线》2015 年第 7 期，第233 页。

素很多，比如经济发展程度、政策因素、立法传统等。在具体选择儿童福利立法体例模式时，我们应该综合考虑这些因素。

第二节　儿童福利立法模式选择的影响因素

一、经济发展

人们普遍认为，工业化和现代化催生了现代社会福利制度。因为在人类社会进入工业化和社会化之前，家庭、社区、教会、慈善团体是其困难成员照顾和特殊帮助的提供者；当国家和政府取而代之成为儿童福利政策的规划者时，现代社会福利才有了制度化土壤。"市场"和"国家"在某种意义上是儿童社会福利的两只手，从相信市场到国家干预的福利制度，从全面福利的危机到福利多元化，这两只手历来都出现在儿童福利成长之路上。经济形势也不仅仅成为儿童福利制度产生与发展的催化剂，更是儿童福利制度作用发挥的试金石。结合世界儿童福利发展史，有学者将西方国家形成的儿童福利理论概括为社会救助型、福利国家型、发展型儿童福利、社会参与型四种。参考这种模式划分法，下文将对儿童福利范式变迁过程中经济条件的影响力问题展开探讨。

（一）剩余型儿童福利

考察英国圈地运动的历史不难发现，早在 11 世纪就存在圈地运动，到 13 世纪圈地运动已遍布全国；到都铎王朝统治时期，圈地运动成为一个普遍的社会运动。16 世纪末 17 世纪初，圈地运动仍继续进行，许多农民被迫离开自己的家园，他们有的成为流民到处流浪，有的成为低工资的雇用贫民。在这种宏观历史背景下，英国社会需要急剧变革，英国的济贫法制度孕育而生。最终，1601 年英国已知最早的儿童照顾法律旧《济贫法》颁布实施。据此，人们为那些无家可归、受到严重虐待或忽视，或是父母属于贫困之人的儿童提供各式各样的照顾服务。这种针对穷人提供的慈善性质的物质援助是专为儿童等社会弱者服务的剩余型社会福利。可以说，资产阶级工业化起步、发展过程中带来的儿童领域的社会问题推动了这一时期儿童福利的产生；此时的儿童福利政策往往也在特定经济环境改变之后渐渐丧失了制度价值。

（二）制度型儿童福利

随着产业革命在西方主要国家的完成，新兴工业部门以及机器大生产的出现，产业工人队伍的膨胀不仅使劳工问题日益尖锐、工人运动高涨，也使得童工、低龄学徒带来的儿童福利保障问题亟待解决。德国先后于 1883 年、1884 年、1889 年颁布疾病、工伤、儿童等多个领域保险法之后，许多西方国家相继效仿德国建立社会保险制度，社会福利走上制度化发展道路。而在资本主义世界经济危机、尤其是 20 世纪二三十年代的"大萧条"影响下，美国社会救济和公共福利遭到重创，社会大众迫切要求联邦政府采取行动承担社会福利职责。伴随着工业化和自由市场经济的发展，西方国家逐步建立起了社会福利制度之后，政府取代了传统社会中以家庭、教会、社区、慈善组织等为主要渠道的社会保护机制而成为向社会成员提供社会福利的主体。由此可以看出，资本主义世界的经济动荡、市场失灵迫使政府以更加积极的姿态消除外部影响、提供福利公共物品、承担百姓家长的政府职责、更频繁地出台福利制度等，经济条件再次成为儿童福利制度发展的推动因素。

（三）福利多元化与发展型儿童福利

当西方国家过多承担社会福利责任之后，20 世纪 70 年代石油危机导致的世界经济发展缓慢引发了过度发展的社会福利下政府的财政危机。过度福利使人们的劳动积极性降低，整个社会经济效率下降，企业产品成本上升，最终影响社会经济的发展。自此之后，人们开始探讨福利危机的解决路径，其中主流的看法为福利多元化，即福利产品由国家、家庭、慈善机构、市场竞争主体等多方共同承担，越多越好。在肯定福利多元化的同时，儿童权利主体地位意识的加强，产生了以儿童的全面发展为内涵的新型社会福利思想。最终，到 20 世纪 90 年代中期后西方国家实施了一系列被称为发展型的儿童教育、服务的新福利政策。

二、福利政策条件

伴随着立法时代的来临，各国法学研究逐渐突破概念法学的桎梏，接受了将政治、政策与法律进行统合的研究方法。因此，儿童福利法律制度的设计要求法律人运用基本的法政策思维应对现代国家复杂多样的公共性课题，儿童福利立法模式的选择应当将法政策与儿童福利立法相结合。儿童福利政策旨在谋求儿童幸福促进所有儿童的身心健康发展，这种促进作用的存在成为儿童福利立法模式选择的重要考量因素。以下将结合世界几个儿童福利制度较为成熟的国家的实际情况来考察儿童福利政策。

（一）美国儿童福利政策变革

如果将 1909 年白宫儿童会议视为美国儿童福利政策之肇端，迄今已有近 110 年历史。此次白宫儿童会议取得了两项重要成果，即国家儿童局的设立以及针对孤儿等困境儿童的津贴制度的确立，它们是美国儿童福利的组织和制度保障。

在美国儿童福利政策的发展过程中，1909 年到 1935 年是其形成期。1935 年美国颁布《社会保障法》，该法案将起源于欧洲的社会保险制度、传统的公共救助制度以及新兴的公共健康和福利服务制度结合在一起，命名为“社会保障制度”，这是社会保障这一概念在世界上首次被提出[1]《社会保障法》确立了美国社会福利体系的基础，其中的每个部分都与儿童有或多或少的关联。同年，美国实施了面向孤儿、单亲家庭或失能父母家庭儿童的“家庭援助计划”，由联邦政府和州政府共同向儿童支付津贴[2] 1935 年到 1975 年美国儿童福利进入发展时期，在此期间，美国先后通过了一系列儿童福利计划，其中 1974 年国会通过的《儿童虐待预防与处遇法案》尤其具有代表性。在 20 世纪 70 年代中期美国儿童福利事业进入鼎盛时期，步入了改革阶段，从之前侧重保护弱势儿

---

〔1〕 Zastrow, *Introduction to Social Welfare*, Wadsworth Publishing Company, 1990, p. 53.

〔2〕 Janet M. Currie, *Choosing among Alternative Programs for Poor Children*, The Future of Children, Vol. 7: 2, p. 219 (1997).

童的残补性政策逐渐转向保护家庭的预防性政策。

从社会福利思想的转变到社会对儿童价值与权利的逐步认可，美国儿童福利事业由微弱的福利现象发展成为以儿童福利最大化为基本理念的服务体系。美国儿童福利政策为儿童福利制度发展和完善提供了一个架构性导向，宏观上影响着儿童这一特定人群。然而儿童福利政策的执行需要有相应的法规作为后盾，于是美国联邦政府十分重视通过立法来确保儿童福利政策的顺利实施。总体来看，美国儿童福利制度的完善与其历史中确立的一系列儿童福利政策有着千丝万缕的关系，美国儿童福利立法中模式的选择也和儿童福利政策交相呼应、相得益彰。

（二）瑞典儿童福利政策发展与取向

以瑞典、芬兰、挪威、丹麦等国家为代表的北欧国家通常被视为高度发达的福利国家，且形成了一种公认的福利国家模式——斯堪的纳维亚模式。以瑞典为例，其儿童福利政策的发展与沿革及其蕴含的价值取向就极具代表性，通过对瑞典儿童福利政策的考察，北欧国家儿童福利政策也就可见一斑。

瑞典儿童福利制度发展与瑞典社会福利保障建设同步进行，经历了一个长期的演进过程，并随着社会整体福利发展而发展。1947 年瑞典内阁就推行积极的儿童福利政策并开始实施儿童津贴，之后颁布了带薪亲职假法案。1960 年瑞典《儿童及少年福利法》对受虐儿童及犯罪少年的强制性保护作了规定，1961 年又颁布了规范学前儿童与学龄儿童托育服务的《儿童照顾法》等。

在儿童福利政策取向上，瑞典政府强调儿童照顾，培育优质国民是国家责任，提供普惠型儿童福利政策；在决策方式上，瑞典采取混合经济与民生决策方式，一方面致力于提高就业率，以促进经济发展，另一方面以保障民生为理念，认为照顾人民生活是国家的使命，提高国民的生活水准是国家的责任；在政策实施上，瑞典儿童福利政策采取国家干预的方式，基本上由政府承担儿童照顾及家庭支持的责任。[1] 瑞典的这

---

[1]　参见何玲：《瑞典儿童福利模式及发展趋势研议》，《中国青年研究》2009 年第 2 期，第 7 页。

种政策取向表现出公共提供、平等普及、充分配合父母工作需要等特质。具言之，一是瑞典各级政府特别是地方政府承担儿童社会福利服务的职能，儿童社会福利保障资金和各类社会服务费用也由政府承担；二是儿童看护服务、各层次教育、社会支持和医疗保健服务也面向全体居民平等、低费用地提供，实现了儿童社会福利保障的平等普及；三是儿童福利政策设计了不同类型的亲职假以充分配合工作母亲照顾儿童家庭的需要。

（三）日本儿童福利政策发展沿革

明治时期之后，日本一改闭关锁国政策，大力引进西方国家先进的经济制度、文化制度、政治制度，步入了发达国家的发展行列。明治维新时期，儿童被认为是国家未来的主人、国力增强的储备力量，政府开始不断加大儿童教育投入，儿童保护救助的规则、设施和相关法律的雏形已然具备。1871 年到 1941 年，日本政府针对儿童福利和救助颁布实施了一系列措施，如为改善不良少年行为出台了《感化法》；为保护婴儿、孤儿、遗弃儿童等生活不正常的儿童颁布实施了《儿童保护法案》以及《儿童扶助法案》等。

第二次世界大战后，日本以流浪儿童、贫困儿童的紧急保护措施福利政策为出发点建立了新的儿童福利体系，至此真正意义上的日本儿童社会福利保障制度确立。为改善流浪儿童、贫困儿童救助工作，日本先后于 1945 年、1946 年制定了《战灾孤儿等保护对策要纲》和《有关实施流浪儿童及其他儿童保护等的紧急措施》。1947 年日本政府在厚生省设置了儿童科主管儿童福利事宜。1947 年日本正式颁布了第一部关于儿童福利的基本法《儿童福利法》。此后，日本又于 1951 年制定《儿童宪章》、1961 年实施《儿童抚养津贴法》、1970 年创立儿童津贴制度、1971 年公布儿童津贴法。1973 年日本政府制定了弹性的福利政策、家庭政策，制定了婴幼儿的医疗免费制度等最低的社会保障制度，这一年被称为日本福利元年。此后一直到 1996 年，日本的各项福利政策趋于完善，儿童福利从特殊儿童扩展到一般儿童。战后 50 年，日本开始面临经济增长速度减缓、社会人口结构老化和婴儿出生率低等诸多新问题；同时，日本国民对于社会福利的意识也发生了变化，人们不再对单纯的救贫、扶贫的儿童社会福利保障制度感到满足，而是对国家的社会福利表现出了多样化的需求，儿童福利因此从"补缺型"走向"普惠型"〔1〕总体而言，日本儿童福利经历了一个建立、发展、变化、改革的过程，以家庭为单位的政策引导使得日本的儿童福利模式始终体现了以家庭为中心的特点；调动社会力量参与的政策实践实现了社会福利服务多样化，缓解了政府儿童福利的财政压力。日本儿童福利政策要么成为儿童福利实施的政策引导，要么直接为法律所吸收成为具有一般规范力的法律规范，福利政策无疑成为儿童福利立法模式选择时应该考量的因素。

三、福利文化因素

考察儿童福利历史之后不难发现，儿童福利制度的建构无疑受到价值观念、宗教、风俗习惯等文化因素的影响。有学者在认识一国福利体制或福利模式时就选择从文化传统层面予以解剖，将文化传统对社会福利的长期影响和制约作用概括为人们对福利和社会救助的基本态度、对国家干预的基本判断以及有关幸福、需要等的价值观念〔2〕具有东方儒教福利文化色彩的国家（如中国、日本）和西方基督教福利文化下的国家（如美国、瑞典），在儿童福利模式的选择上往往呈现出不一样的倾向。

比如许多国家在宗教文化方面的差异，使得儿童福利制度带有鲜明的宗教文化印记。在基督教信仰人群中占比例最大的是新教加尔文教派，加尔文派崇尚慈善，把个人拯救与经济自立相结合，其倡导的"个人责任"和"工作道德"的伦理是其主导的福利文化观念。在此种价值观念主导下，美国社会在文化上倾向于多元化，宣扬个人自主的意识，将儿童福利问题看成是个人的问题而由市场来承担运作成为儿童福利模式选择的一大特色。而同样是基督教国家的瑞典，深受"不排斥政府对人民的福利责任，而且也不主张教会有超越国家的垄断权利"的路德教义观

---

〔1〕 参见王晓燕：《日本儿童福利政策的特色与发展变革》，《中国青年研究》2009 年第 2 期，第 12 页。

〔2〕 参见熊跃根：《国家力量、社会结构与文化传统——中国、日本和韩国福利范式的理论探索与比较分析》，《江苏社会科学》2007 年第 4 期，第 49 页。

影响，合作集体主义成为主导个人价值取向的福利文化，瑞典人意识中一直将政府作为举办福利的责任主体。

日本作为一个极具福利制度特色的发达国家，其福利政策虽继受于西方国家，但仍然具有浓厚的东方儒家传统色彩，具有以家庭功能的稳固充实、个人自立为指向的福利文化特征。[1] 在日本多元供给福利文化下，家族力量在儿童发展中的作用得到足够的重视，家庭自身、社区内的相互扶助被认为是福利保障的主导力量。在我国，在拥有二千多年历史的儒家传统思想影响下，人在家庭关系中的定位并不是西方福利制度中那种相对独立于家庭的个体，中国的家庭在很大程度上也扮演着西方由国家、教会或市场所发挥的角色。[2]

不过，虽然从历史上某一时期的比较来看，各国社会福利制度模式的选择都与该国特定的历史文化传统、价值取向、意识形态密切相关，但是从总的历史发展趋势来看，世界范围内对社会福利模式的选择的一致性、连续性与融合性都将是大势所趋。换言之，文化因素对儿童福利制度的影响力也会因为世界文化全球化趋势的加强而渐趋式微。

第三节　中国儿童福利立法的目标模式

儿童福利立法的目标模式是一国立法机关按照自己的目的对儿童福利法所设定的一种理想效果，是儿童福利法价值取向的法律化。"二战"之前，西方国家儿童福利制度的主导模式一直是补缺式。20 世纪以来，美国儿童福利制度形成了儿童是具有社会意义的完整生命个体的新观念，在此观念影响下，儿童福利政策由补缺取向向普惠取向演进。之后，到联合国于 1989 年通过《儿童权利公约》时，儿童保护最佳利益原则确立，儿童生理、心理、精神、道德、社会发展的生活水平全面保护理念也得到认可。因此，中国儿童福利立法的目标模式不仅应当完成"残补型"向"普惠型"的转变，而且还要朝儿童全面发展的目标努力。

---

〔1〕　参见王雪梅：《儿童福利论》，社会科学文献出版社 2014 年版，第 32 页。
〔2〕　参见罗红光：《"家庭福利"文化与中国福利制度建设》，《社会学研究》2013 年第 3 期，第 158 页。

一、普惠型目标取向

（一）我国普惠型儿童福利的构建之路

新中国儿童福利体系建立虽已 60 多年，但就制度特征而言，仍是狭义的儿童福利，即是一种由特定形态的机构向特殊的儿童群体提供特定服务，其服务对象主要指处于不幸境地的儿童，而其服务功能则相应地倾向于救助、矫治、扶助等恢复性功能的福利模式。[1] 经过"文化大革命"影响之后，1979—1989 年特殊儿童福利、儿童福利院进入复苏时期。20 世纪 90 年代之后，尤其是 1990 年我国正式签署《儿童权利公约》后，我国儿童福利事业快速发展，开始了"福利社会化"的改革与探索。从改革开放初期的 1979 年到 2010 年大约 30 年的时间，儿童福利转型主要体现为从封闭型转为开放型，从救济型转为福利型，从单纯的以养为主转为养治教与康复并重相结合；自 2010 年 11 月国务院办公厅发布《关于加强孤儿保障工作的意见》以后，国家从孤儿的教育、就业、养育、医疗、住房等方面对儿童福利进行新的制度安排，标志着我国现代儿童福利制度成型。[2]

然而，在取得长足进步的同时，仍不能掩盖中国儿童福利制度构建存在的种种弊端。改革开放近 40 年来引发的社会转型和社会变迁导致当前社会问题的性质和类型发生结构性变迁，特别是家庭问题的增多直接导致了贫困儿童、流动儿童、留守儿童、流浪儿童等涉及儿童福利问题的增多。而转型期中国儿童福利也呈现出较之以往不同的特点。一方面，儿童福利服务对象结构发生了变化。"三无"（无依无靠、无家可归、无生活来源）孤儿、弃婴、残疾儿童等越来越少，而困难家庭儿童、问题儿童等群体逐年增加。另一方面，儿童福利制度安排缺位现象出现。特殊困境儿童、困难家庭儿童、问题儿童群体膨胀，然而这个庞大的群体

---

〔1〕　参见周震欧主编：《儿童福利（修订版）》，巨流图书股份有限公司 2009 年版，第 15 页。
〔2〕　参见成海军、朱艳敏：《社会转型视阈下的普惠型儿童福利制度构建》，《学习与实践》2012 年第 8 期，第 86 页。

在基本生活、基本福利、就学、医疗、住房、就业、心理调适等方面的诸多权利却无法得到充分保障，只能依靠"社会捐赠"和"慈善公益"来解决，缺乏一个根本性的儿童福利制度安排。[1]

（二）中国普惠型目标模式的选择

2011 年国务院颁布的《中国儿童发展纲要（2011—2020）》中将"扩大儿童福利范围，推动儿童福利由补缺型向适度普惠型的转变"作为未来 10 年儿童发展的第一目标；近 40 年的改革开放和经济发展为合理平等的儿童福利体系的构建奠定了经济基础；贫富差距扩大、社会结构膨胀、利益格局失衡等社会问题加快了社会福利制度时代的到来。可见，中国普惠型儿童福利构建的基本条件已然具备。

在普惠型儿童福利具体路径的选择上，一方面应当明确普惠型儿童福利的目标。具体而言，首先，要建立与经济社会发展水平相一致、与改革开放和市场经济体制相协调的普惠型儿童福利制度；其次，儿童福利的内容应当囊括儿童生活、教育、医疗保健、司法保护、住房待遇、娱乐等涉及儿童生活的各个方面；最后，强调国家作为第一责任人的地位，加大政府对儿童及其家庭的扶持和保障力度。[2] 另一方面，应当对中国普惠型儿童福利的受益对象作层次分析。第一层次为孤儿，这是普惠型儿童福利制度的核心层次，应当通过专业的儿童福利机构实现对孤儿的照料和各种需求的满足；第二层次为特殊困境儿童（即残疾儿童、大病儿童、流浪儿童、受情绪困扰的儿童等），应为他们提供康复、医疗等方面的支持和帮助；第三层次是困难家庭儿童（如低保家庭儿童、留守儿童、流动儿童、单亲家庭儿童等），这些儿童伴随着社会转型而出现，亟须儿童福利的支持和帮助；第四层次是普通儿童，即正常儿童，这是儿童的绝大多数，从普惠型社会福利的角度看，儿童成长期应有的

---

〔1〕 参见成海军、朱艳敏：《社会转型视阈下的普惠型儿童福利制度构建》，《学习与实践》2012 年第 8 期，第 89 页。
〔2〕 参见成海军：《制度转型与体系嬗变：中国普惠型儿童福利制度的构建》，《新视野》2013 年第 2 期，第 80 页。

生活、教育、医疗、住房、司法等保障应该在儿童群体中得到基本体现。[1]

二、全面发展目标取向

"儿童福利的宗旨或目标在于促进儿童的幸福，保护儿童身心健康，更在于促进儿童的'自立'和'全面发展'。"[2] 透过世界儿童福利发展史不难看出，无论是欧美福利模式还是东亚福利模式都将保障公民有尊严的生活作为其福利目标，这种"有尊严的生活"意味着儿童物质和精神需求的满足，生活幸福感的提高，最终帮助儿童获得自食其力的能力。现代福利制度都对儿童主体地位予以确认并通过具体制度设计保障、实现儿童的全面发展，然而，儿童主体地位的实现却经历了漫长的过程。

从欧洲的历史来看，曾经的工业化变革和城镇化发展改变了人与人之间的关系。当工业化实现时，带来了伤残、失业、疾病等社会化问题；当工业革命推动产业结构剧变、劳动力需求膨胀的时候，儿童成为廉价劳动力需求的主要对象。这使得童工被当成劳动的工具，甚至沦为权利的客体与附庸。随后到第二次世界大战结束后，儿童才被当作人来看待，一系列保障和实现儿童权利的立法和福利措施得以建立。联合国发布了《世界人权宣言》《儿童权利公约》等重要文件，儿童作为权利个体的理念得以确立，这些公约也成为各国儿童全面发展目标追求的指导性国际标准。在美国，19 世纪前半叶，有两种关于儿童的观念并存，一是意识到社会环境对儿童发展和培养的重要性；二是儿童担负着将知识、技能和价值观世代相传的重任。[3] 儿童对未来社会发展的重要性显现，培养儿童也成为父母、学校的首要责任，学校教育被看作是一项必需的儿童福利措施得到全社会的支持。同时，在涉及儿童事务中要首先考虑儿童最佳利益，以达到儿童福利状态。结合儿童福利制度发展和建构的特点，

---

[1]　参见成海军、朱艳敏：《社会转型视阈下的普惠型儿童福利制度构建》，《学习与实践》2012 年第 8 期，第 91～92 页。

[2]　王雪梅：《儿童福利论》，社会科学文献出版社 2014 年版，第 42 页。

[3]　参见［美］玛格丽特·K. 罗森海姆等编：《少年司法的一个世纪》，高维俭译，商务印书馆 2008 年版，第 22 页。

儿童全面发展的目标可以从以下几方面入手。

（一）完善儿童福利立法

儿童福利制度建构的一个重要方面就是立法，儿童福利立法进入 20 世纪后获得前所未有的发展。作为最早关注儿童福利保障问题的国家，英国有关儿童保护的立法囊括儿童健康、教育、监护等方方面面。尤其是确立儿童至上保护原则的 1989 年《儿童法》，在立法上明确了儿童的生存权、发展权、参与权等权利。作为大陆法系国家的德国，在儿童福利成文立法方面较不成文法国家有过之而无不及，儿童福利规范更加齐全。"除了专门的儿童保护立法《少年劳动保护法》、《非婚生子女平等继承法》和《儿童宗教教育法》之外，儿童福利规范还分散于《德国基本法》、《民法典》和《社会法典》等法律之中。"[1] 这些法律规范对儿童法律地位作了原则性规定，对儿童全面发展发挥指导作用。发达国家儿童福利立法经验告诉我们，"法律是治国之重器，良法是善治之前提。必须坚持立法先行，发挥立法的引领和推动作用，抓住提高立法质量这个关键"[2]。儿童全面发展应作为一项原则在儿童福利立法中确立下来，这是中国儿童保护政策贯彻《儿童权利公约》基本精神、实现儿童最佳利益保护政策最高宗旨的内在要求。[3]

（二）实现儿童福利方式和类型的多样化

儿童全面发展目标实现要求儿童福利方式和类型的多样性。当前，无论是实行补缺型还是普惠型的福利模式国家，其儿童福利方式和渠道都越来越多样化。在法国，儿童福利保障采取了家庭住房津贴、新生儿津贴、幼儿托养津贴等津贴补助方式；法国还有一套健全的幼儿托养制度，尤其是对少数民族儿童、弃婴、贫困儿童实行免费照管；此外，法国还有对孕妇与新生儿的预防性资助、残障儿童的补助等补贴类型。在瑞典，除了儿童福利服务外，对父母和家庭的津贴服务也很多，如家庭

---

〔1〕 王雪梅：《儿童福利论》，社会科学文献出版社 2014 年版，第 28 页。
〔2〕 详见：《中共中央关于全面推进依法治国若干重大问题的决定》。
〔3〕 参见吴鹏飞：《儿童权利一般理论研究》，中国政法大学出版社 2013 年版，第 139 页。

津贴、父母享有的托育等家庭协助服务、带薪育婴假和各种亲职假等。在加拿大，因其地广人稀的人口国情，采取了各种鼓励人口增长、减轻家庭抚育负担的办法，其中津贴方面就有婴儿出生津贴、幼儿津贴、儿童托养费减免计划、伤残儿童津贴、家庭津贴等。在美国，为代替现金支付福利方式，越来越倾向于对儿童及其家庭福利性服务的提供。就中国而言，目前还没有建立儿童津贴制度，只有针对特殊儿童群体的一些现金、福利服务，这与欧美国家比较早建立起的完善的儿童津贴制度形成鲜明对照。因此，随着经济的快速发展，中国也应该根据实际情况先行建立起特殊儿童的津贴制度，然后再逐步覆盖全体儿童，实现儿童福利方式的多样化，促进儿童的全面发展。

（三）追求儿童福利制度的立体发展

现代儿童福利体系是指与儿童福利有关事物相互联系的系统构成的有特定功能的有机整体，它区别于制度意义上的儿童福利。儿童福利保障体系涉及政府、社会、社区及慈善人士等多元化主体；体系内容不仅涉及物质、精神、文化等方面，还涉及社区和专业化提供服务的价值系统及理念；在实施方式上，它具有儿童福利制度保障、社会工作介入、社会化服务、网络化支持等特点。[1] 从欧美儿童福利发展历史来看，其保障体系在相关立法、保障机制、儿童自身能力培养、民间参与等方面呈现出全方位、多层次发展的特点。在英国，20世纪后期儿童参与权开始被普遍接受，儿童成为福利保障体系的中心。其中，除发挥宏观管理作用的政府外，社区、学校和社会服务机构也参与到儿童福利服务工作之中，形成了涵盖社会救济、社会保障、基础教育、社会保险等内容的儿童福利体系。在美国，儿童福利具有支持性服务、补充性服务、替代性服务等多种服务类型，儿童福利体系向复合化方向发展。就中国目前情况来看，儿童福利存在保障对象范围狭窄、价值观念淡薄与错位、服务水平低、政府对儿童福利的管理混乱、儿童福利的社会化程度低等问

---

〔1〕　参见王雪梅：《儿童福利论》，社会科学文献出版社2014年版，第85—86页。

题。[1] 此种现状不利于儿童全面发展目标的实现，儿童福利思想的全新树立、儿童福利社会化程度的提高、政府儿童福利管理的强化等方面力度的加强十分必要。

第四节　中国儿童福利立法的体例模式

一、体例模式类型

儿童福利立法的体例模式是一国立法者对包含儿童福利法条文体系编排、适用范围和制度结构等在内的总体风格特征的设计和安排。具体的体例模式可以归纳为以下三种：一是综合统一立法模式，二是单行法律法规模式，三是分散式儿童福利法模式（即儿童福利保障规范散落在其他儿童法律法规之中）。第一种模式是制定所有福利内容均统一适用的法典，即将所有的儿童福利项目纳入一个法典予以规定，如瑞典儿童及少年福利法，日本儿童福利法，我国台湾地区儿童及少年福利法等。内容可包括总则（立法宗旨与根据、儿童的定义、儿童福利原则等）、儿童福利保障的措施（基本生活、基本教育、基本卫生医疗措施、基本福利服务等）、儿童福利保障的机构（儿童福利主管机关、各级机关职能、儿童福利机构等）、儿童福利实施过程中的个人或单位的法律责任等。在统一法典模式下，并不排除同时制定某些特别单行的儿童福利法律、法规，规定某类特殊儿童群体福利或特定福利类型的较具体的福利制度。第二种模式是不制定统一适用于所有福利内容的儿童福利法典，而分别就某类特殊儿童群体福利或特定福利类型事项制定单行儿童福利法律、法规，即将单个的儿童福利项目单独进行立法规制，如美国针对儿童保健、营养、教育等分别制定了《全国学校午餐法》（1946 年）、《儿童营养法》（1966 年）、《儿童保健法》（1967 年）、《残疾儿童教育法》（1975 年）等专项儿童福利法律法规。第三种模式是既没有儿童福利基本法也没有

---

[1]　参见杨超、郭林：《关于完善我国儿童福利体系的若干思考》，《科技经济市场》2007 年第 2 期，第 47 页。

个别单行法，仅在国家社会保障的法律法规中规定若干儿童福利内容。采取此种模式的国家实际上是没有对维护社会公平、公正的儿童福利制度予以重视，这种情况下儿童权利往往得不到切实有效的保护。

二、中国儿童福利立法体例模式之选择

（一）中国儿童福利立法现状

目前，中国没有专门的儿童福利法，儿童福利在法律层面的保障规范主要散落在专门性、非专门性儿童立法当中。其中法律层面，专门针对儿童权益保障、促进儿童发展的综合性立法有《义务教育法》《未成年人保护法》《预防未成年人犯罪法》等；涉及儿童收养与受教育方面的法律有《收养法》《教育法》等；涉及儿童医疗保健与食品健康方面的法律有《母婴保健法》《食品安全法》等，行政法规有《学校卫生工作条例》《母婴保健法实施办法》《社会救助暂行办法》《法律援助条例》等。另外还有一些国务院部委发布的涵盖儿童福利各方面内容的规章以及最高人民法院、最高人民检察院颁布的司法解释等。当前起主要作用的儿童福利规范主要还是民政部颁布的一些部门规章，儿童福利规范体系呈现鲜明的碎片化特点。一方面，中国儿童保护立法存在滞后性问题。一些非常严重的儿童保护问题已出现或者儿童受到严重伤害的案件发生之后，相应的法规政策才缓慢出台，政策出台之前儿童的权益并未得到及时有效的保护。[1] 另一方面，儿童福利在立法形式和立法内容上都未成体系，法律规范屈指可数、行政法规寥寥无几、部门规章多如牛毛，儿童福利的各项供给和服务提供嵌入在普通公民社会保险、最低生活保障、基本医疗保险等制度中，基本没有独立的儿童福利制度。[2] 结合上述立法概况来看，中国儿童立法基本上并未形成福利法典或者单行福利法模式，这使得儿童福利权保护处于非常尴尬的处境。

---

〔1〕　参见韩晶晶：《儿童福利制度比较研究》，法律出版社2012年版，第41页。
〔2〕　参见吴鹏飞：《中国儿童福利权研究》，中国政法大学出版社2015年版，第97—98页。

（二）国（境）外儿童福利立法体例模式概况

如前所述，中国儿童福利立法基本缺失，而反观世界福利发达国家和地区，儿童福利专门法已有悠久历史。1767 年 6 月 29 日英国议会通过了旨在更好地规范教区贫困孩童养育的"汉韦法令"，它促使社会关注那些孩子、正视教区和济贫院育婴存在的种种弊端，开儿童福利关注之先河。到 20 世纪上半叶，英国通过了《家庭补助法》和《儿童法》，儿童福利保障向单行福利法模式更进一步。

在日本，明治政府于 1900 年制定的《感化法》规定在地方设置感化院对 8—16 岁的未成年人实施更好的监护；后于 1933 年制定《少年救济法》《儿童虐待防止法》，儿童福利专门立法已初具规模；之后在 1947 年颁布了儿童福利法典，完成了单行福利立法模式向福利法典模式的转变，实现了儿童福利立法模式与理念的飞跃，大大加强了儿童权利的保护。瑞典 20 世纪 30 年代就有与儿童福利相关的女性员工怀孕或结婚应享有的照顾政策，1944 年创制"公立托育政策"，1947 年开始实施儿童津贴，1960 年制定《儿童及少年福利法》；此后又陆续颁布《儿童照顾法》（1961 年）、《学前教育法》（1975 年）、《社会服务法》（1982 年）等[1]可见，瑞典在儿童福利立法的体例模式上也呈现出法典模式的特点。虽然最早提出"儿童福利"概念的美国 1909 年开始关注儿童福利政策，只在 1935 年的《社会保障法》中规定了特殊的儿童福利制度；但随后分别在 1966 年、1967 年、1974 年通过了《儿童营养法》《儿童保健法》《儿童虐待预防与处遇法案》。虽然美国并未走向儿童福利立法的法典化模式，但一些单行儿童福利法律实际上已经很好地发挥了保障儿童福利的作用。

另外，澳大利亚 1975 年出台了《儿童和青少年法》，挪威 1992 年、1998 年分别颁布了《儿童福利法》《儿童津贴法》，我国台湾地区先后于 1973 年、1989 年制定了《儿童福利法》《少年福利法》，并于 2003 年将二者合并为《儿童及少年福利法》。通过前述国家或地区的儿童福利立法

---

[1] 参见吴海航：《儿童权利保障与儿童福利立法研究》，《中国青年研究》2014 年第 1 期，第 39 页。

模式可以看出，大多数儿童福利制度发达国家都选择了第一种立法模式，即使是没有制定儿童福利法典的国家都制定了一些单行福利法律，"《儿童福利法》已是当代法制化国家的主要立法项目之一，也是法制化国家在立法进程中必须予以关注的基本法之一"[1]。

（三）中国儿童福利立法体例模式之选择

中国儿童福利立法应选择何种模式？必须承认，前述三种立法模式各有优劣，中国体例模式的选择必须基于本国儿童福利制度实践与立法经验来取舍。"制定儿童福利法已成共识，进一步的问题是如何制定"[2]，应当说中国学术界对制定一部全国统一的儿童福利法典呼声很高。我们认为，中国之所以采取法典模式，主要基于以下几方面的考虑：

第一，单行立法模式存在局限性。"罗马不是一天建成的。"纵观当前制定有儿童福利法的国家，它们均不是伊始就有儿童福利法，相反，单行儿童福利法律、法规在这段空白期大放异彩，究其缘由有如下几点：首先，它们制定相对简单，与其等待统一法律出台而不制定任何法律，不如暂时避开那些困难、尚未遇到的未来问题，这样反而能趋利避害、及时开展儿童福利保护行动；其次，它们往往具有超强的针对性，能及时应对社会中已经出现并亟待解决的某类儿童福利问题；等等。但即便这样仍存在诸多不足，如这种体例模式虽然突出了国家对特定儿童群体、儿童福利类型的个性，却没有看到"普惠型"儿童福利目标下儿童福利的共性，导致儿童福利立法的重心失衡。应当认识到，以特定儿童群体、儿童福利类型来制定一部单行的儿童福利法律或法规，难以达到儿童全面发展的目标、背离了儿童最佳利益的原则。

第二，应以具有普遍性的原则规定和一般性的程序制度要求来进行儿童福利统一立法。一方面，统领各单一福利群体、福利类型及其福利方式的基本程序制度和主要原则，使国家对各类儿童福利都能符合儿童独立权利主体地位，以符合儿童保护的法治化要求。另外，亡羊补牢、

---

[1]　吴海航：《儿童权利保障与儿童福利立法研究》，《中国青年研究》2014 年第 1 期，第 39 页。
[2]　易谨：《我国儿童福利立法的几个基本问题》，《中国青年政治学院学报》2014 年第 1 期，第 51 页。

未雨绸缪，将各类单行法律不能涉及的福利内容及福利措施，以基本的程序和制度要求作全面的囊括，杜绝福利真空、弥补福利漏洞。此外，制定儿童福利法典还可以节约立法成本，防止福利立法权的过分滥用。在探讨中国儿童福利制度建设时，在明确制度构建目标、指导思想、立法理念之后，通过法典模式构筑儿童福利具体制度内容是当务之急。

在考察了儿童福利制度模式发展状况，探究了世界儿童福利先行国家福利制度模式及中国儿童福利制度发展与变革之后，有理由认为统一或固定不变的儿童福利制度模式是没有的。在国外，经由几个世纪的制度变迁，已形成了近乎完善的儿童福利理论，具备或者正在探索形成稳定的儿童福利制度框架以及儿童福利服务体系。相对于中国，儿童福利事业正处于挑战与机遇并存的新时期，覆盖城乡儿童的基本医疗卫生制度有待完善，儿童基本公共教育服务均等化亟待提高，适度普惠的儿童福利体系亟须完善和提高，保护儿童的法规体系和保护机制尚待完善。其中，儿童福利制度立法模式问题的解决与儿童基本医疗、基础教育、儿童服务体系等制度内容的完善体现出相辅相成、相得益彰的相互关系。党的十八届四中全会要求完善以宪法为核心的中国特色社会主义法律体系，儿童社会权的落实、公民权利法治化的实现对儿童福利领域立法的加强提出新要求，儿童福利法律体系的完善迫在眉睫，儿童福利立法模式选择问题成为这一系列问题解决不可回避的课题。

第六章　中国儿童福利立法难点的克服

儿童福利立法是立法主体依据法定职权和程序，运用一定技术，制定、认可、修改和废止有关儿童福利法规范的专门活动。质言之，这一过程实质是儿童福利社会规范的制定、认可和变动的过程。而作为新的立法，儿童福利立法必须要注重协调有关儿童法之间的纵向和横向关系，既要避免与外部法律的矛盾，又要保证内部结构一致。在纵向关系上，儿童福利立法面临着与民法、刑法、刑事诉讼法等非专门性儿童立法中有关儿童权利保护规范的调试与衔接，以确保儿童福利立法的空间。在横向关系上，儿童福利立法须厘定与《未成年人保护法》《预防未成年人犯罪法》等儿童综合性立法的异同，明确其在儿童法体系中的地位。除此之外，儿童福利立法更重要的是内容上的权责利的合理配置，关键是家庭、社会和国家在儿童福利领域的义务配比的确定。如果不厘清这些核心问题，单纯论证"儿童福利法"制定的必要性或具体条文的构建，那么这样的立法只能沦为对热点事件的简单回应，而无法实现儿童福利权保障的持续性和高效性。为此，本章择取其中重要且亟待解决的问题予以探讨分析。

第一节　中国儿童福利法的定位

世界儿童福利法的理论与实践显示，儿童福利法是儿童法律体系的重要组成部分。因此，要明确中国儿童福利法的定位，首先需要充分认识儿童法律体系。

一、儿童法律体系

儿童法律体系，在中国更多地被称为未成年人法律体系，在法理上是一个重要且独立的法律部类。以联合国制定和发布的《儿童权利公约》、

《少年司法最低限度标准规则》（即《北京规则》）、《预防少年犯罪准则》（《利雅得准则》）等一系列国际规范性文件为指导，各国基于国情与实践也都构建了本国的儿童法律体系。无论是英美法系国家（地区）还是大陆法系国家（地区），儿童立法也形成了一个系统而完善的法律体系，其专门性法典通常包括儿童福利、少年司法、义务教育、童工禁止、性侵防范等诸多领域。[1] 归纳而言，儿童法律体系主要由教育型、福利型和司法型法律构成。教育型的儿童法对应的是各国的义务教育法及其相关法律，旨在实现儿童的社会化，提高儿童认识和改变世界的能力；福利型的儿童法对应的是各国的儿童福利法及其相关法律，规定的是国家在儿童福利中的责任与义务；司法型的儿童法对应的是各国的预防和干预儿童罪错行为的相关法律，体现的是国家亲权对于儿童行为的干预。值得注意的是，有些国家还仿照《儿童权利公约》制定了本国统一的儿童权利保护法。这些儿童立法实践为我们思考儿童法律体系提供了多元视角与丰富素材。以此为出发点，我们大体可勾勒出儿童法律体系的轮廓：儿童法律体系是以规定儿童的重大、核心、基本问题（如儿童保护的原则、体系、结构）为统帅，以教育型、福利型和司法型儿童法律为核心，以童工禁止、性侵防范等多领域协调发展的法律体系。其中，儿童权利保护法可谓之儿童法律体系中的"小宪法"，儿童其他法律的制定、修改、废除均需以此为依据，不得与该法有冲突。换言之，儿童权利保护法是儿童法律体系的一般法，而其他儿童法律是儿童法律体系的特别法，前后两者是一般法与特别法的关系。教育型、福利型和司法型等法律可以看作是儿童法律在不同领域的具体体现，因而这些法律之间是相互独立又相互联系的关系。所谓相互独立，是指某一法律在儿童权利保障的具体领域发挥着独特的作用；而相互联系则是这些法律紧紧围绕儿童权利保障这一主题。

根据联合国《儿童权利公约》和中国特色社会主义法治理论，徐建教授认为儿童法律体系的标准至少有三：一是宪法的要求和赋权，即宪

---

〔1〕 参见姚建龙：《论〈预防未成年人犯罪法〉的修订》，《法学评论》2014年第5期，第118页。

法有没有赋予和认可儿童权利；二是涉及儿童权益的类别比较齐全，现实的社会问题都有法可依，即法律是否能够满足儿童发展需要；三是相关法律相互协调、衔接，是否形成统一的有机整体。[1] 以此标准来审视中国儿童立法，我们发现，目前儿童法只是一个相对独立的分支系统或分支系列而并没有形成体系。就第一标准而言，中国《宪法》不仅在其第二章明确概括规定包括儿童在内的公民基本权利，还在第 46 条、第 49 条给予了儿童权益的特殊保护，因此宪法的要求和赋权是基本满足的。但是，现有儿童法与后两个标准差距甚大，尤其是严重偏离第二个标准，以致第三个标准提及的相互协调、衔接无从谈起。目前，国际上公认儿童基本权益至少有：平等权、政治权利、精神与文化活动的自由、人身自由与人格尊严、社会经济权利、获得权利救济的权利等一般权利；身份权、家庭成长权、受抚养权、受监护权、福利权、刑责减免权、免受虐待与忽视权、工作权、参与权、游戏权等特殊权利。[2]《未成年人保护法》《预防未成年人犯罪法》《义务教育法》等法规范虽然规定了上述一些权利，但是整体而言权利规定还不甚详具，甚至存在诸多遗漏。更确切地说，儿童法律尚存诸多立法空白。[3] 对此，有学者提出构建"1 + 4 + X"的儿童法律体系："1"指以未成年人保护法作为儿童法律保护体系中的"小宪法"，"4"指构建家庭教育法、义务教育法、儿童福利法和少年司法法为儿童法律保护体系中的主干，"X"指其他相配套的法律。[4]

---

〔1〕 参见徐建：《伟大变革中的我国青少年犯罪与未成年人保护法》，《青少年犯罪问题》2016 年第 1 期，第 9—10 页。

〔2〕 参见吴鹏飞：《儿童权利一般理论研究》，中国政法大学出版社 2013 年版，第 45—58 页。

〔3〕 儿童法律的空白之处主要表现在以下几方面：第一，对于受虐待儿童、受忽视儿童、受遗弃及受违法行为侵害的儿童，现有立法未能建立起有效的预防干预机制；同时，缺少对危机家庭的干预、辅导及亲职教育的法律规定。第二，就贫困家庭儿童、单亲或失去双亲儿童、残疾儿童及流浪儿童等弱势儿童群体而言，尚未有给予社会救助的专门性立法。第三，儿童卫生、医疗保健等内容的法律法规缺乏系统性，且分散在不同位阶的法律规范中；同时，尚未有专门儿童福利法，缺少对儿童福利的宗旨、原则及儿童健康、教育、生存环境等基本生活条件的规定。第四，对于不良行为的儿童及涉嫌犯罪的儿童，缺少专门法律从实体与程序等方面对他们的权益加以保障。参见吴鹏飞：《我国儿童法律体系的现状、问题及其完善建议——以域外相关法律体系为借鉴》，《政治与法律》2012 年第 7 期，第 140 页。

〔4〕 参见田相夏、张少男：《未成年人保护立法现状与未来发展——未成年人法律体系的构建与完善研讨会观点述要》，《人民检察》2015 年第 19 期，第 40 页。

公允而论，这种儿童法律体系模式是较为适合中国儿童保护立法理论与实践的。首先，中国已经制定了未成年人保护法、预防未成年人犯罪法及义务教育法等法律，儿童福利立法正在酝酿之中，可见"1+4"主要框架雏形已现。因此，完善儿童法律体系重点是要进一步厘定主干法律的定位以及相互之间的协调与衔接，这样能够节约大量的立法资源和成本。其次，现有儿童保护立法遵循的就是综合与分散相结合的模式，采用"1+4+X"体系能更好地对接现有的立法，有利于儿童立法的体系化。最后，循此思路，除去儿童福利法、家庭教育法的制定，儿童法律体系的完善主要是在修改现有法律中得到实现。同时，根据社会发展的实际情况，还能增加相应的儿童法律制度，既确保儿童权利得到法律的全方位保障，亦能为未来儿童法律体系的发展提供广阔的空间。

二、儿童福利法与相关法律

明确了儿童福利法在儿童法律体系中的地位，第二个问题就是解决儿童福利法与《未成年人保护法》及《预防未成年人犯罪法》等儿童相关法律的协调与衔接。

（一）儿童福利法与未成年人保护法

毋庸置疑，中国的《未成年人保护法》是儿童的权利宣言，承载着确立与认可儿童具体权利和规定儿童权利保护的原则、主体、内容等基本问题的重任，相当于联合国儿童立法中的《儿童权利公约》。显而易见，《未成年人保护法》是儿童保护领域立法的一般法律，对儿童保护起着统帅作用。因而，作为尊重、保护和实现儿童福利权的儿童福利立法理应信守《未成年人保护法》的立法宗旨（即保护未成年人的身心健康、保障未成年人的合法权益、促进未成年人全面自由的发展）和立法原则（即儿童优先原则、儿童最大利益原则、儿童平等发展原则、儿童参与原则）。换言之，《儿童福利法》是《未成年人保护法》的下位法，二者的关系是特别法与一般法的关系。从权利谱系来看，虽然学界对于儿童权利的内容及其谱系尚未达成共识，但是儿童福利权是儿童权利谱系中的子权利是不争的事实。[1] 是故以确立、认可与保障儿童权利为核心的《未成年人保护法》是以儿童福利权为核心的《儿童福利法》的上位法。从法律体系来看，儿童权利保护法律是一个完整、系统的体系，涵盖了所有以儿童保护为核心要旨的专门性规范和一般性规范，概括而论，其包括但不限于健康、教育、福利、社会环境、法律保护等领域。[2] 因此，儿童福利法是儿童法律体系的重要且必不可少的组成部分。从调整对象来看，《未成年人保护法》调整的是儿童在家庭、学校、社会、司法等领域享有权利之保障的法律关系，规定的是这些领域儿童权利保障的一般性问题、基础性问题，处理的是成年人权利与未成年人权利的基本关系。而《儿童福利法》调整的是国家、社会、家庭对儿童福利权之尊重、促进、维护、实现的法律关系，规定的是儿童福利这一具体领域的问题，处理的是国家亲权、家庭自治权、儿童福利权保障之间的关系。从法律定位来看，《未成年人保护法》是儿童法律体系中的"基本法"，而《儿童福利法》是儿童法律体系中的"普通法"，其必须贯彻未成年人权利保护的基本原则和精神。换言之，儿童福利立法要遵循未成年人保护法的理念。

（二）儿童福利法与预防未成年人犯罪法

法律定位准确与否直接关系着某项法律的立法空间和制度适用范围。因此，要分析儿童福利法与预防未成年人犯罪法的关系，首先需要解决的是这两项立法的定位。就目前来看，儿童福利立法尚处于论证阶段，而预防未成年人犯罪法已经实施多年。前者属于未然范畴，不确定性高；

---

[1] 国内儿童权利研究的专家在他们的论著中都对儿童权利进行了多维解构，得出了对儿童权利谱系的不同认识。虽是如此，但儿童福利是儿童享有的权利，是大家达成的默契。具体可参见王雪梅：《儿童权利论：一个初步的比较研究》，社会科学文献出版社 2005 年版，第 114 页以下；吴鹏飞：《儿童权利一般理论研究》，中国政法大学出版社 2013 年版，第 44 页以下；张爱宁：《国际人权法专论》，法律出版社 2006 年版，第 36 页以下。

[2] 从国际上来看，《儿童权利公约》详细列举了儿童权利保护普遍商定的准则和义务，是儿童权利保护法律体系构建的指南；从国内来看，国务院不同时期发布的"三大儿童发展纲要"是我国儿童权利保护的指导性文件，对于儿童权利保护法律体系的完善具有重要的参考价值。前者提出了按照儿童生存权、受保护权、发展权、参与权四个大的方面全方位保障儿童，以此构建儿童法律体系；后者提出了儿童在健康、教育、福利、社会环境、法律保护等领域发展及其目标和策略。

而后者属于已然范畴，制度评价较为容易。所以，我们可以通过先了解后者的法律定位，采取反向思维的方式，以澄清二者之间的关系。

《预防未成年人犯罪法》从一开始列入立法规划就存在定位不明的问题，名字和调整对象前后被更改过三次。[1] 殊不知，作为体现联合国《预防少年犯罪准则》（《利亚得准则》）在国内实施的国内法，《预防未成年人犯罪法》恰恰忽视了《少年司法最低限度标准规则》（《北京规则》）与前者构成整体的少年司法规则体系。也就是说，《预防未成年人犯罪法》具有先天性不足，即定位于具有少年司法功能的法律，但又缺少对尚未构成犯罪的罪错未成年人进行干预的措施与程序。而一项少年司法综合政策必须包含这样一些核心内容，即预防少年犯罪、不诉诸司法审理的干预措施和在司法过程中采取的干预措施；少年司法的最低罪责年龄和最高年龄限制；保障公平审理；剥夺自由，包括预审拘留和审判后的监禁。[2] 少年司法政策若不制定一整套旨在预防少年犯罪的措施，那么对少年的保护就是极不完整的。因此，综合的少年司法政策既包括实体规则也包括程序规则，既包括关于预防少年犯罪的规则，也涉及少年刑事犯罪及其惩罚规则。前者除相关的刑事法规则之外，还涉及民事法规则、行政法规则、社会保障法规则等，中国的《未成年人保护法》《预防未成年人犯罪法》《治安管理处罚法》等法律法规中含有少年不良行为处置的规定；后者涉及《刑法》《刑事诉讼法》《关于审理未成年人刑事案件若干问题的规定》，以及其他附属刑事法中关于少年犯罪及处理程序方面的规则。因此，在未来的法律修改过程中要还原其真实的立法定位，明确其少年司

---

〔1〕 最初，列入全国人大常委会立法规划的名称是《预防青少年犯罪法》，在全国人大常委会第一次审议立法草案时改为《预防少年违法行为法》，第二次审议时再次修改为《预防未成年人犯罪法》。这部法律的调整范围，也从最初的"青少年犯罪"，在第一次审议后改为"少年（年满14周岁不满18周岁）违法行为"，在第二次审议后再次调整为"未成年人犯罪"。参见侯宗宾：《关于〈中华人民共和国预防少年违法行为法（草案）〉的说明》（1998年4月26日）、《全国人大法律委员会关于〈中华人民共和国预防少年违法行为法（草案）〉修改情况的汇报》（1999年4月24日）、《全国人大法律委员会关于〈预防未成年人犯罪法（修改草案）〉审议结果的报告》（1999年6月18日）；王维澄：《关于预防未成年人犯罪法（草案三次审议稿）、澳门特别行政区驻军法（草案二次审议稿）和公益事业捐赠法（草案二次审议稿）修改意见的报告》（1999年6月28日）。

〔2〕 参见王雪梅：《儿童福利论》，社会科学文献出版社2014年版，第220页。

法法的性质。否则，从长远建构并完善儿童法律体系来看，简单地区分儿童福利法与预防未成年人犯罪法是没有实质意义的。

就儿童福利法与少年司法法而言，二者既相互联系又相互独立。从相互联系方面来看，正如欧美少年司法研究显示，儿童福利与少年司法的确是互为表里，一体两面的关系。一方面，表现在儿童福利对少年司法的支持。我们可以发现，少年司法，特别是民事司法和行政司法直接体现了对儿童福祉的关注。比如，少年案件处理过程中对儿童最佳利益的关注，司法审理中对涉案少年遵循适应原则等。可以说，作为制度层面的儿童福利几乎覆盖了少年司法的方方面面。另一方面，体现为少年司法对儿童福利的支持。事实上，少年司法创设目的是为了实现儿童福利，也就是说为实现儿童利益最大化。儿童福利除了为少年司法提供非司法性救助、援助、辅导等措施外，亦依托后者强力推进儿童的教育、医疗、卫生等各项儿童福利事业之实现。特别是对于接受机构矫治的少年，其福利的实现在很多情况下要依靠少年司法政策的规范和引导。因此，可以看到，少年司法与儿童福利的关系或者说对儿童福利的追求体现在少年司法产生和发展过程之中，也体现在少年司法所遵循的一般性原则之中，还体现在少年司法遵循的程序性规则之中。

从相互独立的角度来看，儿童福利法与少年司法法有着独立的宗旨、内容与要义。根据犯罪预防理论[1]，儿童福利法这种通过规定国家儿童福利义务为未成年人健康提供福利保障体现的是一级预防；而少年司法法虽然也关注一级预防，但其主要是通过干预未成年人罪错行为而保障

---

〔1〕　西方犯罪学理论通常将犯罪预防分为三种基本的类型：基本预防（primary prevention）或称一级预防或初级预防、二级预防（secondary prevention）、三级预防（tertiary prevention）。按照三级预防理论提出者布兰婷汉姆（Brantingham）和浮士德（Faust）的界定，一级预防和犯罪人或潜在犯罪人并无直接关系，关注的不是具有犯罪动机的人，而是旨在减少犯罪的机会。二级预防试图改变那些因为某种倾向性因素而被确定为危险的人，在其开始犯罪生涯前予以阻止，这是一种针对犯罪行为的预防模式。三级预防关注的是切断（truncation）犯罪进程，或减少犯罪行为的持续性、严重性和频率，如对已知的潜在犯罪人进行的治疗和矫正。参见［英］麦克·马圭尔、罗德·摩根、罗伯特·赖纳等：《牛津犯罪学指南》，刘仁文、李瑞生等译，中国人民公安大学出版社 2012 年版，第 671 页；［英］戈登·休斯：《解读犯罪预防——社会控制、风险与后现代》，刘晓梅、刘志松译，中国人民公安大学出版社 2009 年版，第 12 页。

儿童权利的实现，主要内容属于二级预防和三级预防。罪错行为涵盖"虞犯""违警""触法"及"犯罪"四个不同的层级。考虑到中国《刑法》《刑事诉讼法》等对未成年人犯罪行为做出了规定，未来预防未成年人犯罪法的完善方向或者说中国未成年人司法法的立法空间和价值就在于针对前三个层级行为的干预与矫正。可见，少年司法法调整的对象是"罪错行为"，具备独特性。与此迥异的是，儿童福利法调整对象主要是"国家儿童福利行为"。因此，有学者建议，应将《预防未成年人犯罪法》中的一般预防的内容分离出来，由《义务教育法》和《儿童福利法》予以规制；再犯预防的内容，则宜由《刑法》《刑事诉讼法》《监狱法》等刑事法作出规定。[1] 对此建议，我们表示赞同。

第二节　中国儿童福利法律制度的协调

伴随全球化、信息化愈来愈深，法律所调整的社会现象亦日趋复杂化、综合化，一套健全的现代法律制度必然是由多种法律规范有机而系统的构成的。以政府、社会、家庭及儿童本身等诸多主体为治理中心的儿童福利法律制度，既是公法规范与私法准则的统一，亦是实体条文和程序要求的融合。具体而论，私法层面上儿童的照顾必然面临着与现有民商事法律制度的重叠、冲突与衔接；公法层面上儿童的保护不可避免存在着与现有刑事法律制度的重叠、冲突与衔接。而就理论而言，儿童福利法又是社会法的组成部分，属于社会保障法的范畴，特殊主体的社会保障如何在适用一般社会保障原则及规则等方面展开并寻求自身存在的法理空间，有待儿童福利立法进一步明确。因此，要构建完备的儿童福利法，就必须对上述方面逐一厘清。

一、儿童福利法律制度与民事法制度的协调

围绕未满十八岁的儿童，中国《民法典》建立了一系列基于行为能力之上的儿童法律制度，其中以家庭关系为主的监护制度是其最为核心的部

---

〔1〕 参见姚建龙：《论〈预防未成年人犯罪法〉的修订》，《法学评论》2014 年第 5 期，第114 页。

分，也是与儿童福利法律制度交融最为密切的制度。虽然现代儿童福利法律制度是随着儿童权利理念的兴起而逐步确立的，但国家亲权理论是儿童福利法律制度得以维系发展的制度基石。一脉承继儿童最佳利益的家庭监护与国家监护，在中国儿童福利立法的进程中面临着协调的问题。

依据中国《民法典》相关条款的规定，父母是儿童的法定监护人，对儿童具有抚养教育的义务；儿童有要求父母给付生活、教育、医疗等抚养费的权利。如果儿童父母死亡或者没有监护能力的，有监护能力的祖父母、外祖父母，成年的兄、姐对其未成年的孙子女，弟妹负有抚养的义务。因而法律对于监护人的选任设有一定顺序：（1）祖父母、外祖父母；（2）成年的兄、姐；（3）关系亲密的其他亲属、朋友。没有以上监护人的由儿童的父、母所在单位或者儿童住所地的居（村）民委员会、民政部门担任。换言之，《民法典》设置了法定监护、意定监护及公设监护制度以实现儿童的养育及辅助儿童成长。然而，社会主义市场经济体制下，单位有其自身的生产职能，既不承担职工的生老病死的职责也无须担任儿童的监护人；居（村）民委员会是群众性自治组织，既无专门经费亦无专门人员承担儿童的监护职责；民政部门虽是适格的监护人，但只是一种兜底监护，且法律也没有详具其担任监护人的具体条件、资金保障和程序保障。试想当父母死亡或丧失监护能力时，倘若祖父母、外祖父母没有监护能力，亲属、朋友又不愿意担任监护人，儿童必然游离在监护、亲情之外，得不到监护或者得不到有效监护。[1]

更为糟糕的是，国家监护职责未得到立法确认，同时现有的监护监督机制有效性乏善可陈。一方面，《民法典》总则编第 34 条和《最高人民法院关于贯彻执行〈中华人民共和国民法通则〉若干问题的意见（试行）》第 10 条均只概括性地规定了监护人的六种职责，并无具体的实施内容，这造成监护人只重视儿童的物质生活而忽视儿童精神上的引导和监护，监护职责的履行完全依赖于监护人的自觉行为。[2] 另一方面，尽

---

〔1〕　参见佟丽华：《对未成年人监护制度的立法思考与建议》，《法学杂志》2005 年第 3 期，第 37 页。

〔2〕　参见林艳琴：《我国未成年人监护法律制度现状检讨与完善构想》，《东南学术》2013 年第 2 期，第 175 页。

管《民法典》总则编第 34 条,《未成年人保护法》第 53 条以及《关于依法处理监护人侵害未成年人权益行为若干问题的意见》等法律和司法解释指出,监护人不履行监护职责或侵害儿童合法权益,经累教不改者,人民法院可以依据有关自然人和单位的申请,撤销其监护人的资格,依法另行指定监护人。显而易见,这是一种事后、惩罚性的监督而非事前预防和事中监督。况且该撤销程序的启动和落实尚需相应配套制度的完善,例如儿童侵害强制报告制度、儿童临时监护制度,然而这些制度并不健全。此外,《未成年人保护法》只规定了监护人所在单位、村(居)民委员会和公安机关可以对监护人违法行为予以劝诫、制止和行政处罚,而没有明确具体操作程序。这些缺失之处致使儿童监护监督形同虚设,特别是对家庭监护基本是放任的状态,易酿成诸如南京饿死女童等悲剧的后果。

因此,为应对上述问题,儿童福利立法应当明确国家监护职责并配套完善相关措施。针对儿童福利法与民事法现行规定的冲突之现状,我们可考虑在民法典生效后适时修改完善现有的监护制度。首先,审慎抉择儿童监护的主体。毋庸置疑,计划经济时代的单位监护必将成为历史,而市场经济社会依法治国下国家监护是不可或缺的。所以,在未来修法过程中,应删除关于单位监护的内容,要明确国家监护同时细化民政部门代行监护职责的规定。值得注意的是,公民及社会力量的参与有助于弥补国家监护的不足,因而具体立法时还应该为具有专业监护资格的机构留足发展空间。其次,科学设计儿童监护的类型。除了现有的法定监护、意定监护、国家监护之外,还可考虑临时监护及其制度的构建,即在突然丧失监护人或监护人突然丧失监护能力,尚未确定新的监护人之期间,临时承担监护人职责,待确定新的监护人后再向其转移。[1] 再次,切实强化儿童监护的监督。一方面,要充分发挥地方基层群众自治组织(居委会、村委会)对儿童的监护人是否正当履行监护职责进行监督的积极性,及时排除儿童因监护不能或不足所带来的成长风险;另一方面,政府应整合现有儿童保护资源,在中央政府层面成立副部级的儿童保护

---

[1] 参见李磊、王抒亚:《民法典视域下未成年人单位监护若干问题研究》,《青少年犯罪问题》2015 年第 5 期,第 17 页。

机构，在省、市、县三级行政区域分别设立儿童保护中心，代表国家行使对儿童监护的监督职权，通过建立儿童监护信息档案和定期、不定期的走访制度，开展监护人法律、心理及教育等监护知识的培训，以监督监护人职责的落实。[1] 最后，畅通儿童监护纠纷的裁判。鉴于儿童身心特点带来的维权不能或者不充分，同时监护人基于某些因素而未及时维权，应当赋予儿童及其利益代表（如儿童维权中心），在民政部门或政府未履行监护义务时，通过司法程序获得救济的权利。

二、儿童福利法律制度与刑事法制度的协调

司法福利是儿童福利法律制度的又一重要内容，须贯彻儿童最佳利益、儿童优先、儿童参与及儿童平等的权利保障原则。然而，现行儿童刑事政策存在"钟摆效应"，即在犯罪控制模式下的严打与惩罚政策和儿童福利模式下的保护与矫正政策之间左右摇摆，其摇摆频率及幅度随社会治安状况、公众犯罪恐惧感（社会安全感）、犯罪控制手段及儿童福利机构特别是社区的有效参与等进退辗转，体现出一定的刚性与弹性。[2] 一方面，在"教育为主、惩罚为辅"的儿童刑事司法理念下，只有 14 周岁以上的儿童实施特定的八种犯罪行为才会严格受到刑事司法程序的适用。这意味着，大量的触法少年、虞犯少年与需保护少年游离在刑事司法程序以外，这必然会存在诸多弊端：一是司法干预介入滞后，导致社会上屡次违法或轻微犯罪，但是不够刑事处罚条件的不良儿童数量不断攀升；二是司法干预介入条件严格，放任了主观恶性很大或屡教不改的罪错行为；三是司法干预对罪错儿童人身拘束的不足，不利于罪错受害者儿童权益的维护。[3] 显然，这是违背儿童福利权保护宗旨的。另一方面，14 周岁以上的刑事司法制度还面临着专业能力建设需完善（如未成

---

〔1〕 参见吴鹏飞：《论儿童适当生活水准权的实现——以留守流浪儿童为切入点》，《当代法学》2015 年第 5 期，第 30 页。

〔2〕 参见张鸿巍：《儿童福利视野下的少年司法路径选择》，《河北法学》2011 年第 12 期，第 53 页。

〔3〕 参见张栋：《未成年人案件羁押率高低的反思》，《中外法学》2015 年第 3 期，第 828—829 页。

年人案件办案人员的能力及案件特殊标准等均未得到明确），具体制度贯彻执行难（如法定代理人到场的问题，附条件不起诉的问题）及少年法庭人员机构不健全等突出问题，无法深入细致地对儿童福利权进行呵护。[1] 在确保罪错儿童与受害儿童权益的前提下，如何贯彻儿童福利法的理念，并提高儿童刑事司法制度有效性成为儿童福利立法与儿童刑事司法改革亟待解决的难题。

儿童最佳利益原则可以称之为儿童权利保护的首要原则，要求国家或政府、社会、家庭协力提供充足的资源，以确保儿童福利需求获得的便捷性；严格儿童福利服务提供的标准，以保证其质量，最大限度地满足儿童的健康；优化儿童福利保障的形式，要适应儿童的身心特点，以促进儿童的发展。[2] 遵照此要义，儿童的犯罪防控首先要确立儿童自我成长发展的权利，成人社会必须依照这种需求而承担作为或不作为的义务（主要指保护教养）以使这种权利得以践行。[3] 因此，儿童刑事司法制度不单纯是诉讼法学、刑法学的一部分，而是日益受到教育学、社会学及福利政策等深刻影响。具体而言，儿童刑事司法制度具备这样的特色：第一，区分儿童犯罪或偏差行为的危害性程度，确定案件的管辖权。一般罪错行为由少年法庭或家事法庭管辖，而特殊暴力或重罪行为由刑事法庭管辖。但这不意味着延续现行只有八种罪行由刑事法庭管辖的现状，而是将特殊暴力，比如严重的校园暴力，也纳入刑事法庭的管辖范围。第二，司法机关要肩负为罪错儿童提供保护与照顾（如必需的教育训练）的义务，协助其摆脱不利处境。目前，除非特殊重罪行为的儿童会受到司法惩罚与教育之外，绝大部分是罪错儿童在接受警告、训诫、责令悔过等非持续性措施后，任由家长或监护人加以管教。古语有云："养不教，父之过。"儿童走向犯罪，本身就是家长和监护人管教失败的后果，再指望他们管教是不可靠的。而政府事实上很少对因未满 14 岁而

---

〔1〕 参见杨文斌：《新刑诉法实施后完善未成年刑事司法制度的相关建议》，《河南社会科学》2013 年第 9 期，第 103 页。

〔2〕 参见吴鹏飞：《中国儿童福利权研究》，中国政法大学出版社 2015 年版，第 142 页。

〔3〕 参见程捷：《未成年人刑事司法的福利内涵及其窘困》，《中国青年研究》2013 年第 10 期，第 65 页。

不被追究刑事责任的未成年人采取收容教养，往往导致对此类未成年人的一定程度上的放任不管，容易使他们感觉刑法惩戒功能较弱，从而产生罪错无所谓的思想，不利于他们吸取教训，改过自新。第三，通过采取由检察院推进社会参与、建立信息共享和转介机制以及制定有序参与的程序规范以发挥社会力量参与刑事司法的功效，提高罪错儿童的矫正效果。社会力量在合适成年人在场、社会调查、观护帮教、附条件不起诉考察、禁止令的执行及对少年犯的社区矫正等方面可以对司法活动进行辅助与支持。[1] 同时，此举还能提升父母和监护人管束儿童的能力。

三、儿童福利法律制度与社会保障法制度的协调

一般认为，社会保障法是由社会保险法、社会救助法、社会优抚法及社会福利法构成，儿童福利法属于社会福利法的一部分。因此，儿童福利立法过程中最重要的是处理儿童福利法律制度与社会保障法律制度的关系。具体而言，儿童福利立法要正确处理单一儿童福利法律制度与散落在各社会保障法律制度中儿童福利项目之间的关系。

对此，可能有两种不同的解决思路：一种是基于现行制度框架，通过一般主体制度特殊适用的方式将保险、救助等社会保障法律制度中涉及儿童福利项目仍旧保留在其中，儿童福利立法进行相应补充；另一种是基于儿童福利法的特殊性及独立性，将保险、救助等社会保障法律制度中的儿童福利项目进行抽离，重新进行归整并优化，然后通过儿童福利立法予以专门规定。虽然两种解决方式的思路不同，但是均无法绕开儿童福利法与社会保障法关系的辨明这一核心问题，因为不同关系决定着不同的解决方式及路径选择。一般情况下，学者都是将儿童福利放置在社会保障法的视野下探讨，因而往往忽视了二者之间关系的论证。殊不知，随着法律部门的不断发展，社会保障法本身的归属及定位也发生了改变，它与劳动法一起构成了社会法的核心。尽管关于什么是社会法见仁见智，但共识是社会法调整因保障自然人免于生存危机之虞而形成

---

[1]　参见宋志军：《未成年人刑事司法的社会参与问题研究》，《北方法学》2016 年第 2 期，第 98 页。

的社会保障关系、社会公益关系及特殊群体保护关系等社会关系。换言之，社会法是包括劳动法、社会保障法、慈善事业法和社会特殊群体保护法在内的独立的法律部门。[1] 倘若将儿童福利法与社会保障法的关系置于社会法视野下，那么二者不再是简单的种属关系，而是相互独立且交叉的关系：一方面，社会保障法的内容当然包括儿童福利法的内容；另一方面，儿童福利法的内容又属于特殊群体保护法的重要内容。因而，笼统地说儿童福利法是社会保障法的一部分是不准确的，亦是不科学的。其实，问题的核心在于社会福利在我国社会保障法当中的位置。在国外，社会福利的范畴大于社会保障，是社会保障的升级版，而中国理论与实践都将其置于社会保障之下的范畴。因此，按照西方的逻辑，儿童福利是社会福利的重要组成部分，从而得出儿童福利法是社会保障法的一部分之偏识。而借助体系化的社会法构造，社会福利法不可能成为一个具体的部门法，因为那些特殊群体如老年人、未成年人及残疾人等权益保障法就是相应主体福利制度的纲领，从立法体系上来说社会福利法就失去了独立存在的价值。根据调整社会保障关系、社会公益关系及特殊群体保护关系的社会法体系，我们认为第二种方式更为贴切。

就具体制度构建而言，首先，要实现儿童福利制度理念的转型升级，确立适度普惠型儿童福利。国外以孤儿等弱势儿童为主要的残缺型儿童福利实质是社会救助规则对特殊主体儿童的适用，毫无福利性可言。儿童福利立法要摒弃这种理念，树立适度普惠型的理念，使其返璞归真。其次，基于制度的稳定性与一致性，社会保险、社会救助及社会优抚中一般性规则仍旧适用于儿童，只是特殊的诸如儿童津贴等社会保障制度由儿童福利立法进行构建，以实现儿童福利的特殊保护和一般保护的有机统一。再次，为避免福利待遇的过剩以致无法发挥其应有效应，可考虑社会保障待遇与儿童福利待遇的抵减。比如说，一个贫困家庭既享受了低保等社会救助，同时又有儿童领取儿童家庭津贴，在确保儿童适当成长的同时，可以减少社会救助的领取额。

---

〔1〕 参见陈训敬主编：《社会法学》，厦门大学出版社 2009 年版，第 9 页。

第三节　中国儿童福利法的内容

立法的价值、定位、理念直接决定了儿童福利的立法内容和制度构建。具体而论，实现全体儿童的自由全面发展的立法价值要求儿童立法在重点关注特殊儿童福利的同时充分关注全体儿童福祉的增进；社会法治国时代推崇的确权立法定位强调主体权利的确立及其保障制度的完善，儿童福利立法应落实的是儿童福利权的保障；立法更多是协调法律关系的良性运转，儿童福利立法的内容更多是关注国家监护义务的落实。

一、儿童福利立法以广义内容为取值

一般认为，儿童福利有广义和狭义之分。广义的儿童福利是以发展或制度式为取向，也称为积极的儿童福利，是针对所有贫穷、失依、失教、行为偏差困扰等儿童和正常儿童及其家庭所实施以满足他们健全生活所需要之服务；狭义的儿童福利是以残补或最低限度为取向，也称之为消极性的儿童福利，是针对特殊儿童或家庭个别问题需求而采取的救助或养育等措施。[1] 广义儿童福利与狭义儿童福利区别在于儿童地位的假设、儿童福利内容的取舍、政策模式的选择。我们认为，中国儿童福利立法应以广义内容为取值，具体可从以下三个方面予以论述。

首先，儿童地位已经实现从客体地位向主体地位的蜕变。在中国传统文化的影响下，对儿童的关爱始终仅仅是从德和仁的角度出发，儿童的道德地位和法律地位极端低下，且在相当长时间里儿童被认为是权利的客体，其自我意识和独立人格为人们所忽视。故中国近代儿童政策甚至是改革开放后一段时期的儿童政策都深深打上了儿童处于客体地位的烙印。"实际上，儿童不应该被简单地视为一个弱小的、仅仅需要特殊照顾的群体，而应作为一个独立的、拥有权利的主体被成人所尊重。"[2] 与

---

[1] 参见赖尔阳等编著：《社会福利服务》，国立空中大学 2008 年版，第 62 页；周震欧主编：《儿童福利（修订版）》，巨流图书股份有限公司 2009 年版，第 8—9 页。

[2] 张爱宁：《国际人权法专论》，法律出版社 2006 年版，第 337 页。

此相对应的是，儿童福利立法也应将儿童视为享有福利的主体，而不是一种恩赐。

其次，儿童福利内容面临着由救济性向权利性的转化。儿童福利是国家救济之责，还是儿童权利的应有之义，对于这个问题的回答直接决定着儿童福利立法的内容。如果将儿童福利定位于成人社会对于儿童的职责，那么在儿童福利框架下，国家扮演的是"补救性"角色。倘若是这样的话，它的功能也就仅仅是满足儿童基本的生存需要，亦即社会救助。[1] 如果视儿童福利为儿童权利不可分割的一部分，那么在儿童福利框架下，国家和社会则是儿童福利之义务主体，应当采取的是作为或不作为的方式确保儿童福利权的实现。前者，国家补助责任只能满足特殊儿童的需求，是消极地对贫困失依儿童、受虐儿童、行为偏差或情绪困扰儿童、残疾儿童等实施救助、保护、矫正、辅导或养护，这种福利内容实质是以"问题取向"为主的救济性措施，难以尊重和满足广大儿童的福利需求。而后者，儿童福利的功能定位已不再局限于解决问题的救济性，而是儿童福利主体之权利的体现。因此，儿童福利立法只有成为维护儿童权利、促进儿童福利利益的规划书和章程册，才能更好地满足全体儿童自由而全面发展的需要。

最后，儿童福利政策正由补缺型向普惠型迈进。在美国学者威伦斯基（Wilensky）和勒博（Lebeaux）看来，社会福利可分为补缺型社会福利和普惠型社会福利（亦谓之"制度型福利"）。[2] 儿童福利作为社会福利的重要一环，自然也有补缺型和普惠型儿童福利之分。所谓补缺型儿童福利是以特殊儿童特殊需要为主，以残补或最低限度取向为原则，采取消极性、保护性、补救性及问题解决性之福利作为，以保障弱势儿童之权益，提升其生活福祉的一项福利服务。普惠型儿童福利是以全体儿童之发展为主，以发展或制度化取向为原则，采取积极性、发展性、预防性及全面性之福利作为，保障所有儿童的各项基本权益，并兼顾成长

---

〔1〕 参见林莉红、孔繁华：《社会救助法研究》，法律出版社 2008 年版，第 385 页。

〔2〕 参见［丹麦］考斯塔·艾斯平 - 安德森：《福利资本主义的三个世界》，郑秉文译，法律出版社 2003 年版，第 46 页。

发展需求的一项福利服务[1]。就中国传统的儿童福利而言，其政策目标和福利服务对象主要集中于孤残儿童和部分困境儿童，并非是面向全体儿童的、真正的福利制度。显然，这是一种补缺型儿童福利。随着经济与社会的发展，中国儿童福利取得了重大进展，尤其是在医疗卫生、教育等方面提供了较为全面的福利。中国儿童福利政策模式正经历由补缺型向适度普惠型转变，并快速地迈向普惠型。[2] 一则儿童福利对象不断扩大；二则儿童发展领域不断拓展，内容不断深化；三则儿童福利的内容经历了由满足单一的基本物质需求，到满足儿童之身体、生理、心理、社会化成长特点的物质与精神的多元化需求发展。立法是对社会需求的回应，因此儿童福利立法应由关注儿童某方面的发展，向促进儿童综合素养全面发展方向深化。

二、儿童福利立法以权利确认为追求

儿童福利究竟是儿童权利的一种类型，还是儿童权利保护的一种手段？对此问题的不同回答，直接关系着儿童福利立法内容的取舍。有学者认为，儿童福利是国家旨在促进儿童发展而提供的服务或设施，实质是实现儿童的权利，因而儿童福利是儿童权利保护的一种手段。基于此认识，该学者提出的《儿童福利法》（建议稿）是以儿童福利保障机构和保障措施（基本生活措施、基本教育福利、基本卫生医疗措施、基本福利服务、特别保护措施）为主要内容的立法；儿童福利立法是为维护儿童身心健康、促进儿童正常发育和健康成长，增强儿童及其家庭自主能力，保障儿童福利而制定的。[3] 然而，也有学者对此持有不同的看法，认为儿童福利权是儿童的一项权利，具备人权属性、基本权利属性及法律权利属性，并从儿童福利权的权利体系构建了儿童福利制度，即生存与发展权保障制度、健康与保健服务权保障制度、受教育权保障制度、

---

[1] 参见赖尔阳等编：《社会福利服务》，国立空中大学 2008 年版，第 62 页。

[2] 参见魏莉莉、董小苹：《中国儿童政策发展趋势研究——基于 1991—2020 年三个〈中国儿童发展纲要〉的内容分析》，《中国青年研究》2012 年第 3 期，第 87 页。

[3] 参见王雪梅：《儿童福利论》，社会科学文献出版社 2014 年版，第 255—289 页。

适当生活水准权保障制度、残疾儿童特别照顾权保障制度。[1] 事实上，从保障儿童权利的角度来讲，儿童福利服务于全体儿童自由全面发展，是儿童权利充分实现的手段。但是，从儿童权利谱系来看，每一项具体的权利都有存在的独特功能与价值，不能因为立法最高理念的不同而蔑视具体权利的实现。换言之，即使儿童福利权的认可是为了更好地保障儿童权利的宗旨，也不能否定其存在的价值和独立性。因此，享有儿童福利不仅是实现儿童权利的手段，更多的是体现为儿童的权利。恰如有学者论述道："福利制度通过各项福利安排为维护和实现儿童的生存权、发展权、健康权、教育权和受保护等权益提供了保障，在为儿童创造平等的起点和机会方面起着重要作用；也通过对其父母提供福利保障直接实现儿童的社会保障受益权。"[2] 总之，儿童福利权是儿童享有的一项基本人权，属于儿童人权体系中的基础性权利，体现了保护儿童生存与发展的价值，理应得到立法上的确认。换言之，儿童福利立法应当以儿童福利权的确认为追求。

三、儿童福利立法以国家义务为核心

在传统农业社会中，落后的农业经济和生产模式、低下的社会经济发展水平难以为儿童福利提供发展动因。这样的儿童生态也难以产生出儿童优先的观念和价值目标。儿童被看作父权的附属品，是家长的私产，儿童的事情也就成了家庭内部的事情，而国家和社会相对于家庭来说只不过是"外人"，因此，传统农业社会中，国家在儿童健康、教育、保护中发挥极其有限的作用。与此相适应，儿童保护立法的目标也是含混不清的，福利服务对象极其有限，通常仅有部分陷入极端困境的儿童能得到国家的关照，绝大多数普通儿童不是儿童福利的服务对象。由于立法目标的不明确和有限性，儿童福利服务的内容也就变得模糊不清；儿童的教育、医疗保健与福利服务之间缺乏有机联系，服务资源主要源于家庭，国家和社会不是儿童福利服务提供的主体，服务的专业化、职业化、

---

[1] 参见吴鹏飞：《中国儿童福利权研究》，中国政法大学出版社 2015 年版，第 38—133 页。

[2] 谢琼：《福利制度与人权实现》，人民出版社 2013 年版，第 171 页。

社会化更是无从谈起。随着工业化和城镇化的发展，童工、失业、孤残儿童增多等社会问题出现，国家和社会必须承担相应的责任。现代儿童福利制度渐趋形成和发展，儿童福利立法目标逐渐明晰，如何确保所有儿童身心健康，免受各种伤害、暴力威胁等议题成为现代儿童福利制度的基本立法目标。

现代儿童福利制度本质是国家承担无限责任。保护儿童的最大利益和保障儿童生存权和发展权是国家、社会和家庭的基本职责，儿童身心健康直接关系国家的根本利益。国家责任的实现前提是对儿童及其特点的正确认识，即童年期是人身心和社会发展的关键时期，但是受身心发育的特点限制，儿童必须依赖家庭和社会，才能满足其生存和发展的需求，包括良好的教育、医疗保健、家庭照顾、社会保护等，而这些都是儿童发展以及将来在社会上过有责任感生活的基础。然而，儿童的生存和发展状况以及儿童成长的整个社会生态并不令人满意，妨碍儿童生存和发展的因素很多，包括家庭和社会中的因素。因此，国家有必要担负起监护人的责任，保障儿童免遭各种伤害，设法满足儿童身心健康发展的需求。这样，国家责任就在与儿童群体建立的制度化的互动关系中体现了政府的职能定位，儿童福利立法便成为国家立法构架的一部分。[1]事实上，儿童福利权缺乏权威性的立法、持续性的行政及完善的司法保障，儿童福利权国家义务一直处于失位状态。因此，儿童福利立法"要恪守儿童权利理念，深化国家义务"[2]。从一定意义上来说，儿童福利立法的核心就在于落实儿童福利权的国家义务。

第四节　中国儿童福利权责边界的明确

权利、义务、责任是法学上的核心范畴。在儿童福利立法中，明晰各方主体的权利，界定相关主体的义务和责任，有助于从根本上保障中国儿童福利的实现。

---

〔1〕　参见刘继同：《儿童健康照顾与国家福利责任：重构中国现代儿童福利政策框架》，《中国青年研究》2006 年第 12 期，第 55 页。
〔2〕　吴鹏飞：《儿童福利权国家义务论》，《法学论坛》2015 年第 5 期，第 41 页。

一、儿童及其家庭是儿童福利的权利主体

（一）儿童是儿童福利的权利主体

一方面，将儿童作为儿童福利的权利主体是保障儿童人权的体现。《世界人权宣言》确认了儿童有权受到特殊保护和不受歧视。1989 年联合国《儿童权利公约》的颁布，在历史上首次提出了"儿童人权"的概念。[1]《维也纳宣言和行动纲领》提出："儿童的人权是普遍人权中不可剥夺和不可分割的一个组成部分。"儿童人权问题逐渐得到重视，保障儿童人权成为每一个国家应尽的责任。要保障儿童人权，就必须将儿童当作"人"看，承认儿童具有与成年人一样的独立人权，而不是成人的附庸品；就必须将儿童当作"儿童"看，承认并尊重童年生活的独立价值，而不仅仅将其看作是成人的预备；应当为儿童提供与之身心发展相适应的生活，使儿童个人权利、尊严受到社会的保护。[2] 根据《儿童权利公约》的规定，儿童作为独立的"人"，其生存权、受保护权、发展权和参与权均应当受到独立保护。因此，中国儿童福利将儿童作为权利主体，给予儿童全方位的保护，是对儿童人权的保障。

另一方面，将儿童作为儿童福利的权利主体符合儿童立法理念。"儿童福利法律制度设计的本质出发点和追求目标，作为一种理论架构，其回应了现实社会生活中的实际需求，即客观社会生活的实际决定了儿童福利法律制度基本理念的选择与定位。"[3] 不同的理念决定着不同的制度选择与定位。《儿童权利公约》认为，每一个儿童都是自己权利的拥有者，他们的权利独立于其父母或任何成人，故而儿童福利立法理念应当定位为将儿童作为独立个体来保护，形成独立的儿童保护框架。"目前，我国儿童福利制度构建仍旧是以成人为视角。以基本生活保障为例，儿童基本生活保障法律制度是将成人的制度框架嫁接到儿童这一特殊主体

---

〔1〕 See Jutta Gras, *Monitoring the Convention on the Right of the Child*, Faculty of Law University of Helsinki，2001，p. 3.

〔2〕 参见张鸿巍：《儿童福利法论》，中国民主法制出版社 2012 年版，第 35 页。

〔3〕 易谨：《儿童福利立法的理论基础》，《中国青年政治学院学报》2012 年第 6 期，第 25 页。

之上的，导致儿童基本生活保障制度与成人制度无异，忽略了儿童特殊的身心需求。"[1] 显然，这种状态无法全面保障儿童权益，中国需要转变儿童福利立法理念，做到与国际同步，即以儿童为本位，从儿童的角度出发，关注儿童身心需求，使全体儿童都享受到来自社会各界的服务。因此，将儿童作为儿童福利的权利主体符合儿童立法理念。

（二）儿童所处家庭亦是儿童福利的权利主体

将儿童所处家庭作为儿童福利的权利主体是顺应国际潮流的体现。家庭是社会构架中的最小单位，温馨的家庭可以为儿童营造良好的成长氛围。家庭是儿童成长的最佳场所，其对儿童的品格塑造起到了关键性的作用。家庭是儿童保护的第一道防线。儿童福利不应仅仅局限于为儿童提供服务，保障儿童权益，而应当将支持家庭功能服务也纳入到儿童福利范围内。国际上，许多国家都致力于支持家庭功能，改善抚育儿童家庭条件。在瑞典，由政府承担儿童照顾和家庭支持的责任，采取普及式的儿童福利。1974 年起瑞典实施的普及式儿童津贴制度主要保障多子女家庭的最低生活水准。1982 年《社会服务法》规定由社会福利委员会安排服务，协助有困难家庭抚育儿童。[2] 英国是世界上最早建立社会福利制度的国家。英国《儿童法案》（1989 年）第 3 章就明文规定地方主管机关对儿童及其家庭所负的职责，在关注儿童的同时也关注儿童所在的家庭。此外，英国还有儿童津贴制度，其包括普及的家庭津贴与低收入家庭儿童的家庭所得补助，二者共同作用使得儿童及其家庭经济生活获得充分的保障。

美国儿童福利的政策取向，一直强调以"家庭"为核心，主张一切儿童福利服务措施都尽可能地维护儿童家庭生活的圆满。例如，设置家庭及少年局，对逃家少年进行教育并开展相关宣传教育；设置启蒙局对低收入户 3 至 5 岁儿童及其家庭提供教育、营养和健康等服务。日本重视家庭伦理，认为养育儿童是家庭责无旁贷的职责，日本儿童福利政策基

---

〔1〕 吴鹏飞、余鹏峰：《我国儿童福利权保障法制化的实现路径》，《北京青年研究》2015 年第 2 期，第 98 页。
〔2〕 参见郭静晃：《儿童福利》，扬智文化事业有限公司 2009 年版，第 133 页。

本上以家庭为取向。例如其儿童津贴是依据家庭具体情况来划分的，其中家庭津贴发给抚育三个以上未满 18 岁之儿童且其中有一个未完成义务教育者的家庭，贫苦儿童家庭补助是政府给予贫苦家庭的贷款补助。总体而言，日本儿童福利强调儿童与家庭的紧密联系，设置了儿童家庭局，其提供儿童咨询服务、儿童生活补助、儿童托育服务时，均在综合考量了儿童与家庭的不同需求后，采取各种服务措施。[1] 在中国家庭抚育儿童功能日益弱化的大背景下，儿童福利必须顺应国际潮流，考虑家庭需求，才能为儿童营造更好的成长环境，保障儿童权益。因此，将儿童所处家庭作为儿童福利的权利主体，符合时代发展规律，顺应国际潮流。

二、家庭、国家、社会是儿童福利的义务主体

（一）家庭、国家、社会均是儿童福利的义务主体

探寻西方儿童福利的发展轨迹，结合中国自身现状，家庭、国家以及社会均应当成为儿童福利的义务主体。以国家在儿童福利中的作用为标准，可将西方儿童福利发展划分为三个阶段：失依儿童救济时期、儿童福利与儿童保护时期以及儿童保护与家庭支持融合时期，即儿童和家庭福利时期。失依儿童救济时期，各国主要奉行不干预家庭的"自由放任主义"。这一时期儿童被认为是家庭的私产，抚育儿童是家庭的责任，家庭是儿童福利的主要提供者，国家主要起补充作用，其救助对象仅限于"失依儿童"，即弃儿、孤儿、贫困儿童等，满足其基本生活需求，且政府对儿童的救济还时时伴随着对儿童工作和实现经济价值的要求。儿童福利与儿童保护时期，各国开始将儿童福利政策由残补型向普惠型转变，关注的对象也逐渐从"失依儿童"转向全体儿童。《儿童权利公约》确定"最佳利益原则"，明确儿童和成人一样，其基本权利应当得到保护。各国政府开始实行"国家干预主义"，由国家积极承担儿童福利的主要责任，干预家庭，扮演家庭监督者的角色。其主要表现有制定政策分担家庭照顾儿童所产生的负担，提供专业的服务满足儿童及其家庭需要。

---

[1] 参见林胜义：《儿童福利》，五南图书出版股份有限公司 2012 年版，第 204—229 页。

当家庭无法提供儿童成长的正常环境时，国家为儿童提供替代性照顾。儿童和家庭福利时期，国家开始强调"儿童和家庭福利"，尊重家庭基本功能，国家起支持作用，满足家庭需要，维持家庭功能。这一时期以保障儿童安全为前提，尽可能地保留原生家庭和支持家庭，使儿童尽可能地在原生家庭中健康成长；家庭、国家和社会共同承担儿童的福利和保护的责任。[1] 因此，从儿童福利发展轨迹来看，从儿童救济到儿童保护再到儿童和家庭福利，现阶段西方儿童福利的责任承担主体应当是家庭、国家和社会。就中国现状而言，养育儿童主要是家庭责任，国家支持力度比较小，在家庭功能日益弱化的当下，儿童权益得不到全面的保护。因此，唯有家庭、国家和社会共同分担才能全面保障儿童权益，呵护儿童茁壮成长。

（二）家庭是第一义务主体

根据家庭结构功能角色理论，在社会发展过程中，家庭是社会发展的基本单位，在社会中扮演重要角色，儿童是家庭中的重要组成部分。[2] 家庭是依靠婚姻、血缘关系组建的一个特殊单位，人的一生都与家庭息息相关，因此，家庭就自然地承载着照顾保护每一个家庭成员的责任，父母几乎能够出于本能来照顾孩子。这样一来，家庭自然成为儿童成长的最重要场所和保证儿童健康成长的第一义务承担者。家庭应当在满足儿童物质需求的同时，注重儿童的精神需求，为儿童的长远发展提供有利条件。具体而言，家庭应当提供家庭收入，满足子女衣、食、住、教育、健康等方面的需求；家庭应当对子女提供爱、亲情以及安全感；家庭应当帮助子女社会化，教导其如何融入社会，与社会接轨；家庭需要管教子女的行为，引导子女树立正确的世界观、人生观和价值观；家庭应当保护子女，使其免受非法的侵害；家庭应当提供适当居住场所，使子女有安定感；家庭应当尽可能为子女成长营造良好的家庭氛围，利于

---

〔1〕 参见乔东平、谢倩雯：《西方儿童福利理念和政策演变及对中国的启示》，《东岳论丛》2014 年第 11 期，第 116 页。

〔2〕 参见王丽平：《中国社会福利与社会救助问题研究》，人民日报出版社 2014 年版，第 5 页。

子女成长。[1] 这些家庭抚育儿童的最基本责任是其他责任主体无法轻易替代的，唯有父母才能直接地、无私地、低成本地为子女创造良好的成长环境与空间，原生家庭是儿童成长的最佳场所。如果国家或其他组织要完全替代家庭，负担起抚育儿童的第一责任，则需要花费更多的财力和物力。此外，在国家或其他组织承担第一责任的情况下，儿童在精神上的需求可能无法得到很好的满足，亲情、安全感、归属感、安定感无法得到最大程度的满足。如果将儿童幸福指数最大化看作是终极目标，毫无疑问应该由家庭来承担抚养儿童的第一责任，由父母陪伴儿童成长，共同经历成长中的风风雨雨，分享人生中的幸福喜悦，分担旅途中的苦辣辛酸，是儿童达到最高幸福指数的最佳途径，父母永远都是孩子最初的依赖。"无论国家福利化程度有多高，国家承担的责任有多大，人们一旦遭遇风险、面对危险，产生福利需求时，最先想到的都是凭借家庭的力量来抵御和化解风险，家永远是最温馨的港湾。"[2] 因此，家庭是儿童福利的第一义务主体。

（三）国家是重要的义务主体

国家责任理论是儿童福利理论中的核心理论，该理论将儿童福利问题视为国家基本职能之一，儿童属于弱势群体，需要得到国家的保护。详言之，其一，国家应当为儿童福利提供法制保障。中国目前儿童福利立法"碎片化"问题严重，缺乏专门和统一的立法，儿童福利规范散落于《未成年人保护法》《妇幼保健法》等法律法规之间，主要以部门规章为主，法律层级低，法律效力不高，体系分散、标准不一，操作性不强。因此，国家应当制定《儿童福利法》以及一系列详细、可操作的配套法律法规，形成全国统一、自成体系、目标明确的儿童福利法律体系，使儿童福利有法可依，有理有据。其二，国家应当健全儿童福利的行政管理体制。我国儿童福利行政管理体制不健全，关于儿童的卫生、医疗、保健、教育、安全等方面的保护职责分散于民政部、教育部、司法机关

---

[1] 参见周震欧：《儿童福利》，巨流图书股份有限公司1991年版，第14页。
[2] 张奇林：《社会救助与社会福利》，人民出版社2012年版，第258页。

等部门，各个部门各行其是，使整个儿童福利事业无法得到高效率的运作，各类资源无法得到最大程度的利用，儿童权益无法得到全面保护。西方发达国家均设有专门管理儿童事务的机构，"如美国有联邦儿童局，各州有儿童与家庭服务局；英国设立了儿童福利与保护政策部；德国有联邦青少年家庭事务部；日本在厚生省建立了儿童与家庭部、中央福利儿童理事会；挪威有儿童与平等事务部是儿童政策核心执行机构"[1]。因此，借鉴外国经验，结合自身情况，中国应在中央层面设立儿童福利管理机构，专门统筹管理全国儿童福利事务；在省、市、县三级分别设立儿童福利管理机构，管理本级儿童福利事务。[2] 其三，国家应当完善儿童福利财政预算制度和财政转移支付制度。一方面，应当将儿童福利资金纳入社会保障预算，实行专项管理；中央和各级地方政府的财政预算应将儿童福利项目的支出单列，确保儿童权益保护、儿童福利服务的发展有充分的经费保障。[3] 另一方面，在现有转移支付制度基础上，适当发展横向转移支付制度，缩减区域之间、城乡之间的儿童福利服务差距。此外，中央和地方之间事权和财权的分配应当合理，防止地方政府"有心无力"，阻碍儿童福利事业的顺利发展。其四，国家应当积极支持家庭。国家应当以家庭为基本，提供各种福利，保障家庭功能，使儿童在良好的家庭环境中成长。其五，国家应当在家庭无法照顾儿童或无法达到基本水平时，提供补充性和替代性服务，使儿童福利形成一张大网，覆盖所有儿童，保障所有儿童的基本权益。总体而言，国家所应负职责主要有以下几个方面：选择儿童福利的制度模式、制定儿童福利的法律法规、实施儿童福利政策、提供儿童福利资金、支持家庭功能等。

（四）社会负有参与义务

一方面，仅仅由家庭和国家来承担儿童福利义务是远远不够的。单

---

〔1〕　吴鹏飞、余鹏峰：《我国儿童福利权保障法制化的实现路径》，《北京青年研究》2015 年第 2 期，第 100 页。

〔2〕　2018 年 12 月 31 日国务院设立了儿童福利司，作为民政部的内设机构，负责拟订儿童福利、孤弃儿童保障、儿童收养、儿童救助保护政策、标准，健全农村留守儿童关爱服务体系和困境儿童保障制度。

〔3〕　参见程福财：《中国儿童保护制度建设论纲》，《当代青年研究》2014 年第 5 期，第 65—70 页。

从儿童福利资金方面来看，仅有家庭支出和国家财政支持是无法满足儿童需求的，如果要使儿童得到全面保护，国家财政压力就会变得特别巨大。只有引导社会力量参与其中，发挥大众的力量，才能更好地满足儿童的需求，保障儿童的权益。另一方面，儿童福利遵循社会化、专业化、职业化原则，这一原则是社会福利的基本原则。在社会化方面，其表现为福利资金筹集社会化、福利提供社会化，最大限度地动用社会的一切资源来满足儿童的发展需求，故除了家庭和国家要承担儿童福利义务外，社会也应当参与其中。在专业化方面，随着儿童福利需求种类的逐渐增多，对专业化机构、专业化人员的需求也逐渐增多。为了满足此类需求，应当重视专业化机构的设立，鼓励、支持、引导社会力量建立专业化机构，为儿童福利服务多做贡献；应当重视对专业化服务人才的培养，提升服务人员的素质，为专业化机构正常运营提供有力支撑。在职业化方面，没有儿童福利的职业化就没有儿童福利的专业化，应当建立职业资格标准，提供固定的职业岗位，培养大批职业服务人才，形成稳定的人才队伍。此外，社会参与儿童福利方式多种多样，可以构建多种模式，使社会资源参与到儿童福利服务事业当中，如 PPP、BOT、BT[1] 模式。其中，PPP 模式（Public-Private-Partnership）是政府与私人组织之间，为了合作建设城市基础设施项目，或是为了提供某种公共物品和服务，以特许权协议为基础，彼此之间形成一种伙伴式的合作关系。将这种模式引入到儿童福利的一些建设项目中，使私人组织与政府合作建设，引导更多的社会资源参与儿童福利事业，减轻政府负担。社会的参与需要国家的引导，国家可以采取各种方法加以引导，如在政策上为社会组织等提供各种优惠。

三、儿童福利中的法律责任

就家庭方面而言，一方面，对于有能力履行儿童监护责任却未尽到

---

〔1〕 BT 是 BOT 的一种历史演变，即 Build-Transfer（建设－转让），政府通过特许协议，引入国外资金或民间资金进行专属于政府的基础设施建设，基础设施建设完工后，该项目设施的有关权利按协议由政府赎回。

相应责任或侵害儿童合法权益的监护人，当地儿童福利管理部门应当根据具体情况对其进行教育、训诫，责令其改正；拒不改正，造成儿童损害的，应当承担相应的民事责任；构成犯罪的，承担相应的刑事责任。另一方面，应当进一步完善儿童监护人制度。例如，由儿童福利管理机构，定期对监护人行为进行考察，定期听取监护监督人汇报工作；当发现侵害行为或不按规定履行职责又不愿意改正时，监督机构有权代替儿童向法院申请更换监护人；当发现监护人不再拥有成为法律规定的监护人资格时，其有权向法院申请终止监护人资格；等等。

就国家方面而言，国家机关及其工作人员不依法履行保护儿童合法权益职责，或者在提供儿童福利过程中存在贪污贿赂等违法行为时，应当追究其相应的法律责任。

就社会方面而言，社会组织或者其他个人在参与儿童福利事业时，有侵害儿童权益行为的，应当由儿童福利管理部门对其进行教育、训诫，责令其改正，对于拒不改正或者再犯的，应当追究其相应的法律责任；情节严重构成犯罪的，应当直接追究其刑事责任。

儿童福利立法不是对频发的儿童福利悲剧的简单回应，也不是对儿童福利项目笼统的归并，亦不是儿童权利保障手段的细化。从本质上来看，儿童福利立法是立法主体对儿童在生存、发展的过程中，因儿童之为人的尊严而从国家和社会获得保障或服务，以满足其基本生存、提高生活质量之需求的基本权利的确立。因此，应当从儿童权利谱系的视角来审视儿童福利立法的定位，从法律关系的维度来分析儿童福利立法中遇到的难题；同时，儿童福利立法还要协调与其他非专门性儿童法规范及其制度之间的关系。换言之，儿童福利立法更多的是需要考量如何在完善儿童权利保护法律体系中完成自己的使命，以更好地促进儿童权利的维护、尊重与实现；更多的是需要思考如何在整合现有儿童福利法制资源下调和与相关制度的冲突，以发挥不同儿童福利权保障制度的协同功效。虽然学界对于儿童福利权利主体的广泛性认识已取得重大进步，但是关于儿童福利权义务主体及其内容理论关注有待深入，实践中义务主体，尤其是儿童福利的国家义务始终处于缺位状态，需要儿童福利立法给予更多的关注。

结语　中国儿童福利立法的未来展望

《中国儿童福利与保护政策报告2019》指出，中国儿童发展面临的最紧迫的问题是，基层儿童福利服务体系专业化不足与发展不平衡不充分。为此，建立专业化、普惠型的现代儿童福利与保护体系将成为发展趋势。对中国儿童福利立法这一制度的顶层设计也需进一步强化。[1] 中国儿童福利立法的目标应是形成完善、系统的儿童福利法律体系，从而为儿童福利制度提供切实的法律保障。但目前中国并未有专门的《儿童福利法》为儿童福利保障提供指引，且中国现阶段的儿童福利立法呈现出碎片化、立法层次低、可操作性差等特点，在儿童福利保障方面常以政策取代法律。儿童福利立法的不完善必将对儿童福利的保障产生不良影响。于此，我们对中国儿童福利立法的未来寄予厚望，期待早日制定出一部适合本国国情的《儿童福利法》，为儿童的健康成长保驾护航。

一、儿童福利立法进程缓慢，亟须迎头赶上

如前所述，世界上许多国家在"二战"时期就出台了《儿童福利法》，中国已落后这些国家许多年。英国是目前世界上公认的儿童福利事业发展最完善的国家，其于1918年就出台了《妇女及儿童福利法案》。英国儿童福利立法的保障范围之广、涉及的儿童福利之多，可被视为是儿童福利保障的典范。美国、瑞典、挪威、韩国和以色列的儿童福利立法都已达到相对完善的程度，中国近邻日本也于1947年制定了《儿童福利法》。中国儿童福利甚至在一定程度上落后于一些发展中国家。据了解，泰国在1950年左右开始由国家负责学校供餐。1987年泰国开始为全部学校提供学校午餐。在1992年，泰国颁布了《小学学校午餐基金法》，

---

〔1〕　参见《中国儿童福利与保护政策报告（2019）》。

以立法形式保障学生的午餐福利。而在中国，直到 2011 年才由民间组织发起"免费午餐"的公益活动，引起了社会各界对农村地区义务教育儿童的营养问题的关注，为此，中央决定于 2011 年秋季学期开始，启动农村义务教育学生营养改善计划。

目前，中国儿童福利立法距离其他儿童福利制度较完善的国家仍有差距，并未出台专门的《儿童福利法》，甚至连《儿童福利条例》也没有。因此，借鉴它国儿童福利立法经验，结合中国儿童福利事业的具体状况，从根本上保护儿童福利，解决儿童福祉问题成为当下刻不容缓的历史使命。对此，中国应加快儿童福利立法的进程，迎头赶上，缩短与儿童福利立法较完善的国家之差距。

二、可率先推进《儿童福利条例》出台

目前，由于各方面的原因，中国尚未出台专门的《儿童福利法》，也未制定《儿童福利条例》。诚然，构建完善的儿童福利法律体系是一个循序渐进的过程，不可能一蹴而就。既然无法立即制定出一部专门的《儿童福利法》，那么中国可考虑率先推进《儿童福利条例》的出台，作为一种次优的选择。中国《儿童福利条例》启动已达 7 年之久，至今仍未出台。而校园欺凌、儿童拐卖、性侵儿童等悲剧频频发生，让人不得不重新审视儿童福利保障中所出现的问题。目前中国儿童福利保障过程中执行主体与责任主体不明确、监督主体监督不力、监护制度不完善等问题逐渐暴露，亟须推进相关立法进程。因此，就中国目前的状况，我们建议率先推进《儿童福利条例》的出台，具体就困境儿童、孤儿、流浪儿童的福利保障和福利救济问题作出规定，适当涉及全体儿童普惠型福利的保障，可以涵盖诸如教育、医疗、卫生领域的保障；对困境儿童、孤儿、流浪儿童，要更侧重生存权的保障；涉及全体儿童的福利，要重视平等权、发展权的保障等。

三、儿童福利立法中亟须厘清国家、社会与家庭的责任

目前，中国在儿童福利保障的过程中时常出现责任主体不明的状况，

无法对相关的责任主体进行追责的状况频频发生，不利于儿童福利保障落到实处。因此，需要明确国家、社会和家庭在儿童福利中所担负的各自角色，厘清各方在儿童福利保障中的责任。国家、社会和家庭应在儿童成长过程中扮演不同的角色，家庭中的家长对儿童负有养育责任，社会与国家同样也在儿童生存、发展的道路上负有相关的责任和义务。这是一个国家和文明社会义不容辞的责任。如果三方责任不明，导致无法确定责任主体，那么在儿童福利得不到实现的情形下，就无法对相关责任主体进行追责，这不利于儿童的生存和发展，不利于儿童权利的保护，儿童的健康成长也就成为海市蜃楼。因此，中国亟须推进儿童福利立法，厘清国家、社会与家庭的责任，以法律的形式将各方的责任确定下来，更好地保障儿童福利。

四、儿童福利立法中的物质保障问题

从儿童福利保障的社会实践经验看，财政支持、资金投入使用等物质方面的保障将极大地影响儿童福利的实现状况。目前，儿童福利制度的目标是构建普惠型儿童福利制度，而普惠型儿童福利制度涉及全体儿童的福利保障，其保障范围的广度也决定了维持保障成本的水平也相对较高。目前保障儿童福利的经费来源，主要依靠国家的财政支出。儿童福利保障需要坚实的物质基础，立法过程中同样也需要坚实的物质基础。依照儿童福利保障与立法现状来看，仅仅依靠国家的财政支持是远远不够的，应该充分拓宽儿童福利资金的筹集渠道，比如，慈善捐款、设立慈善基金等，充分发挥社会各界的力量，调动企业、社会团体、社会成员的积极性，为儿童福利的实现提供坚实的物质基础。

参考文献

一、著作

（一）中文著作

［1］陈训敬主编：《社会法学》，厦门大学出版社 2009 年版。

［2］丁建定：《西方国家社会保障制度史》，高等教育出版社 2010 年版。

［3］丁建定、杨凤娟：《英国社会保障制度的发展》，中国劳动社会保障出版社 2004 年版。

［4］广东省律师协会编：《律师视角：未成年人权益保护前沿与实践》，法律出版社 2015 年版。

［5］郭静晃：《儿童福利》，扬智文化事业股份有限公司 2009 年版。

［6］韩晶晶：《儿童福利制度比较研究》，法律出版社 2012 年版。

［7］贺颖清：《福利与权利——挪威儿童福利的法律保障》，中国人民公安大学出版社 2005 年版。

［8］胡建森主编：《行政强制》，法律出版社 2002 年版。

［9］江国华：《立法：理想与变革》，山东人民出版社 2007 年版。

［10］林莉红、孔繁华：《社会救助法研究》，法律出版社 2008 年版。

［11］林胜义：《儿童福利》，五南图书出版股份有限公司 2012 年版。

［12］吕晓燕：《施善与教化：伦敦的慈善组织研究（1700—1900）》，中国社会科学出版社 2018 年版。

［13］赖尔阳等编著：《社会福利服务》，台湾空中大学 2008 年版。

［14］单飞跃：《经济法理念与范畴的解析》，中国检察出版社 2002 年版。

［15］宋健敏编著：《日本社会保障制度》，上海人民出版社 2012 年版。

［16］王丽平：《中国社会福利与社会救助问题研究》，人民日报出版社 2014 年版。

［17］王雪梅：《儿童福利论》，社会科学文献出版社 2014 年版。

[18] 吴鹏飞：《儿童权利一般理论研究》，中国政法大学出版社 2013 年版。

[19] 吴鹏飞：《中国儿童福利权研究》，中国政法大学出版社 2015 年版。

[20] 谢琼：《福利制度与人权实现》，人民出版社 2013 年版。

[21] 熊金才：《儿童救助与福利》，中国政法大学出版社 2014 年版。

[22] 姚建平：《国与家的博弈——中国儿童福利制度发展史》，上海人民出版社 2015 年版。

[23] 张爱宁：《国际人权法专论》，法律出版社 2006 年版。

[24] 张鸿巍：《儿童福利法论》，中国民主法制出版社 2012 年版。

[25] 张奇林：《社会救助与社会福利》，人民出版社 2012 年版。

[26] 张文显主编：《法理学》，高等教育出版社 2011 年版。

[27] 章剑生：《行政程序法比较研究》，杭州大学出版社 1997 年版。

[28] 周震欧主编：《儿童福利（修订版）》，巨流图书股份有限公司 2009 年版。

[29] 周震欧主编：《儿童福利》，巨流图书股份有限公司 1991 年版。

[30] 中国社会科学院语言研究所词典编辑室编：《现代汉语词典》，商务印书馆 2002 年版。

（二）译著

[1]［德］Eberhard Eichenhofer：《德国社会法》，李玉君等译，台湾社会法与社会政策学会 2019 年版。

[2]［丹麦］考斯塔·艾斯平 - 安德森：《福利资本主义的三个世界》，郑秉文译，法律出版社 2003 年版。

[3]［法］卢梭：《论人类不平等的起源和基础》，李常山译，商务印书馆 1962 年版。

[4]［日］桑原洋子：《日本社会福利法制概论》，韩君玲、邹文星译，商务印书馆 2010 年版。

[5]［美］威廉姆 H·怀特科、罗纳德 C. 费德里科：《当今世界的社会福利》，解俊杰译，法律出版社 2003 年版。

[6]［美］Cynthia Crosson-Tower：《儿童福利——从实务观点出发》，苏秀枝等译，学富文化事业有限公司 2014 年版。

[7]［美］博登海默：《法理学：法律哲学与法律方法》，邓正来译，中国政法大学出版社 2004 年版。

[8]［美］昂格尔：《现代社会中的法律》，吴玉章、周汉华译，中国政法大学出版社 1994 年版。

［9］［美］玛格丽特·E. 罗森海姆等编：《少年司法的一个世纪》，高维俭译，商务印书馆 2008 年版。

［10］［英］麦克·马圭尔、罗德·摩根、罗伯特·赖纳等：《牛津犯罪学指南》，刘仁文、李瑞生等译，中国人民公安大学出版社 2012 年版。

［11］［英］戈登·休斯：《解读犯罪预防——社会控制、风险与后现代》，刘晓梅、刘志松译，中国人民公安大学出版社 2009 年版。

（三）英文著作

［1］Joseph Raz. , *The Authority of Law*：*Essays on Law and Morality*，Oxford University Press，1979.

［2］Nelson B. , *Making a Case of Child Abuse*：*Political Agenda Setting for Social Problems*，Chicago：The University of Chicago Press，1984.

［3］Jutta Gras, *Monitoring the Convention on the Right of the Child*，Faculty Of Law University Of Helsinki，2001.

［4］Theodore J. Stein, *Child Welfare and the Law* ，New York：Longman，1991.

［5］Zastrow, *Introduction to Social Welfare*，Wadsworth Publishing Company，1990.

二、论文

（一）中文论文

［1］安怀世：《流浪儿童问题的国际背景和干预途径》，《社会福利》2002 年第 10 期。

［2］陈冰、李雅华：《德国少年司法保护简述》，《青少年犯罪问题》2005 年第 3 期。

［3］陈丽平：《〈学校教育法〉：日本大学管理制度的法律基础》，《东南大学学报（哲学社会科学版）》2008 年第 3 期。

［4］陈云凡：《OECD 十国儿童福利财政支出制度安排比较分析》，《欧洲研究》2008 年第 5 期。

［5］陈峥：《英国义务教育福利化的历史发展》，《湖南师范大学教育科学学报》2011 年第 3 期。

［6］成海军、陈晓丽：《中国儿童福利法治建设及其不足》，《青少年犯罪问题》2011 年第 4 期。

［7］成海军、朱艳敏：《社会转型视阈下的普惠型儿童福利制度构建》，《学习与实践》2012 年第 8 期。

［8］成海军：《制度转型与体系嬗变：中国普惠型儿童福利制度的构建》，《新视野》2013 年第 2 期。

［9］程福财：《中国儿童保护制度建设论纲》，《当代青年研究》2014 年第 5 期。

［10］程捷：《日本少年矫治体系的历史嬗变及对我国的启示》，《中国青年政治学院学报》2014 年第 2 期。

［11］程捷：《未成年人刑事司法的福利内涵及其窘困——以儿童最佳利益原则为中心》，《中国青年研究》2013 年第 10 期。

［12］邓舒：《德国学前教育法规政策概述和启示》，《课程教育研究》2019 年第 46 期。

［13］邓元媛、易谨：《日本〈儿童福利法〉对我国的立法启示》，《长沙民政职业技术学院学报》2018 年第 1 期。

［14］邓元媛：《日本儿童福利法律制度及其对我国的启示》，《青年探索》2012 年第 3 期。

［15］丁建定：《英国现代社会保障制度的建立（1870—1914）》，《史学月刊》2002 年第 3 期。

［16］杜莉：《日本母子保健的特色和成效》，《中国妇幼保健》2014 年第 29 期。

［17］杜爽、王文棣：《日本的儿童福利政策及其对我国的启示》，《青年探索》2015 年第 5 期。

［18］段成荣、周福林：《我国留守儿童状况研究》，《人口研究》2005 年第 1 期。

［19］付俊杰、翟凤英：《学生营养餐现状与发展趋势》，《国外医学（卫生学分册）》2005 年第 2 期。

［20］何玲：《瑞典儿童福利模式及发展趋势研议》，《中国青年研究》2009 年第 2 期。

［21］侯东亮：《芬兰少年司法福利模式及其启示》，《预防青少年犯罪研究》2012 年第 1 期。

［22］胡劲松：《德国义务教育立法：主体、内容及其特征——基于各州法律的文本分析》，《华东师范大学学报（教育科学版）》2018 年第 6 期。

［23］华玥欣：《日本少年法的发展与展望》，《青少年犯罪问题》2014 年第 6 期。

［24］黄浦雁：《德国特殊食品安全管理分析》，《质量与标准化》2018 年第 10 期。

［25］黄胜开、刘霞：《疫苗市场法律规制工具的优化与创新》，《东华理工大学学报（社会科学版）》2017 年第 2 期。

［26］贾锋：《我国青少年劳动保护之法制构建——基于德国、日本、英国、美国的法制比较》，《中国青年政治学院学报》2013 年第 2 期。

［27］姜闽虹：《德国对青少年的网络聊天管理及保护》，《北京青年研究》2014 年第 1 期。

［28］蒋悟真：《社会救助立法的机遇、模式与难点》，《社会科学战线》2015 年第 7 期。

［29］蒋熙辉：《以儿童福利为视角的中国少年刑事司法改革论》，《人权》2009 年第 2 期。

［30］康均心：《我国少年司法制度的现实困境与改革出路》，《中国青年研究》2008 年第 3 期。

［31］康树华：《论中国少年司法制度的完善》，《中国刑事法杂志》2000 年第 3 期。

［32］康树华：《青少年犯罪、未成年人犯罪概念的界定与涵义》，《公安学刊》2000 年第 3 期。

［33］雷杰等：《英国家庭政策的历史发展及类型学分析》，《广东社会科学》2017 年第 4 期。

［34］李本灿：《虐童的刑法规制及儿童福利体系的构建》，《中南大学学报（社会科学版）》2013 年第 6 期。

［35］李磊、王抒亚：《民法典视域下未成年人单位监护若干问题研究》，《青少年犯罪问题》2015 年第 5 期。

［36］李协京：《〈教育基本法〉的修订与日本的教育改革》，《外国教育研究》2007 年第 8 期。

［37］李燕：《论〈民法总则〉对未成年人国家监护制度规定的不足及立法完善》，《河北法学》2018 年第 8 期。

［38］林艳琴：《我国未成年人监护法律制度现状检讨与完善构想》，《东南学术》2013 年第 2 期。

［39］刘昶：《德国少年刑事司法体系评介——以〈少年法院法〉为中心》，《青少年犯罪问题》2016 年第 6 期。

［40］刘继同：《当代中国的儿童福利政策框架与儿童福利服务体系（上）》，《青少年犯罪问题》2008 年第 5 期。

［41］刘继同：《儿童健康照顾与国家福利责任：重构中国现代儿童福利政策框

架》，《中国青年研究》2006 年第 12 期。

[42] 刘继同：《中国儿童福利制度构建研究》，《青少年犯罪问题》2013 年第 4 期。

[43] 刘磊等：《英国近 20 年学前教育政策中的家庭视角解析》，《学前教育研究》2017 年第 6 期。

[44] 刘璐瑶：《日本儿童福利制度对我国的启示》，《青少年研究与实践》2018 年第 3 期。

[45] 刘雪斌：《新发展理念与我国残疾儿童发展权利的保障》，《人权》2016 年第 3 期。

[46] 卢家银：《德国青少年在线活动的法律保护框架》，《青年记者》2012 年第 31 期。

[47] 陆士桢：《从福利服务视角看我国未成年人保护》，《中国青年政治学院学报》2014 年第 1 期。

[48] 陆士桢、王玥：《从美国儿童家庭寄养简史看百年来儿童福利价值取向的演变》，《广东青年干部学院学报》2005 年第 1 期。

[49] 罗红光：《“家庭福利”文化与中国福利制度建设》，《社会学研究》2013 年第 3 期。

[50] 马亚静：《由“南京女童饿死案”透视我国困境家庭儿童的保护》，《中国青年政治学院学报》2014 年第 3 期。

[51] 马月丹等：《我国儿童医疗保障体系发展现状及对策》，《中国卫生经济》2007 年第 8 期。

[52] 马韵：《儿童虐待：一个不容忽视的全球问题》，《青年研究》2003 年第 4 期。

[53] 庞媛媛：《英国儿童福利制度的历史嬗变及特征》，《信阳师范学院学报（哲学社会科学版）》2009 年第 4 期。

[54] 乔东平、谢倩雯：《西方儿童福利理念和政策演变及对中国的启示》，《东岳论丛》2014 年第 11 期。

[55] 裴晓兰：《日本儿童福利政策的发展变迁》，《当代青年研究》2011 年 7 期。

[56] 邵宗林：《我国应尽快制订〈儿童福利法〉》，《青年学报》2014 年第 1 期。

[57] 宋志军：《未成年人刑事司法的社会参与问题研究》，《北方法学》2016 年第 2 期。

[58] 陶亚哲：《日本家暴受虐儿童的法律保障及其启示》，《教育探究》2017 年第 3 期。

［59］田帆、孙熙：《借鉴国际经验构建完善的儿童福利制度》，《全球化》2017年第 2 期。

［60］田相夏、张少男：《未成年人保护立法现状与未来发展——未成年人法律体系的构建与完善研讨会观点述要》，《人民检察》2015 年第 19 期。

［61］佟丽华：《对未成年人监护制度的立法思考与建议》，《法学杂志》2005 年第 3 期。

［62］汪雪等：《日本幼儿无偿教育政策探微》，《教育观察》2019 年第 34 期。

［63］王晨：《德国儿童与青少年权利保障体系构建及启示》，《理论学刊》2017年第 2 期。

［64］王国辉：《日本特殊儿童早期发现与早期疗育的体系建构探析》，《比较教育研究》2016 年第 4 期。

［65］王思源、王建龙、胡继元：《我国城乡儿童福利设施状况、问题与体系建议——基于"幼有所育"的儿童福利事业发展目标》，《社会福利（理论版）》2018年第 10 期。

［66］王玺、姜朋：《基于 PDE 模型的儿童福利供给财政缺口及保障机制研究》，《中国软科学》2017 年第 6 期。

［67］王晓燕：《日本儿童福利政策的特色与发展变革》，《中国青年研究》2009年第 2 期。

［68］王雪梅：《儿童权利保护的基本原则评析》，《中国妇运》2007 年第 6 期。

［69］魏莉莉、董小苹：《中国儿童政策发展趋势研究——基于 1991—2020 年三个〈中国儿童发展纲要〉的内容分析》，《中国青年研究》2012 年第 3 期。

［70］吴海航：《儿童权利保障与儿童福利立法研究》，《中国青年研究》2014 年第 1 期。

［71］吴俊英：《日本学校供餐制度及启示》，《金田》2014 年第 5 期。

［72］吴鹏飞：《儿童福利权国家义务论》，《法学论坛》2015 年第 5 期。

［73］吴鹏飞：《儿童福利权体系构成及内容初探——以宪法人权理论为视角》，《政治与法律》2015 年第 2 期。

［74］吴鹏飞：《论儿童适当生活水准权的实现——以留守流浪儿童为切入点》，《当代法学》2015 年第 5 期。

［75］吴鹏飞：《我国儿童法律体系的现状、问题及其完善建议——以域外相关法律体系为借鉴》，《政治与法律》2012 年第 7 期。

［76］吴鹏飞：《我国儿童虐待防治法律制度的完善》，《法学杂志》2012 年第 10 期。

［77］吴鹏飞：《中国儿童福利立法：时机、模式与难点》，《政治与法律》2018年第12期。

［78］吴鹏飞：《中国儿童福利立法模式研究》，《江西财经大学学报》2018年第1期。

［79］吴鹏飞、刘金晶：《儿童福利立法价值论》，《江西青年职业学院学报》2016年第4期。

［80］吴鹏飞、余鹏峰：《我国儿童福利权保障法制化的实现路径》，《北京青年研究》2015年第2期。

［81］吴鹏飞、余鹏峰：《中国儿童福利权实现的路径》，《青年探索》2015年第4期。

［82］武庆华：《财税法视角下留守儿童权益保障》，《人口与社会》2015年第1期。

［83］肖姗姗：《儿童最佳利益原则——兼论对我国少年法的启示》，《学习与实践》2019年第9期。

［84］邢悦、孙惠俊：《浅析日本中小学的配餐制度及其对中国的启示》，《亚太教育》2016年第23期。

［85］熊跃根：《国家力量、社会结构与文化传统——中国、日本和韩国福利范式的理论探索与比较分析》，《江苏社会科学》2007年第4期。

［86］徐建：《伟大变革中的我国青少年犯罪与未成年人保护法》，《青少年犯罪问题》2016年第1期。

［87］杨超、郭林：《关于完善我国儿童福利体系的若干思考》，《科技经济市场》2007年第2期。

［88］杨汉麟、陈铮：《英国学校膳食服务制度的历史研究——基于教育公平及社会福利的视角》，《天津师范大学学报（社会科学版）》2013年第4期。

［89］杨晋玲：《德国父母照顾对我国亲子关系立法的借鉴——兼论儿童最大利益原则成为我国亲属法基本原则的必要性》，《云南大学学报（法学版）》2015年第6期。

［90］杨文斌：《新刑诉法实施后完善未成年刑事司法制度的相关建议》，《河南社会科学》2013年第9期。

［91］杨无意：《日本儿童福利的历史演进与发展现状》，《中华女子学院学报》2017年第6期。

［92］姚建龙：《论〈预防未成年人犯罪法〉的修订》，《法学评论》2014年第5期。

［93］姚建平、梁智：《从救助到福利——中国残疾儿童福利发展的路径分析》，《山东社会科学》2010 年第 1 期。

［94］姚建平、朱卫东：《美国儿童福利制度简析》，青少年犯罪研究》2005 年第 5 期。

［95］易谨：《儿童福利立法的理论基础》，《中国青年政治学院学报》2012 年第 6 期。

［96］易谨：《我国儿童福利立法的几个基本问题》，《中国青年政治学院学报》2014 年第 1 期。

［97］尹琳：《从未成年人法律体系看日本的儿童权利保护》，《青少年犯罪问题》2005 年第 2 期。

［98］于改之：《儿童虐待的法律规制——以日本法为视角的分析》，《法律科学》2013 年第 3 期。

［99］翟巍：《论德国青少年校外教育法律规制及对我国借鉴意义》，《青少年犯罪问题》2015 年第 5 期。

［100］张栋：《未成年人案件羁押率高低的反思》，《中外法学》2015 年第 3 期。

［101］张凡：《儿童福利事业的定位与发展》，《中国民政》2001 年第 3 期。

［102］张鸿巍：《儿童福利视野下的少年司法路径选择》，《河北法学》2011 年第 12 期。

［103］张鸿巍：《西方儿童福利的百年架构》，《检察风云》2013 年第 13 期。

［104］张军：《日本的母子保健》，《中国妇幼保健》1991 年第 4 期。

［105］张礼永：《幼儿教育首次纳入日本〈教育基本法〉》，《早期教育（教师版）》2007 年第 7 期。

［106］张琦：《儿童福利立法问题探析》，《黑龙江生态工程职业学院学报》2018 年第 4 期。

［107］张威：《德国〈社会法典〉第八部/〈儿童与青少年专业工作法〉的核心精髓及其启示》，《社会政策研究》2017 年第 1 期。

［108］张文娟：《儿童福利制度亟须顶层设计》，《社会福利》2013 年第 2 期。

［109］张文娟：《中国儿童福利制度的构建》，《青少年犯罪问题》2013 年第 4 期。

［110］赵秉志、廖万里：《论未成年人犯罪前科应予消灭——一个社会学角度的分析》，《法学论坛》2008 年第 1 期。

［111］赵川芳：《儿童保护现实困境与路径选择》，《社会福利（理论版）》2014 年第 5 期。

[112] 郑亚灵：《比较法视野下"家事审判中未成年人利益保护"探究》，《青少年学刊》2019 年第 6 期。

[113] 郅玉玲：《基于社会保障理论的孤残儿童福利研究》，《人口与发展》2011年第 1 期。

[114] 周洁：《从"6·21"南京幼童饿死案谈我国儿童福利制度》，《青年学报》2014 年第 1 期。

[115] 周露露：《浅议中德儿童食品安全》，《法制与社会》2014 年第 22 期。

[116] 周学峰：《未成年人网络保护制度的域外经验与启示》，《北京航空航天大学学报（社会科学版）》2018 年第 4 期。

[117] 朱晓峰：《论德国未成年人收养最大利益原则及界定标准》，《预防青少年犯罪研究》2014 年第 2 期。

[118] 卓泽渊：《论法的价值》，《中国法学》2000 年第 6 期。

[119] 邹明明：《日本的儿童福利制度》，《社会福利》2010 年第 1 期。

[120] 曾燕波：《儿童福利政策的国际比较与借鉴》，《当代青年研究》2011 年第 7 期。

（二）英文论文

[1] Aldgate J. & Hill M. , *Child Welfare in the United Kingdom*, Children and Youth Services Review, VOl. 17：5（1995）.

[2] Barillas & Katherine Howard. , *State Capacity：The Missing Piece in Child Welfare Privatization*, Child Welfare, Vol. 90：3（2011）.

[3] Besharov D. , *ChildProtection：Past Progress, Present Problems, and Future Directions*, Family Law Quarterly, Vol. 17：2（1983）.

[4] Brown A. W. & Baileyetta B. , *An Out-of-Home Care System in Crisis：Implications for African American Children in Child Welfare System*, Child Welfare, Vol. 76：1（1997）.

[5] C. R. Matthias & F. N. Zaal, *Domestic Violence Perpetrator Removals：Unpacking the New Children's Legislation*, Stellenbosch Law Review, Vol. 21 ：3（2010）.

[6] Clark P. , Buchanan J. & Legters L. , *Taking Action on Racial Disproportionality in the Child Welfare System*, Child Welfare, Vol. 87：2（2008）.

[7] Connolly M. , *Reforming Child Welfare：An Integrated Approach*, Child Welfare, Vol. 89：3（2010）.

[8] Connolly M. , *Family Group Conferences in Child Welfare：The Fit with Restorative Justice*, Contemporary Justice Review, Vol. 12：3（2009）.

［9］ Cross S. L. , *Indian Family Exception Doctrine: Still Losing Children Despite the Indian Child Welfare Act*, Child Welfare, Vol. 85: 4 （2006）.

［10］ Elizabeth Bartholet, *Creating a Child-Friendly Child Welfare System: Effective Early Intervention to Prevent Maltreatment and Protect Victimized Children*, Buffalo Law Review, Vol. 60: 5 （2012）.

［11］ Estrada R. & Marksamer J. , *The Legal Rights of LGBT Youth in State Custody: What Child Welfare and Juvenile Justice Professionals Need to Know*, Child Welfare, Vol. 85: 2 （2006）.

［12］ Fischler R. S. , *Protecting American Indian Children*, Social Work, Vol. 25: 5 （1980）.

［13］ Gail Chang Bohr, *For the Well-Being of Minnesota's Foster Children: What Federal Legislation Requires*, William Mitchell Law Review, Vol. 31: 3 （2005）.

［14］ Gertrud Lenzer & Brian Gran, *Rights and the Role of Family Engagement in Child Welfare : An International Treaties Perspective on Families' Rights, Parents' Rights, and Children's Rights*, Child Welfare, Vol. 90: 4 （2011）.

［15］ Gleeson J. P. , *Kinship Care as a Child Welfare Service: The Policy Debate in an Era of Welfare Reform*, Child Welfare, Vol. 75: 5 （1996）.

［16］ Irene-Marie Esser, *The Position of Street Children in South African Legislation*, Child Welfare, Vol. 39: 2 （2006）.

［17］ Janet M. Currie, *Choosing among Alternative Programs for Poor Children*, The Future of Children, Vol. 7: 2 （1997）.

［18］ Jennifer Kasper, *The Relevance of U. S. Ratification of the Convention on the Rights of the Child for Child Health: A Matter of Equity and Social Justice*, Child Welfare, Vol. 89: 5 （2010）.

［19］ John Boersig, *Delinquency, Neglect and the Emergence of Children's Rights Legislation in NSW*, Newcastle Law Review, Vol. 5: 2 （2003）.

［20］ Jordan N. , Yampolskaya S. & Gustafson M. , *Comparing Child Protective Investigation Performance Between Law Enforcement Agencies and Child Welfare Agencies*, Child Welfare, Vol. 90: 2 （2011）.

［21］ Kathleen Kufeldt, *A Grass Roots Approach to Influencing Child Welfare Policy*, Child & Family Social Work, Vol. 10: 3 （2005）.

［22］ Kessel J. A. & Robbins S. P. , *The Indian Child Welfare Act: Dilemmas and Needs*, Child Welfare, Vol. 63: 3 （1984）.

［23］ Kufeldt K. , Simard M. & Thomas P. , *A Grass Roots Approach to Influencing Child Welfare Policy*, Child & Family Social Work, Vol. 10: 4 (2005).

［24］ Lidot T. , Orrantia R. M. & Choca M. J. , *Continuum of Readiness for Collaboration, ICWA Compliance, and Reducing Disproportionality*, Child Welfare, Vol. 91: 3 (2012).

［25］ Lukas Muntingh & Clare Ballard, *Are the Rights of Children Paramount in Prison-Legislation*, South African Journal of Criminal Justice, Vol. 26: 3 (2013).

［26］ Maceachron A. E. , *Supervision in Tribal and State Child Welfare Agencies: Professionalization, Responsibilities, Training Needs, and Satisfaction*, Child Welfare, Vol. 73: 2 (1994).

［27］ Madden R. G. , *State Actions to Control Fetal Abuse: Ramifications for Child Welfare Practice*, Child Welfare, Vol. 72: 2 (1993).

［28］ Mallon G. P. , *Managing the Changing Landscape of Child Welfare in the 21st Century*, Child Welfare, Vol. 91: 1 (2012).

［29］ Mannes M. , *Factors and Events Leading to the Passage of the Indian Child Welfare Act*, Child Welfare, Vol. 74: 1 (1995).

［30］ Mark Henaghan & Ruth Ballantyne, *Bill Atikin: A Fierce Defender of Children's Rights and Proponent of Child-Focused Legislation*, Victoria University of Wellington Law Review, Vol. 46: 3 (2015).

［31］ Matheson L. , *The Politics of the Indian Child Welfare Act*, Social Work, Vol. 41: 2 (1996).

［32］ Mcalpine C. , Marshall C. C. & Doran N. H. , *Combining Child Welfare and Substance Abuse Services: A Blended Model of Intervention*, Child Welfare, Vol. 80: 2 (2001).

［33］ Mcgowan B. G. & Walsh E. M. , *Policy Challenges for Child Welfare in the New Century*, Child Welfare, Vol. 79: 1 (2000).

［34］ Mitchell L. B. , Barth R. P. & Green R. , *Child Welfare Reform in the United States: Findings from a Local Agency Survey*, Child Welfare, Vol. 84: 1 (2005).

［35］ Nick Axford, *Exploring the Influence of International Governmental Organizations on Domestic Child Welfare Policy and Practice*, Adoption & Fostering, Vol. 37: 1 (2013).

［36］ Patricia Clark, *Taking Action on Racial Disproportionality in the Child Welfare System*, Child Welfare, Vol. 87: 2 (2008).

［37］ Patrick Parkinson, *Decision-Making About the Best Interests of the Child: The Impact of the Two Tires*, Australian Journal of Family Law, Vol. 20: 2 (2006).

［38］ Pennell Joan & Burford Gale, et al. , *Taking Child and Family Rights Seriously:*

Family Engagement and Its Evidence in Child Welfare. Child Welfare. Vol. 90：4（2011）.

［39］R. B. Outhwaite, *Objects of Charity：Petitions to the London Foundling Hospital*, 1768-1772, Eighteenth-Century Studies, Vol. 32：4（1999）.

［40］Romero D., Chavkin W. & Wise P. H., *State Welfare Reform Policies and Maternal and Child Health Services：A National Study*, Maternal and Child Health Journal, Vol. 5：3（2001）.

［41］Rudy Estrada, *The Legal Rights of LGBT Youth in State Custody：What Child Welfare and Juvenile Justice Professionals Need to Know*, Child Welfare, Vol. 85：3（2006）.

［42］Semidei J., Radel L. F. & Nolan C., *Substance Abuse and Child Welfare：Clear Linkages and Promising Responses*, Child Welfare, Vol. 80：2（2001）.

［43］Stevenson O., *It Was More Difficult Than We Thought：A Reflection on 50 years of Child Welfare Practice*, Child & Family Social Work, Vol. 3：3（1998）.

［44］T. H. Marshall, *Social Selection in the Welfare State*, The Eugenics Review, Vol. 14：2（1953）.

［45］Tara Urs, *Can the Child Welfare System Protect Children without Believing What They Say*, New York University Review of Law & Social Change, Vol. 38：2（2014）.

［46］Thomas Waldock, *Theorising Children's Rights and Child Welfare Programs*, International Journal of Children's Rights, Vol. 24：2（2016）.

三、其他（含学位论文、报纸等）

［1］李齐：《德国劳动力市场政策研究》，山东大学 2015 年博士学位论文。

［2］刘波：《当代英国社会保障制度的系统分析与理论思考》，华东师范大学 2005 年博士学位论文。

［3］吴鹏飞：《嗷嗷待哺：儿童权利的一般理论与中国实践》，苏州大学 2013 年博士学位论文。

［4］冯皓：《日本少年法研究》，山东大学 2013 年硕士学位论文。

［5］李新怡：《论我国儿童食品安全及其监管法律制度的完善》，湘潭大学 2017 年硕士学位论文。

［6］舒伟：《我国碳税立法模式研究》，西南政法大学 2014 年硕士学位论文。

［7］夏琳琳：《战后日本儿童社会福利政策发展与改革研究》，黑龙江大学 2015 年硕士学位论文。

［8］张昕艺：《日本育儿政策研究及其对我国的启示》，东北财经大学 2018 年硕

士学位论文。

[9] 陈丽平：《儿童福利条例草案正在起草》，《法制日报》2013 年 12 月 18 日第 3 版。

[10] 刘建国：《完善儿童福利体系应当立法先行》，《人民法院报》2016 年 6 月 3 日第 2 版。

[11] 毛磊、彭波：《全国人大常委会执法检查组建议：适时研究制定儿童福利法》，《人民日报》2014 年 8 月 26 日第 19 版。

[12] 牛凯：《儿童福利立法相关问题探讨》，《人民法院报》2017 年 3 月 1 日第 5 版。

[13] 王伟健、侯云晨：《南京外国语学校英语特级教师朱善萍代表：制定儿童福利法》，《人民日报》2017 年 3 月 7 日第 14 版。

[14] 国家统计局：《2015 年国民经济和社会发展统计公报》。

[15] 民政部：《2014 年社会服务发展统计公报》。

[16]《全国人大法律委员会关于〈中华人民共和国预防少年违法行为法（草案）〉修改情况的汇报》（1999 年 4 月 24 日）

[17]《全国人大法律委员会关于〈预防未成年人犯罪法（修改草案）〉审议结果的报告》（1999 年 6 月 18 日）

[18]《中国儿童福利与保护政策报告（2019）》